U0938974

本书的出版，得到北京人天书店的经费资助

国家“十一五”重点图书出版规划项目

当代中国图书馆学研究文库（第二辑）

从文献目录学到数字目录学

柯　平　著

国家图书馆出版社

图书在版编目(CIP)数据

从文献目录学到数字目录学/柯平著.—北京:国家图书馆出版社,2008.10

(当代中国图书馆学研究文库.第二辑)

ISBN 978-7-5013-3744-6

Ⅰ.从…　Ⅱ.柯…　Ⅲ.目录学—文集　Ⅳ.G257-53

中国版本图书馆 CIP 数据核字(2008)第 090378 号

书名　从文献目录学到数字目录学

著者　柯　平　著

出版　国家图书馆出版社(原北京图书馆出版社)

(100034　北京西城区文津街 7 号)

发行　010-66139745　66151313　66175620　66126153

66174391(传真)　66126156(门市部)

E-mail　btsfxb@nlc.gov.cn(邮购)

Website　www.nlcpress.com → 投稿中心

经销　新华书店

印刷　北京联兴盛业印刷有限公司

开本　787×1092 毫米　1/16

印张　18.25

版次　2008 年 10 月第 1 版　2008 年 10 月第 1 次印刷

字数　220(千字)

书号　ISBN 978-7-5013-3744-6/G·753

定价　48.00 元

《当代中国图书馆学研究文库》编委会

总 序

在人类文明史上，图书馆学、文献学与目录学的产生几乎一样源远流长，它们在研究对象和研究内容方面存在着相互交叉的联系，在追溯历史渊源和面向现实与未来中，有着同源和相互应用、共同发展的关系，有鉴于此，编委会将文献学和目录学研究合为一辑，列入《当代中国图书馆学研究文库》中。收录在本辑中的有倪晓建、王余光、陈力、王世伟、柯平、王新才、徐雁、王国强等当代中青年学者的文集。倪晓建、柯平、王新才、王国强主要研究目录学。其中倪晓建通过提出精萃信息理论而深化了目录学研究；柯平则以数字化目录学研究创新了现代目录学理论；王新才于目录学发展多所着力，对目录学演进的阐释相当独到；王国强深于古典目录学研究，尤其是汉代与明代，更是其着墨重点。王余光、陈力、王世伟等人则主要研究文献学，其中王余光主要研究文献史与文献学理论，陈力、王世伟则于版本、目录、校勘等方面用功甚深。徐雁的主攻方向是藏书与读书。这些中青年学者思维敏捷，才华出众，成绩卓著。在他们身上，体现了一种潜心学问、甘于寂寞并扎实钻研的精神，这是非常难能可贵并值得提倡的。

自 1978 年改革开放以来，到今年正好是 30 年。30 年中，中国图书馆事业与图书馆学研究都取得了长足的进步。这几位中青年才俊，或在这一年，或在这之后不久，陆续步入图书馆学的殿堂。虽然这些进步不能说就是他们的功劳，但他们的研究无疑起了相当的促进作用。他们的成果是新时期图书馆学、文献学与目录学发展的历史记录。也许有人会质疑，那些注重思辨考证的“纯粹”的研究有什么用呢？胡适当年就曾把考证一个古字与发现一颗新星相提并论，认为两者具有相同的价值。考证古籍版本、研究藏书目录有什么用呢？这些不会促进经济的发展，但却繁荣了学术文化。考证古籍版本,有利于人们更好地理解作者思想;探讨藏书目录,有利于了解各时代藏书情形,也对今天的藏书建设有借鉴意义。更重要的是,从藏书、目录、版本等研究出发,还可以推荐图书、指导阅读。这几位中有不少致力于这种研究,也有不少还在致力于这种实践。图书馆学、文献学、目录学研究不仅要研究文献信息资源的管理,更应当探讨如何让这些资源充分发挥作用。尤其是目录学,作为一门智慧之学,它教给人们的便是学会如何在浩瀚的文献知识和信息的海洋中迅速准确地寻找到自己所需要的知识的本领,拥有这种本领和能力将会终身受用无穷。如果读者能从图书馆了解到怎样读书、有哪些书可读、书以哪种版本为好、先读哪些书、后读哪些书、哪些书需要精读、哪些书只需浏览,这样,就可以说图书馆在建设和谐社会和学习型社会中充分发挥了文化教育的功能,也可以说我们的文献学、目录学研究并非全然虚不可用。文献目录之学本来就是致用之学,而其所致之用,应该说正是这些方面。

这些中青年学者是正在成长中的大树。他们潜心钻研,开拓创新,吸取养分,并逐渐枝繁叶茂。他们的成长离不开图书馆事业这片沃土,而图书馆事业也因他们的研究而变得生机勃勃。我们有理由相信,他们终将成为中国图书馆事业的顶梁柱。是为序。

彭斐章

2008 年 2 月于珞珈山

序

中国目录学是一门具有鲜明时代特征和广泛应用价值的学科，同时也是一门与时俱进不断变革与发展的学科。经汉刘向、刘歆，宋代郑樵，清代章学诚等目录学家的发展与完善，形成了以“辨章学术、考镜源流”为核心的中国古典目录学。古典目录学的特点是注重文献整理，在历史的长河中，经过大批目录学家的努力，创造了如书序、叙录、解题、辑录、类例、注释、书目著录、通检等一系列有效的目录学方法，积累了丰富的融校雠活动、版本活动、目录活动于一体的实践经验，总结了与那个时代需要相适应的藏书、校书、征书、辑佚、揭示图书的一般原理与知识。目录学从整理文献的专门实务发展为读书治学的入门之学，正好说明目录学的学术价值与历史地位，同时，也进一步说明目录学自产生以来就是致用的一门学问。然而，在目录学强调技术方法和实用性的同时，理论研究有所忽视，显得比较薄弱，直到20世纪，才逐步进入理论建设与发展阶段。

现代目录学批判继承了古代目录学的宝贵遗产，选择借鉴和吸收了国外目录学的先进理论和研究方法。现代目录学除了具备文献整理、阅读指导功能外，还强调对科学研究的作用，强调目录学知识的普及，使目录学贴近社会需要，使现代目录学发展成为一门科学地揭示和有效地报道文献信息，以解决不断增长着的文献信息与人们对其特定需求之间矛盾的学科。目录学是一门智慧之学，它教给人们终生受益的本领——学会怎样在浩瀚的文献和知识的海洋中迅速、准确地寻找到自己所需的知识，这种本领是终生受益无穷的。目录学犹如泛舟书海的向导，科学研究的指南，是现代社会人人得而用之的通俗常识。

目录学的产生和发展是时代的需要。中国目录学从来就是不忘历史和传统,面向现实和未来,目录学发展的历史就是紧跟时代演进的节拍不断理论变革的过程。每当社会变革的关键时刻,当以计算机和网络为标志的信息时代出现,以知识生产力和产业革命为标志的知识经济时代来临,以数字化、智能化为标志的数字时代到来之时,目录学家们都会抓住时代与目录学这一主题来进行探讨,主动迎接挑战,积极应对新环境的变化,大胆开拓创新。在这样一个时代发展的大环境下,柯平同志的《从文献目录学到数字目录学》一书的面世,具有重要的理论意义和现实价值。

柯平同志在目录学研究领域积累深厚,基础扎实,视野开阔,成果丰硕。他 1979 年考入武汉大学图书馆学本科,热爱专业,勤奋好学,大学期间就发表了有关图书馆学的论文。他对目录学有极浓厚的学习兴趣,1983 年考取了武汉大学图书馆学系目录学研究方向的硕士生。在研究与学习期间,他打下了扎实的专业理论基础,得到了目录学教学和科研基本功训练,发表了数篇目录学论文,并完成了题为《论地方文献书目》的硕士学位论文,得到了目录学界的好评。1991 年,他考取了武汉大学图书情报学院首届目录学方向的博士生,攻博期间通过扎实的书目情报研究、书目控制研究,以及多学科视角的目录学研究,完成了博士学位论文《书目情报系统理论研究》的写作并通过了答辩。柯平同志在其博士论文的基础上于 1996 年出版了《书目情报系统理论研究》一书,这是作者以书目情报理论作为现代目录学突破口的代表作,该书获得第二届全国高等学校人文社会科学研究优秀成果三等奖。1998 年河南大学出版社出版了他的《文献目录学》一书,这是他从事目录学教学改革的成果,显示出了目录学的应用价值。柯平同志主持的国家社科基金"九五"重点项目"书目控制的经济学与我国书目控制的经济效益研究",其最终成果《文献经济学:文献、书目控制与经济学》2001 年由中国书籍出版社出版,该书填补了我国这方面的空白。柯平同志还发表了近百篇有关文献目录学的学术论文,涉及文献学、目录学、目录学史、外国目录学、图书馆编目、书评等诸多领域。以上这些积累,为开展创新性研究工作打下了基础。

柯平同志《从文献目录学到数字目录学》一书选入了 28 篇

目录学论文，集中反映了柯平同志在理论目录学领域的主要成果，其突出特点如下：

1. 关注中国目录学的发展，把握目录学研究的前沿，试图建立现代目录学理论体系，以指导当代书目情报实践。柯平同志在20世纪80年代就提出过要进行目录学变革；90年代对目录学面向信息化的一些重大问题，关于目录学术语、目录学与相关学科关系、目录学的多学科方法等均有较好的成果并有所突破。柯平同志对20世纪以来我国目录学发展的每一发展阶段进行了客观评价和科学反思，特别是对目录学的未来展望，视野开阔，思路清晰，体现出理论目录学的指导作用和时代特点。

2. 适应新的科学技术革命发展的需要，不断开拓目录学研究的新领域。柯平同志在完善普通目录学的基础上，对专科文献目录学和现代目录学的分支学科进行了深入探索，对历史文献目录学、地方文献目录学、书目控制论、比较目录学作了专门研究，尤其在比较目录学方面，完成了中西方目录学比较研究的系列成果，试图建立起比较目录学的理论体系，颇具创意。

3. 致力于现代目录学理论的拓展，开展数字目录学研究。面对数字革命带来的文献资源及其生产、组织、传播、管理等方式方法的变化，以及读者从传统印刷型信息为主的需求转向多元化数字化信息需求的新环境，如何有效地解决数字时代信息资源的揭示、报道、开发和利用，更好地服务于经济建设和社会发展，是21世纪中国目录学面临的首要问题。柯平同志率先开展了数字目录学的研究，提出数字书目控制和数字资源控制两大方向，体现了目录学的创新精神，的确难能可贵。

柯平同志热爱目录学，潜心研究目录学，学术根底扎实，视野开阔，学术成就显著，堪称中国目录学的青年才俊。在本书即将面世时，柯平同志让我为该书作序，不好推辞，借本书问世之机，特向柯平同志表示祝贺！

彭斐章

2007年9月于天源城

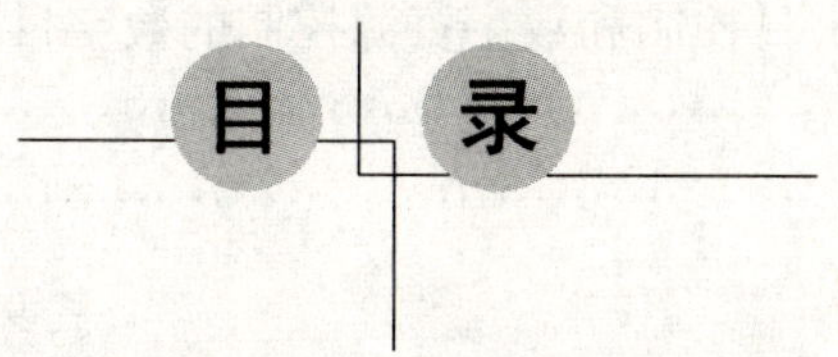

目录

中国目录学的现状与未来*

1　对中国目录学发展的基本认识

1.1　百年目录学四代学人的贡献

20 世纪初，在新学与旧学、西学与中学的交锋中产生了中国新的目录学：其一，国学举要书目和新学书目各树一帜，突破了古典目录学的局限。其二，西方图书馆目录法和书目索引法传入中国。吕绍虞认为，自西洋图书馆学、目录学传入中国之后，图书馆目录方法上发生了巨大的变化，一是分类体系的改革，二是著者号码的采用，三是编目条例的规定，四是人名、书名、标题、字典式目录及联合目录的出现，五是卡片目录的应用和排印目录片的刊行。[1]

百年来，中国目录学的发展经过了四代学人的努力。四代之中，前两代目录学家为现代目录学的创建作出了奠基性的贡献。姚名达是现代目录学史上继往开来第一人，堪称中国现代目录学之父。以王重民为代表的第二代目录学家开始进行现代目录学的建设，用马列主义的方法研究目录学，从而建立了目录学的哲学理论基础。他们把第一代目录学家整理的史料用历史唯物主义方法进行研究，在古典目录学的系统化特别是目录学大家的思想探索方面取得了突破。这一代目录学家的着眼点始终放在书目上，从文献工作转移到目录工作，从图书说转到目录说，试图建立以目录为中心的新体系。第三代目录学家在继承前两代目录学精华的基础上，努力建立现代目录学的体系，引领目录学迈向

* 本文系作者 2004 年 10 月在中国目录学专业委员会第四次会议上的主旨发言，略有删节。

新的时代。彭斐章、朱天俊、来新夏、谢灼华等是这一代的杰出代表。第四代承接了目录学的巨大财富,但也面临着新技术和社会变革的新形势,目录学创新势在必行,目录学的振兴成为这一代的历史使命。

1.2 两次飞跃

目录学在20世纪经过两次大的飞跃:二三十年代的开放将中国传统的古典目录学与国外目录学融入了一个新的整体,目录学的理论性增强;80年代以后的开放使目录学吸纳了大量现代科学知识,现代目录学理论建立起来,目录学将许多研究整合为有多个分支学科组成的体系。

1.3 目录学的发展启示

(1)变则活。姚名达总结目录学史,有“两千年来,校雠目录之学并无特殊飞跃之进步”之慨叹。四部之法在封建社会少有变化,直到近代才有大变。仿杜、改杜,新分类法层出不穷,一变则活。现代目录学正是在不断求变的过程中发展起来的。

(2)适者生存。书目工作和目录学的成果众多,只有适应社会需要的成果才能发展。像汉字检字法方案在60年代就有四五十种之多,[2]许多方法已经过时;我国从1949至1992年编辑的书目索引共7682种,[3]而现在仍经常被使用的相当少。可见,“适者生存”对目录学的变革是有意义的。

2 中国目录学的突破性进展

2.1 目录学理论的突破

20世纪80年代中期开始了书目情报的研究,90年代建立了书目情报理论,出版了一大批研究成果和研究著作。1987年彭斐章等翻译出版苏联科尔舒诺夫的《目录学普通教程》。1990年彭斐章教授的《书目情报需求与服务研究》由武汉大学出版社出版,是我国书目情报理论研究较早的一部重要著作。它探讨了书目情报应用的许多问题,揭示了书目情报需求与服务的规律,开辟了新的领域。通过向全国几百个单位的读者进行问卷和跟踪调查,获得了读者书目情报意识与书目情报行为的研究结果与结论,具有重要的指导意义,从而掀起了国内的书目情报服务调查研究之风。1994 年,柯平的博士论文《书目情报系统理论研究》对书目情报系统进行了多方位、多层次、多角度的理论发展,包括书目情报系统的功能、书目情报系统环境的分析与运行机制、书目情报系统的发展路向等问题。彭斐章还组织了书目情报服务的深入研究,出版了《书目情报服务的组织与管理》(1996 年)、《书目情报需求与服务组织》(2000 年)等。

书目情报理论的突破表现:一是将书目情报确立为现代目录学的基点;二是对书目情报基本理论问题包括书目情报结构与功能、书目情报传播等问题进行了探索,提出了文本书目情报等;三是揭示了书目情报需求与服务的规律;四是对书目情报系统进行了深入研究,将书目活动上升到书目情报活动,书目系统、书目工作系统上升到书目情报系统。

书目情报理论成为 20 世纪 90 年代以来目录学研究的重点和热点,对目录学特别是现代目录学的理论突破具有重要的意义:

其一,将目录学的核心思想从传统目录学的书目观转向现代目录学的书目情报观。书目情报理论的产生是现代目录学基本理论确立的一个标志。王友富的《80 年代以来我国书目情报理论研究之进展》一文将书目情报理论归纳为书目情报基本理论、书目情报服务研究、书目情报系统和书目控制理论四个部分,评价这一理论是"20 世纪目录学理论的伟大变革,它的出现与发展结束了国外目录学以具体书目成果为核心的历史"。秦明和吴家玲说:"书目情报理论的提出,一定意义上为我国当代目录学研究指明了方向。从有关书目情报服务的研究看,其取得的进展主要体现在:①突破了传统的界限,不再以文献整体为反映对象,而是以知识单元为揭示对象,真正体现出了书目的情报特征;②服务对象已由传统的读者转向当代的用户,其专指性更强;③书目情报服务提供的不仅仅是书目、知识,而是真正意义上的且具有一定价值的情报。在书目情报理论的指引下,目录学理论发生了彻底的革命,这一革命结束了目录学以具体书目成果为核心的历史。"[4]

其二,书目情报理论拓展了现代目录学的研究视野和研究内容,直接促成了以书目情报理论为基础建立现代目录学体系,加强了目录学与情报学及其他相关学科的联系,借鉴新的学科知识与方法,以丰富目录学的研究。李文华《我国当代目录学研究主要成就之管见》(现代情报,2003 年第 6 期)认为"书目情报理论把传统目录学研究对象的二维空间'书目—文献',扩充到三维空间'人—书目—文献—人',突出了一切活动'以人为本'的人文观"。王京山博士认为"书目情报概念引入目录学后,目录学的许多概念为之一新,书目情报服务、以书目情报为逻辑起点的书目控制研究等为目录学输入了新鲜血液。书目情报概念既是对 20 世纪目录学的一个深入总结,又为新世纪目录学的发展打下了良好基础"。[5]

其三,这一理论对目录学研究者的思想给予了极大的影响,把研究者的视线从具体的书目文献引向书目文献中的情报,增强了书目工作者的情报意识,导致了研究方法的更新,促进了目录学研究和书目工作的信息化与科学化。

2.2　应用目录学的突破

应用目录学的提出极有现实意义,目录学研究者在目录学的转向这个问题上取得了共识。北京大学朱天俊教授在 1983 年就提出"目录学是致用之学"的思想。他的《应用目录学简明教程》摒弃目录学空谈和历史的赘述,强调目录学实用方法,特别是增加计算机在书目工作中的应用,使目录学贴近了现实。作者认为:作为社会科学的目录学,从它是致用之学这一基本观点出发,目录学的内容包括四个方面,即文献的来源与积累,文献的认识与鉴别,文献的揭示与记录,文献的检索与利用;而"应用目录学"亦称实用目录学,阐述目录学在学术研究与文献情报工作中的应用,着重讲述揭示与记录文献的方法。

一是书目控制的研究突破了 UBCIM 的范畴。1996 年柯平主持了国家哲学社会科学"九五"规划重点课题《书目控制的经济学与我国书目控制的经济效益研究》,2001 年出版了《文献经济学——文献、书目控制与经济学》(中国书籍出版社),将经济学与书目控制相结合,探讨了书目控制的经济现象及其规律;提出书目控制经济学的新概念,并建立文献经济学的理论体系;在文献生产、文献商品、文献电子化、各类型文献书目控制、网络环境下书目控制等方面取得突破。

二是书目文摘索引等二次文献的研究已经从印刷本的研究发展到书目数据库的研究,并从数据库的研究发展到网络目录的研究。

三是书目情报检索的研究发展到全文检索系统的研究,进而发展到网络检索的研究。武汉大学的贺子岳和司莉《网络检索工具发展新思维》(情报学报,2003 年第 1 期)从目录学的角度探讨了网络检索工具的发展,认为网络检索工具实质上就是一种目录,因而把网络检索工具作为目录来研究具有现实意义,指出了网络检索工具与传统目录的联系和二者结合研究的意义,总结了网络检索工具的现状和存在的问题。作者就其发展方向提出新的见解:①网络检索工具应纳入书目情报系统研究之中;②功能多样化发展;③充分揭示网上资源;④做好网络检索工具的规范化和标准化工作;⑤类型多样化;⑥利用书目情报服务的组织制度管理网上信息资源。

四是目录学的一些重要方法发展为专门的学科。如书评研究发展为书评学,文摘研究发展为文摘学,索引研究发展为索引学。成立于 1989 年的中国图书评论学会组织了系列图书评奖和书评理论研究,出版了《中国图书评论》杂志,推动了书评事业和书评学的发展。成立于 1991 年的中国索引学会在索引研究和索引编制上做了大量工作,1994 年举办了首次全国索引成果展评会,1998 年与人民日报社、解放军报社联合举办了“全国新闻数据库与报纸索引技术研讨会”等,在索引现代化与索引理论上均有较大的进步。

2.3　目录学教育的突破

目录学教育在 20 世纪 80 年代有了较快的发展。1982 年武汉大学、北京大学两校合编《目录学概论》,“论、史、法”体系成为目录学教学的经典,目录学作为图书馆学专业核心课的地位使得目录学知识成为图书馆工作者的必备。80 年代中期,中央电大图书馆学专业开列目录学。1986 年,彭斐章、乔好勤、陈传夫编著《目录学》,增加了目录学的理论基础、书目情报服务、现代化技术在书目工作中的应用、书目工作组织管理等重要内容，将目录学教育推向了高潮。80 年代出版的目录学教科书还有彭斐章等译、苏联科尔舒诺夫主编的《目录学普通教程》（武汉大学出版社，1987 年），吴式超、徐有富执笔的《书目工作概论》（书目文献出版社，1989 年），杨沛超等编著的《目录学教程》（学苑出版社，1989 年）。90 年代由于图书馆学专业陷入困境以及目录学教育改革的滞后，一些教学单位将目录学从专业必修课改为选修课，甚至停开目录学课程。

90 年代出版的四部目录学教材是目录学教育改革的尝试。倪晓建的《书目工作概论》（北京师范大学出版社，1991 年）根据书目工作的范畴，详细地论述了提要、文摘、书评、综述的编写方法以及书目索引文摘等检索工具的编制方法，并对各自的内容或结构组成、编写或编制程序等作了具体的叙述，体现了实用性。朱天俊主编的《应用目录学简明教程》（光明日报出版社，1993 年）就提要、文摘、索引、书目、综述、书评编写的方法以及计算机在整理编纂文献工作中的运用，作了系统的论述与介绍，体现了目录学方法在目录学教学中的核心地位。郑建明的《当代目录学》（南京大学出版社，1994 年）将 1949 年以来的目录学称之为当代目录学，以信息社会为背景，探讨了当代目录学的基础知识、学科方法以及书目信息实践，除对书目信息产品、综述、书评等作专门论述外，还突出了引文信息的开发与利用、中国社会化书目信息事业、书目信息事业产业化、书目信息行为论等，体现了教学内容的新颖性。柯平的《文献目录学》（河南大学出版社，1998 年）"是 1996 年国家教委高教司印发《目录学教学大纲》之后出版的第一本教科书，也是 20 世纪最后一本目录学教科书。该书最引人注目之处，是其建立在'书目情报'理论和'书目情报系统'理论之上的极大的整合与包容，是文献目录学研究范围的最大扩展。由著录到书评、综述、述评多方面地被'纳入'其中"。[6] 这些教材的一个共同特点就是：以目录学的方法为中心，体现目录学的实用性。

特别值得提出的是，倡导目录学应用，在书评学、近代目录学研究等方面卓有建树的北京大学孟昭晋教授将专科目录学教学、文献检索课教学、中西文工具书教学，以及文献学、文摘索引等纳入目录学的教育体系，体现了应用目录学的思想，是十分有价值的。

3 中国目录学面临挑战与变革

3.1 目录学研究存在的主要问题

20 世纪 90 年代以来，目录学研究存在许多问题，主要有以下方面：

(1)目录学理论与实践脱节依然严重。由于目录学研究重理论轻应用，目录学理论脱离实践，目录学实践又缺乏理论指导，理论工作者与实践工作者没有对话，教学人员没有书目实践的基础，严重影响了书目工作和目录学的结合，影响了目录学的效用。

(2)忽视新技术方法的研究。一些目录学研究人员局限于传统的书目工具，远离书目数据库的建设和新技术方法的研究，对信息技术的进展和新学科方法反应迟钝。

(3)缺乏创新。目录学研究囿于传统的框框，研究不接触前沿，缺乏新意。目录学的综述多，新观点少；空谈的多，联系实际少；吸收其他领域成果多，有独创性的成果少。一些研究停留在 80 年代以前的水平，甚至在名称上做文章，走极端地分析，浅尝辄止。

(4)教学与研究降到了低点。一些目录学研究者认为目录学的方法失效，已经过时，无用武之地，用消极的态度看待目录学的现状与未来。一些乐观看法则轻率地认为有古典目录学的存在，其他许多研究都可以看做是目录学的延续，在社会上仍然发挥着重要的作用。

(5)目录学无法跟上时代和社会需要。目录学重文献整理而轻检索，重古典文献研究轻现代文献研究，重文献编目轻文献开发。目录学一直强调读书治学，而目录学知识不能普及。由于对读者缺乏深入的研究，对社会需求了解不足，目录学方法只为少数人所掌握，无法满足大众和社会需求。

3.2 目录学需要应变

3.2.1 与时俱进，走出传统堡垒

21世纪的目录学必须与时俱进。一方面，经过对传统目录学的批评与反思，吸收新的学科方法，借鉴图书馆学情报学的成果，正确看待目录学传统与现代化的关系，重新认识目录学在信息传播与学术文化中的价值，目录学体系才能逐步丰富和完善；另一方面，数字化和网络化将目录学置于新的环境之中，目录学面临着以先进的信息技术替代传统的书目工作方法或者将传统目录学方法与现代书目情报技术结合的选择，目录学也面临着书目工具的异化、二次文献概念的淡化、书目情报体系与文献体系的合一化、书目情报的数字化保存等方面的挑战，在这个过程中，目录学只有不断适应新的环境，不断创新，才能将目录学推向前进。王锦贵提出，当代中国目录学研究应当注意发挥书目教育职能，在理论建设上要与时俱进。[7]"我们应该从行动上冲破以书籍为载体的传统目录学的局限，立即把重心调整到网络信息目录工作及其检索工具上来，也就是说，诸如数字化的数据库、控制网络信息的目录工具网络目录，以及相关的搜索引擎等先进事物，应当从现在起成为当代目录学研究的重要内容"。[8]

3.2.2　目录学转型

中国目录学正在经历第三次转型：

重点从图书文献转向网络信息资源。2001年，广东省图书馆学会主办的"网络信息资源管理与目录学"学术沙龙，围绕三个方面的问题展开热烈的讨论：一是目录学面临的问题和发展趋势，二是信息资源开发利用与目录学研究，三是网络信息资源目录控制的理论、方法和技术问题。乔好勤认为："目录工作实践活动已进入网络信息目录控制的新阶段，目录学研究的重点应该尽快转移到网络信息目录工作及其检索工具上来。目录学研究者应该积极参与网络信息资源建设、开发和利用这一庞大的世纪工程，找准自己的活动领域，真正把目录学推进到一个新的时代——网络目录学阶段"。[9]2002年，首都图书馆召开目录学专业委员会座谈会，网络信息资源组织与书目控制成为目录学研究者们重要话题，认为这一课题是目录学新的生长点。

从书目与文摘、索引的集成化到书目情报工作的数字化、网络化。彭斐章等认为，书目情报工作的电子化、网络化是21世纪中国目录学的重要特征。电子化已取得很大成就,而网络化主要有三层含义:书目情报产品在传统的印刷、卡片形式外出现了电子版、网络版;书目产品传输的网络化;读者通过网络使用书目情报产品。[10] 莫少强的《数字图书馆元数据和资源共享的研究与实践——网络环境下目录学发展的新课题》(图书情报工作,2002年第1期)分析了 MARC 在网络环境下存在的问题,提出基于都柏林核心的中文全文文献元数据格式,介绍超星数字图书馆按该格式进行大规模中文文献元数据标引和实现资源共享的成功实践。

从二次文献扩大到信息加工。1998 年,北京师范大学倪晓建主持了国家哲学社会科学基金项目《面向因特网的精粹信息开发利用研究》,2001 年出版《信息加工》(武汉大学出版社),将信息加工划分为六个子系统,即描述性信息的加工、浓缩性信息的揭示、周遍性信息的处理、鉴选性信息的提取、研究性信息的撰写、相关性信息的组织。作者指出:信息加工的目的是解决信息激增与用户利用之间的矛盾,从本质上讲,属于目录学的范畴。该成果从当今信息社会文献特点及用户的实际需求出发,对各种信息加工方法从基本概念、特点、作用、加工步骤、技术应用等方面作了较详细的阐述,同时对各加工方法的发展现状及前景作了深入的探讨。

从知识组织与检索的自动化转向智能化。张洪元《知识组织智能化与目录学在当代的发展》(大学图书情报学刊,2001 年第2期)认为知识组织智能化是书目工作与目录学发展在现代遇到的新课题,要深入研究计算机环境下的书目工作,运用计算机技术进行书目工作而同时体现其知识组织内核:一是加强文献揭示方法研究,二是加强书目工作实践理论研究,三是加强书目工作计算机应用研究,四是加强传统书目方法与现代书目方法的结合研究。

从书目参考转型到数字参考服务。随着 Internet 的发展,传统的书目参考服务已向数字参考服务过渡,新的服务方式如电话咨询、Email 咨询、网页咨询、合作虚拟咨询、7 ×24 全天候实时咨询服务等已开始广泛应用。关于数字参考咨询的软件、标准规范、体系结构、实用系统 QuestionPoint、Ask a librarian 等都有比较深入的研究。洪光宗《电子目录服务研究》(图书馆理论与实践,2002 年第 5 期)认为,目录学在应用方面有了新的发展,即网络目录服务,它在 Internet 中起十分重要的作用。X.500 电子目录是目录学知识在网络上的应用,由三个模型组成,即信息模型、目录模型和安全模型。与数据库服务相比,目录服务有其自身的特点,并可实现一些特殊的功能。

3.3　第三次飞跃

2002 年 4 月,中国图书馆学会第六届学术委员会目录学分委员会在北京成立。委员会认真检讨了近年来的目录学研究,畅想了目录学的发展,指出要认清目录学的时代性和重要性,致用务实,如配合中国数字图书馆工程,研究书目数据加工与书目控制标准,包括文后引用网上文献的规范、文摘编写标准等。特别强调对目录学重大问题的研究,包括网络信息资源的书目控制、文献与读者利用矛盾及解决方案、传统目录学的现代化、网络资源导航的目录学指导、目录学发展研究、导读研究、专科目录学研究等。

2003 年武汉大学出版社出版的《目录学》修订版,增加了新的内容,综述单列一章,目录学方法占有较大篇幅,指出目录学是一门具有鲜明时代特征、实践性很强的科学。

2004 年 7 月,高等教育出版社出版了由武汉大学、北京大学、南开大学、南京大学、中山大学等合编的《目录学教程》,除对目录学基础理论和中西方目录学的产生与发展有全面的论述外,从新的视角介绍了文献揭示与组织、书目文献编纂、书目控制、书目情报需求与服务、书目工作组织与管理,增加了书目文献资源的利用。该书吸收了近二十年的目录学研究成果和相关学科的知识,将书目情报作为目录学的学科基点,指出"今天,信息资源管理的环境发生了很大变化。目录学发展成一门科学地揭示与有效地报导文献信息,以解决巨量的文献与人们对其特定需要之间的矛盾的学科,在科学研究、读书治学、信息资源管理、出版发行等领域具有广阔的应用前景。目录学学科的核心是书目情报的运动规律"。[11]

第三次飞跃的重点之一是网络信息资源的研究。司莉、彭斐章、贺剑锋的《网络信息资源组织与目录学的创新和发展》(图书情报工作,2001 年第 9 期)从网络信息资源类型特点入手,阐述网络信息资源组织的超文本、搜索引擎、指引库、元数据和图书馆编目几种方式与目录学应用问题,提出目录学创新与发展的新知识增长点。司莉的博士论文《网络信息资源组织与揭示及其优化研究》(2003)深入分析了网络信息资源组织与揭示的现状与问题。关于电子资源编目或网络资源编目的研究不断深入,如刘秀华的《网络信息资源编目之探讨》(图书馆建设,2003 年第 3 期)、赵晓玲的《网络数据库中电子期刊与馆藏期刊的编目整合》(图书馆建设,2003 年第 6 期)等。周维彬在《索引结构——从目录学角度看万维网信息资源组织结构》(图书情报工作,2003 年第 12 期)等论文提出了索引理论创新问题,以解释网络环境下出现的"网站索引"、"教案资源索引"、"课件索引"、"数据库索引"、"文件索引"、"地图索引"、"新闻索引"等新对象。

4 中国目录学走向未来

4.1 21 世纪目录学的定位

图书—文献定位:目录学的"图书—文献"定位致力于文献的研究,在古代有校雠文献学、目录文献学、广校雠文献学三大流派,分别注重文献的甄别与整理,注重文献的收集、揭示与利用,重视文献的阐释与编纂等,这一定位使目录学等同于文献学。

书目—书目工作定位:目录学的"书目—书目工作"定位虽然限定了目录学的范畴,但由于书目是文献整理的成果之一,书目工作也只是文献工作的一个环节,既没有脱离文献的范畴,又使目录学的发展空间受到了极大的局限。尽管一再强调书目和书目工作的广义,仍然易于忽视书目工作的前环节——文献的研究(文献的形成与收集)和后环节——读者的研究(检索与阅读)。

这两种定位的目录学都是在文献的范畴内,因而可概括为文献目录学。

任何时代的目录学都要有时代感,要站在时代的前列,必须找到自己的定位。目录学要与其他学科相联系,相互借鉴与渗透,加强学科的融合,同时也必须保持和发展自己的特色,在信息—文献、用户—读者、治学—阅读、加工—组织等方面显露出永恒的魅力。

信息资源—知识定位:根据学科环境的特征、学科的基础和社会的需要,21 世纪的目录学应该考虑新的定位,即不局限于文献,确立“信息资源—知识”的定位。这一定位可延伸为三个方向,并发展为目录学的三大功能,图示如下:

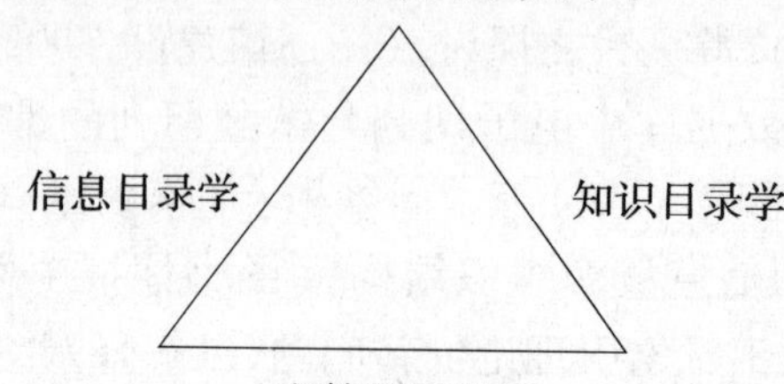

一是从文献出发,在传统目录学的方法基础上,将书目深入到书目情报,发展文献生产与整理研究,形成目录学的书目情报功能。这一层面的目录学可称之为文献目录学。

二是从信息出发,将文献目录的概念拓展到信息目录的概念,以网络信息资源的组织管理为基础,发展信息检索研究,形成目录学的信息加工功能。这一层面的目录学可称之为信息目录学。

三是从知识出发,以提要、类序、综述和述评等为基础,发展目录学在读书治学中的作用,发展学术交流与知识分类、导读和知识资源管理研究,形成目录学的知识记忆功能。这一层面的目录学可称之为知识目录学。

4.2 目录学继承与创新

4.2.1 目录学优良传统需要继承

中国目录学有着与深厚传统文化底蕴分不开的优秀传统。在“纪念王重民先生诞辰 100 周年学术研讨会”的分会场讨论上,柯平就“目录学的发展”作了主旨发言,提出我们不仅要研究王重民先生的目录学思想与成就,也要学习王重民先生的目录学求实精神。当前特别重要的是注意“传统与现代的结合,理论与实践的结合”,目录学应有继承与发展观。北京大学王锦贵分析了目录学面临困境的原因，提出应与时俱进，将重心调整到网络信息、目录工作、数据库检索上。老一辈目录学家对目录学的发展充满了信心。来新夏说，传统目录学方法在数字图书馆中仍然有用，目录学如何发展，发展就是实践。彭斐章认为目录学有过辉煌的过去，必然有灿烂的未来。朱天俊说，中国目录学是传统文化的一个学科，不能脱离历史、传统，还要发展，应讲点应用目录学。

为此，需要继承中国目录学"辨章学术，考镜源流"的学术传统，通过文献研讨学术，发挥目录学的学术史功能；继承目录学的求实精神，用科学的态度，客观准确地揭示报道文献信息，记录和保存人类的精神财富；继承目录学的致用之道，服务于读书治学的社会需要，适应学术文化的发展和图书文献的变化，发展目录学的实用方法。

4.2.2　古典目录学研究需要突破

古典目录学的突破，一是用新的科学理论和方法研究古典文献，探索古典目录学的规律，如用文献计量学的方法研究古代目录学；二是用计算机等现代信息技术与手段进行古籍整理，逐步实现古籍的数字化和古典文献检索的数据库化；三是开发和利用古典文献中的知识与信息，使之服务于科技、经济与社会文化；四是研究古典目录学的方法的变革，特别是与现代方法的结合，如注释的方法与现代编目法的结合，类序与搜索引擎的结合等；五是探索古典目录学的思想史，揭示目录学家的思想与书目实践的创新精神，提供现实的借鉴。

4.2.3　以分类编目和检索为己任

姚名达认为，"编目必须包括解题，此义为今人之所忽略而其事则为古人之所尝努力，乃吾人亟应恢复其注意者"。[12] 现代目录学围绕书目、索引、文摘三大工具做了大量的工作。但图书馆目录一直没有作为目录学的主流，对于分类和检索，也重视不够。目录学发展需要坚固两大支柱：一是分类编目。在文献分类学和图书馆目录学的基础上，发展广义的分类学和编目学。二是检索。以文献检索为基础，发展信息检索。要紧密跟踪国际图书馆界关于分类编目研究的最新成果，进行在中国的应用分析，如跟踪 LC、DDC 等分类法，DDC 在 1996 年出版了第 21 版，到 2003 年又出版了第 22 版；跟踪 IFLA 的 UBCIM 计划、FRBR（书目记录功能要求）等。要紧密跟踪 20 世纪 90 年代以来网络信息检索的前沿，将传统信息检索向全文文本、多媒体、多载体、多原理等新型信息检索发展。

4.3 目录学的发展重点

数字目录学：主要解决电子资源的分类编目与检索问题，包括数字图书馆目录、网络编目、联机编目系统、文后电子资源著录、网络资源分类、网络资源组织、网络信息资源的二次开发等问题。关于数字图书馆目录，包括 DC 元数据研究、OCLC 的开放性元数据项目平台 CORC（在线资源合作编目）系统、数字图书馆联盟目录等。关于网络编目，跟踪网上 MARC 编目工具 MARCit、OCLC 实施的 InterCat 网络编目计划，研究光盘、电子出版物、数据库、网页等各种电子资源的著录等。关于联机编目系统，通过研究国外四大联机书目系统：OCLC 的 WorldCat（联机联合目录数据库）、LC 的 PCC（合作编目计划）、英国图书馆的 Blaise（自动情报服务系统）和澳大利亚的 Kinetica（文献信息服务系统），以及国内的著名书目数据库（国家图书馆联机编目中心、中科院系统书目数据库、CALIS 书目数据库、北京图联书目数据库、上海图联书目数据库、深圳图联书目数据库等），组织建立我国的联机编目系统。关于网络资源组织，要研究搜索引擎方式、专题指引库方式、热门站点链接或相关站点推荐，以及分类法和主题法包括关键词法、主题词表、标题词表等在网络资源组织中的应用。关于网络目录的研究，包括 OPAC、网络联合目录、网络书业目录、网络书目数据库等。关于网络索引的研究，如 Librarian's Index to the Internet（1997 年 3 月命名，拥有 4000 个网站）。还要研究网站和网页的可检索性与可用性（Website accessibility and usability），研究提高搜索引擎的检全率和检准率，研究网上资源的成本效益。

知识资源服务与知识记忆系统：研究学术资源导航、学术信息门户、知识检索、基于创新平台的信息服务与知识服务、特色服务与个性化服务、知识中介服务、查新服务、数字咨询服务、知识银行(Knowledge Bank)等。研究学术资源导航系统的设计与维护、学术期刊多层(一、二、三次文献)网络化服务的开发与实现,创建知识综述、知识通报、知识评述、知识精粹等Web网站或网页。研究知识检索技术,包括自动抽词、自动标引、自动检索、自动文摘、自动分类、自动翻译、知识挖掘等。研究基于网络的知识需求与知识服务新模式,知识服务与知识创新。研究词表导航、推送技术与服务、智能Agent技术、信息转播服务、My library等新的服务方式。研究分析资源主导型服务模式与服务主导型服务模式,推进资源与服务的一体化,文献服务、信息服务与知识服务的一体化。要研究知识记忆系统,通过国家记忆系统、地区记忆系统等,保证人类的知识记忆的可持续发展,促进知识传播。研究电子文献系统,如超星电子图书等。研究科学引文系统,包括ISI Web of Knowledge。关于国家记忆系统,包括国家书目体系,CIP的发展,建立类似于American Memory的各个国家和各民族的记忆系统。关于地区记忆系统,开发利用地方文献资源,建立地方文献数据库、地方信息库,保存方言和地方文化遗产,包括地方戏、民俗史料等。

信息控制:首先是发展书目控制。在网络环境下,书目控制的研究早已从图书的书目控制发展到文献的书目控制,加强网络信息资源的书目控制是书目控制的重点与方向。网络信息资源的书目控制有三个级别:第一级是一般网络资源的书目控制,通过搜索引擎、网络资源导航等解决;第二级是网络出版物的书目控制,通过网络目录、网络文献评价系统等途径解决;第三级是网络知识与学术资源的书目控制,通过网络知识提炼与加工、知识挖掘等技术与智能的综合方案解决。在这三级控制中,网络信息资源的自动控制、网络出版的知识产权问题、网络灰色文献的收集与利用等是需要重点解决的问题。在书目控制的基础上,大力研究信息控制,要研究学术资源评价(目录引导式评价、排行榜式评价、推荐式评价),建立网上书评与信息反馈系统。研究网络信息流的规律、网络信息控制的方法,研究信息污染及其控制,研究社会传播渠道及信息控制。

参考文献：

1　吕绍虞. 中国目录学史稿. 安徽教育出版社,1984:204—211

2　杜定友. 比较查字法. 光明日报,1961－06－14

3　柯平. 书目情报系统理论研究. 书目文献出版社,1996:234

4　秦明,吴家玲. 论当代目录学的失衡. 图书情报工作,2003(7)

5,14　王京山. 中国当代目录学的回顾与前瞻. 图书馆学研究,2003(12)

6　孟昭晋. 最近二十年中国的目录学教育. 大学图书馆学报,2001(1)

7　王锦贵. 20 世纪俄国目录学发展的特点与中国目录学现实思考. 中国图书馆学报,2002(4)

8　王锦贵. 论章学诚的目录学知识创新. 大学图书馆学报,2003(4)

9　乔好勤,李锦兰. 当代目录学的理论与实践. 图书与情报,2001(3)

10,13　彭斐章,贺剑锋,司莉. 试论 21 世纪中国目录学研究的基本特征. 图书馆杂志,2001(5)

11　彭斐章等. 目录学教程. 北京:高等教育出版社,2004:10

12　姚名达. 中国目录学史. 上海书店,1984:18

原载于《图书馆杂志》,2005 年第 3 期

中国目录学的新观察

目录学进入21世纪,呈现出新的形势。一方面,经过对传统目录学的批评与反思,广泛吸收新的学科方法,借鉴图书馆学情报学的成果,正确看待目录学传统与现代化的关系,重新认识目录学在信息传播与学术文化中的价值,使得目录学研究沿着正确的方向发展,目录学体系能够逐步丰富和完善;另一方面,数字化和网络化的浪潮再一次将目录学置于新的环境之中,目录学面临着以先进的信息技术替代传统的书目工作方法或者将传统目录学方法与现代书目情报技术结合的选择,目录学也面临着书目工具的异化、二次文献概念的淡化、书目情报体系与文献体系的合一化、书目情报的数字化保存等方面的挑战,在这个过程中,目录学工作者意识到,只有不断适应新的环境,不断创新,才能将目录学推向前进,目录学也就始终有了时代感和社会作用。因此,目录学研究不仅关注现代目录学的发展,也重新唤起了对古典目录学的兴趣。

1　书目情报理论的成就

在中国目录学长期致力于"史"和"书目"的研究热情之中时,以武汉大学彭斐章教授为首的一批目录学家倡导现代目录学的研究,不断开拓新的领域,力求建立现代目录学的理论体系。书目情报理论就是现代目录学研究的最大收获。

我国在20世纪80年代中期就已经开始重视书目情报的研究,到90年代建立了书目情报理论。在这个过程中,有两个方面值得注意:一方面,书目情报理论是在借鉴前苏联的书目情报研究成果的基础上产生的,从1987年彭斐章等翻译出版苏联科尔舒诺夫的《目录学普通教程》,介绍和研究科尔舒诺夫的书目情报成为现代目录学的重要课题。笔者在《国外书目情报理论》(图书馆工作与研究,1992 年第 2 期)概述了国外的书目情报研究的主要思想,这些思想对我国目录学家产生了重要影响。另一方面,一批目录学研究者特别是武汉大学图书情报学院的目录学教授和博士生们并没有照搬国外的理论,而是紧密结合我国的书目工作实际,提出了一系列新的理论与方法,形成了一个重要学派。

书目情报理论研究取得了许多成就,主要有以下方面:

(1)书目情报基本理论与现代目录学研究基点的确立

目录学研究者就书目情报概念展开了讨论,提出了书目情报概念的种种认识,如“关于文献的效用信息”,“关于文献的能反映文献存在的效用信息”,“利用二次文献传递的知识”,“为传递和利用文献信息,经过分析和综合处理并用于浓缩和记忆的知识”等,反映了对书目情报研究的深入。学者们认为,书目情报的提出,确立了目录学研究的基点,准确地说,是确立了现代目录学研究的基点。肖希明《论目录学理论体系》(中国图书馆学报,1994 年第 3 期)说“书目情报是目录学最基本的概念,是对全部书目实践的本质概括,是目录学理论体系的逻辑基点”。彭斐章教授明确提出要以书目情报作为现代目录学的研究基点。[1]

书目情报基本理论问题包括书目情报结构与功能、书目情报传播等问题的研究,有柯平的《文本书目情报的研究》(图书馆,2003 年第 4 期)等。

(2)书目情报需求与服务研究

1990 年彭斐章教授的《书目情报需求与服务研究》由武汉大学出版社出版,是我国书目情报理论研究较早的一部重要著作。它不仅探讨了书目情报应用的许多问题,揭示了书目情报需求与服务的规律,开辟了新的领域,而且通过向全国几百个单位的读者进行问卷和跟踪调查,获得了读者书目情报意识与书目情报行为的研究结果与结论,具有重要的指导意义,也掀起了国内的书目情报服务调查研究之风,一批成果陆续在杂志上发表。此后,彭斐章教授等又进行了深入研究,相继出版了《书目情报服务的组织与管理》(1996 年)、《书目情报需求与服务组织》(2000 年)。

(3)书目情报系统研究

书目情报研究是书目研究的发展,书目情报的提出使书目活动上升到书目情报活动,书目系统、书目工作系统上升到书目情报系统。笔者的博士论文《书目情报系统理论研究》对书目情报系统进行了多方位、多层次、多角度的理论发展,包括书目情报系统的功能、书目情报系统环境的分析与运行机制、书目情报系统的发展路向等问题,"既有理论意义,又有实际意义"(王波语,《中国图书馆年鉴1996》P235),被认为"是一项富有创造性的研究成果,是近年来我国目录学研究中的一项可喜收获",其"价值集中表现在为我国的目录学研究开辟了新的领域——对现代目录学的对象、概念体系、内容范围、研究任务和研究方法提供了非常有参考意义的理论和见解"(周文骏教授语,转引《中国图书馆年鉴1996》P235)。该博士论文于1996年由书目文献出版社出版,被评为"目录学研究领域新的开拓"(肖希明书评,《图书馆》1997年第5期),"现实与学术的合璧"(郑建明书评,《图书情报工作》1998年第4期),是"本期内目录学理论综合的最佳作品之一","为中国目录学迎接新世纪作了十分周到的精神准备"。[2]

书目情报理论研究对目录学特别是现代目录学具有重要的意义:其一,这一理论将目录学的核心思想从传统目录学的书目观转向现代目录学的书目情报观,从而具有划时代的意义,书目情报理论的产生既是现代目录学研究的一次重大突破和认识飞跃,又是现代目录学基本理论真正确立的一个标志。其二,书目情报理论拓展了现代目录学的研究视野和研究内容,直接促成了以书目情报理论为基础建立现代目录学体系,加强了目录学与情报学及其他相关学科的联系,借鉴新的学科知识与方法,以丰富目录学的研究。其三,这一理论对目录学研究者的思想给予了极大的影响,把研究者的视线从具体的书目文献引向书目文献中的情报,增强了书目工作者的情报意识,导致了研究方法的更新,促进了目录学研究和书目工作的信息化与科学化。

书目情报理论是20世纪90年代以来目录学研究的重点和热点,并产生了较大的反响。王友富的《80年代以来我国书目情报理论研究之进展》一文作了较全面的总结,将书目情报理论归纳为书目情报基本理论、书目情报服务研究、书目情报系统和书目控制理论四个部分，评价这一理论是“20世纪目录学理论的伟大变革，它的出现与发展结束了国外目录学以具体书目成果为核心的历史”。济南大学的秦明和吴家玲说：“书目情报理论的提出，一定意义上为我国当代目录学研究指明了方向。从有关书目情报服务的研究看，其取得的进展主要体现在：①突破了传统的界限，不再以文献整体为反映对象，而是以知识单元为揭示对象，真正体现出了书目的情报特征；②服务对象已由传统的读者转向当代的用户，其专指性更强；③书目情报服务提供的不仅仅是书目、知识，而是真正意义上的且具有一定价值的情报。在书目情报理论的指引下，目录学理论发生了彻底的革命，这一革命结束了目录学以具体书目成果为核心的历史。”[3]李文华《我国当代目录学研究主要成就之管见》(现代情报，2003年第6期)认为“书目情报理论把传统目录学研究对象的二维空间‘书目—文献’，扩充到三维空间‘人—书目—文献—人’，突出了一切活动‘以人为本’的人文观”。北京印刷学院王京山博士认为“书目情报概念引入目录学后，目录学的许多概念为之一新，书目情报服务、以书目情报为逻辑起点的书目控制研究等为目录学输入了新鲜血液。书目情报概念既是对20世纪目录学的一个深入总结，又为新世纪目录学的发展打下了良好基础”。[4]

在越来越多的对书目情报理论给予充分肯定和高度评价之时，亦有不同的“看法”。湖北经济学院图书馆刘国华发表了一系列文章对书目情报理论提出了“质疑”和“批判”，如《剖析书目情报理论：对书目情报理论的理性批判》(图书情报工作，1998年第5期)，并与该馆的另两位同志发出了比较激烈的批评。王心裁在《图书情报工作》2000年第2期发表了《目录学学术批评与科学研究理性：对刘国华有关批评文章的一种回应》，“在目录学界，书目情报理论尚没有因为质疑声音的增多而动摇其地位”。[5]“我们呼吁争鸣者树立严谨认真的科研态度，遵循应有的原则，以形成良好的学术批评风气，繁荣书目情报理论研究”。[6]

2 应用目录学的发展

目录学在20世纪经过两次大的开放的过程产生了两次大的

飞跃:20—30 年代的开放将中国传统的古典目录学与国外目录学融入了一个新的整体,目录学的理论性增强;80 年代以后,现代目录学理论建立起来,目录学将许多研究整合为有多个分支学科组成的体系。20 世纪 90 年代以来,人们关注着这样一个现实:目录学理论与实践脱节,目录学忽视新技术方法的研究,目录学缺乏创新,长此下去,目录学就失去了生命力;一些目录学研究者对目录学的前途存在着种种疑虑;对目录学的教学与研究也从 80 年代的热情降到了低点。也就是在此时,应用目录学的提出极有现实意义,目录学研究者在目录学的转向这个问题上取得了共识。

北京大学的朱天俊教授在 1983 年就提出"目录学是致用之学"的思想。他的《应用目录学简明教程》摒弃目录学空谈和历史的赘述,强调目录学实用方法,特别是增加计算机在书目工作中的应用,使目录学贴近了现实。作者认为:作为社会科学的目录学,从它是致用之学这一基本观点出发,目录学的内容包括四个方面,即文献的来源与积累,文献的认识与鉴别,文献的揭示与记录,文献的检索与利用。而"应用目录学"亦称实用目录学,阐述目录学在学术研究与文献情报工作中的应用,着重讲述揭示与记录文献的方法。

武汉大学的彭斐章教授及其博士生从目录学的矛盾说出发,认为:读者对特定的文献信息需求将成为矛盾的主要方面。一方面,目录学的研究内容将更注重研究读者;另一方面,在知识经济条件下,将更加强调目录学的应用性。他们也提出"目录学本是致用之学,致用是目录学的生命线",还提出目录学应用性增强的结果,目录学家的作用将是"知识矿工"。[7]

北京师范大学倪晓建教授(现任首都图书馆馆长)1998 年主持了国家哲学社会科学基金项目《面向因特网的精粹信息开发利用研究》,2001 年出版《信息加工》(武汉大学出版社),将信息加工划分为六个子系统,即描述性信息的加工、浓缩性信息的揭示、周遍性信息的处理、鉴选性信息的提取、研究性信息的撰写、相关性信息的组织。作者指出:信息加工的目的是解决信息激增与用户利用之间的矛盾,从本质上讲,属于目录学的范畴。该成果从当今信息社会文献特点及用户的实际需求出发,对各种信息加工方法从基本概念、特点、作用、加工步骤、技术应用等方面作了较详细的阐述,同时对各加工方法的发展现状及前景作了深入的探讨。通过因特网环境下目录学方法的应用与创新,建立了新的目录学方法体系。

应用目录学的发展极大地影响了目录学教育。以1982年武汉大学、北京大学两校合编的《目录学概论》为标志,目录学的"论、史、法"体系成为目录学教学的经典,目录学作为图书馆学专业核心课的地位使得目录学知识成为图书馆工作者的必备。到了80年代中期,中央电大图书馆学专业开列《目录学》以及彭斐章等编著《目录学》1986年出版,将目录学教育推向了高潮。然而,到了90年代由于图书馆学专业的困境以及目录学教育改革的滞后,一些教学单位将目录学从专业必修课改为选修课,甚至停开目录学课程,使目录学教育面临着重大挑战。90年代出版的四部目录学教材是目录学教育改革的尝试,这四部教材是:倪晓建的《书目工作概论》(北京师范大学出版社,1991年)在北京师范大学等校采用,朱天俊的《应用目录学简明教程》(光明日报出版社,1993年)在北京大学采用,郑建明的《当代目录学》(南京大学出版社,1994年)在南京大学等校采用,柯平的《文献目录学》(河南大学出版社,1998年)在郑州大学、华南师范大学、南开大学等校采用。这些教材的一个共同特点就是:以目录学的方法为中心,体现目录学的实用性。

2003年武汉大学出版社出版的《目录学》是1986年《目录学》的修订版,不仅各章增加了许多新的内容,而且综述单列一章,目录学方法占有较大篇幅。该书的前言中指出:目录学是一门智慧之学,目录学是一门具有鲜明时代特征的科学,目录学是一门实践性很强的科学。

最近,由武汉大学、北京大学、南开大学、南京大学、中山大学的目录学教授合编的《目录学教程》被列入教育部图书馆学教学指导委员会组织编写的"面向21世纪教材",即将由高等教育出版社出版。该书共九章:目录学基础理论;中国目录学的产生与发展;外国目录学的产生与发展;文献揭示与组织;书目文献编纂；书目控制；书目工作组织与管理；书目文献资源的利用；书目情报需求与服务。它吸收了近二十年的目录学研究成果，阐述了现代目录学理论，体现了实用目录学的体系，将对目录学教学与研究产生积极的影响。

特别值得提出的是，倡导目录学应用，在书评学、近代目录学研究等方面卓有建树的北京大学孟昭晋教授将专科目录学教学、文献检索课教学、中西文工具书教学，以及文献学、文摘索引等纳入目录学的教育体系，体现了应用目录学的思想，是十分有价值的。

3 网络信息资源的目录学探索

2001 年 6 月 29 日，由广东省图书馆学会学术委员会主办的“网络信息资源管理与目录学”学术沙龙，在广州大学桂花岗校区图书馆举行。会议由广东省图书馆学会学术委员会主任乔好勤教授主持，林庆云等 15 人参加了会议。学术沙龙紧紧围绕以下三个方面的问题展开热烈的讨论：一是目录学面临的问题和发展趋势，二是信息资源开发利用与目录学研究，三是网络信息资源目录控制的理论、方法和技术问题。乔好勤教授总结说：对网络信息目录的研究，也可叫网络信息目录学或称网络目录学。过去有地方文献目录学、文学目录学、医学目录学等，网络目录的研究当然也可以叫网络目录学。这一新领域的开拓和研究，把目录学推向新的阶段。“目录工作实践活动已进入网络信息目录控制的新阶段，目录学研究的重点应该尽快转移到网络信息目录工作及其检索工具上来。目录学研究者应该积极参与网络信息资源建设、开发和利用这一庞大的世纪工程，找准自己的活动领域，真正把目录学推进到一个新的时代——网络目录学阶段”。[8]

2002 年在首都图书馆召开的目录学专业委员会座谈会上，网络信息资源组织与书目控制成为目录学研究者们重要话题。大家认为这一课题是目录学新的生长点。符绍宏指出：网上的 webbibliography、网络资源导航、web of webs 就是目录学的方法。吴华说：当代目录学研究的主要问题是网络信息资源的书目控制，提出建模拟实验室。

3.1 电子资源编目与组织

司莉、彭斐章、贺剑锋的《网络信息资源组织与目录学的创新和发展》(图书情报工作,2001 年第 9 期)从网络信息资源类型特点入手,阐述网络信息资源组织的超文本、搜索引擎、指引库、元数据和图书馆编目几种方式与目录学应用问题,提出目录学创新与发展的新知识增长点。司莉的博士论文《网络信息资源组织与揭示及其优化研究》(2003)深入分析了网络信息资源组织与揭示的现状与问题,提出了一系列的措施与方法。而关于电子资源编目或网络资源编目的研究不断深入,如刘秀华的《网络信息资源编目之探讨》(图书馆建设,2003 年第 3 期)、赵晓玲的《网络数据库中电子期刊与馆藏期刊的编目整合》(图书馆建设,2003 年第 6 期)等。

关于文后电子文献的著录由于国家标准《文后参考文献著录规则》并未涉及,因而是近几年来迫切需要解决的问题。这方面的研究有严定友《网络文献著录规则初探》(出版发行研究,2000 年第 1 期)、杨海平等《网络参考文献著录研究》(大学图书馆学报,2001 年第 1 期)等。

周维彬的《索引结构——从目录学角度看万维网信息资源组织结构》(图书情报工作,2003 年第 12 期)认为过去的索引理论无法解释和包容网络信息环境下出现的"网站索引"、"教案资源索引"、"课件索引"、"数据库索引"、"文件索引"、"地图索引"、"新闻索引"等与索引相关的新概念对象,提出要对索引理论进行创新。

3.2 电子书目情报服务研究

洪光宗《电子目录服务研究》(图书馆理论与实践,2002 年第 5 期)认为,目录学在 20 世纪历经两次飞跃,随着 Internet 的发展,目录学在应用方面有了新的发展,即网络目录服务,它在 Internet 中起十分重要的作用。X. 500 电子目录是目录学知识在网络上的应用,由三个模型组成,即信息模型、目录模型和安全模型。与数据库服务相比,目录服务有其自身的特点,并可实现一些特殊的功能。从网络的角度论述书目情报服务的新形式与方法,成果较多,如邓小昭《网络环境下的书目情报服务》(情报资料工作,1999 年第 2 期)、韦景竹《网络环境下书目情报用户需求研究》(上海高校图书情报工作研究,2003 年第 3 期)等。

3.3　知识组织的目录学研究

张洪元《知识组织智能化与目录学在当代的发展》(大学图书情报学刊,2001 年第 2 期)认为知识组织智能化是书目工作与目录学发展在现代遇到的新课题,提出要深入研究计算机条件下的书目工作,理清运用计算机技术进行书目工作而又充分体现其知识组织内核:一是加强文献揭示方法研究,二是加强书目工作实践理论研究,三是加强书目工作计算机应用研究,四是加强传统书目方法与现代书目方法的结合研究。

3.4　书目情报工作的电子化与网络化

彭斐章等认为,书目情报工作的电子化、网络化是 21 世纪中国目录学的重要特征。电子化已取得很大成就,而网络化主要有三层含义:书目情报产品在传统的印刷、卡片形式外出现了电子版、网络版;书目产品传输的网络化;读者通过网络使用书目情报产品。[9]广东中山图书馆的莫少强在《数字图书馆元数据和资源共享的研究与实践——网络环境下目录学发展的新课题》(图书情报工作,2002 年第 1 期)中分析 MARC 在网络环境下存在的问题,提出基于都柏林核心的中文全文文献元数据格式,介绍超星数字图书馆按该格式进行大规模中文文献元数据标引和实现资源共享的成功实践。武汉大学的贺子岳和司莉《网络检索工具发展新思维》(情报学报,2003 年第 1 期)从目录学的角度探讨了网络检索工具的发展,认为网络检索工具实质上就是一种目录,因而把网络检索工具作为目录来研究具有现实意义,指出了网络检索工具与传统目录的联系和二者结合研究的意义,总结了网络检索工具的现状和存在的问题。作者就其发展方向提出新的见解:①网络检索工具应纳入书目情报系统研究之中;②功能多样化发展;③充分揭示网上资源;④做好网络检索工具的规范化和标准化工作;⑤类型多样化;⑥利用书目情报服务的组织制度管理网上信息资源。

3.5　书目控制研究

笔者 1996 年主持了国家哲学社会科学“九五”规划重点课

题《书目控制的经济学与我国书目控制的经济效益研究》,2001年出版了《文献经济学——文献、书目控制与经济学》(中国书籍出版社)。该项成果将经济学与书目控制相结合,探讨了书目控制的经济现象及其规律,这一研究在国内外尚是首次;提出书目控制经济学的新概念,并建立文献经济学的理论体系,具有独创性;在文献生产、文献商品、文献电子化、各类型文献书目控制、网络环境下书目控制等方面取得突破性进展。笔者认为,在网络环境下,书目控制的研究早已从图书的书目控制发展到文献的书目控制,加强网络信息资源的书目控制是书目控制的重点与方向。网络信息资源的书目控制有三个层次:第一层次是一般网络资源的书目控制,通过搜索引擎、网络资源导航等解决;第二层次是网络出版物的书目控制,通过网络目录、网络文献评价系统等途径解决;第三层次是网络知识与学术资源的书目控制,通过网络知识提炼与加工、知识挖掘等技术与智能的综合方案解决。张静的《论因特网信息资源的书目控制》(情报杂志,2003 年第 1 期)说明了因特网信息资源实施书目控制的必要性,并从选择控制、描述控制、检索控制和规范控制四个方面讨论了因特网信息资源的书目控制。

4 古典目录学研究的突破

在古典目录学研究领域,以下几个方面取得了进展。

4.1 对传统目录学精神的深刻揭示

王京山《中国传统目录学"辨考"与"致用"的辩证思考》(图书与情报,2002 年第 2 期)认为,中国传统目录学有其优良传统,就是"辨章学术,考镜源流"的学术传统。这与我国深厚的传统文化底蕴是分不开的。同时中国传统目录学又是致用之学,它要服务于文化学术研究和读书治学的现实需要。因此今天的目录学研究应采取辩证的态度,在注重致用的同时发扬我国传统目录学的长处。徐寿芝、傅荣贤《以文献为本位的中国古代目录学研究》(图书馆,2002 年第 3 期)认为,文献是古代目录系统的基本结构本位,凝聚着目录的基本特征。只有从古代文献的特征以及不同目录学家对文献的不同态度出发,才能对中国古代目录学作出具有解释力的说明。薛新力《中国古代目录学中的创新求变精神》(西南民族学院学报,2002 年第 8 期)认为,中国古代目录学在其发展过程中充满了创新求变精神,文章从书目类型、文献分类、著录方法三个方面进行了梳理和探讨,指出其创新求变都是为了适应学术文化的发展变化和文献典籍自身的发展变化。华南师范大学的夏南强和张炯认为:在文献与日俱增,计算机的运用已较为普遍的今天,我国古代目录学的精髓"辨章学术,考镜源流"的思想,用"叙录"的方法揭示图书文献的思想,不仅没有过时,更应该发扬光大。[10]

4.2　关于古典文献与目录的研究

河北教育出版社 2001 年出版了《程千帆全集·第三卷·校雠广义·目录编》。李致忠释评的《三目类序释评》2002 年由北京图书馆出版社出版。王国强的《中国古代书目著录中的互著法和别裁法》(郑州大学学报,2002 年第 4 期)提出明代高儒编制的《百川书志》是最早发明别裁法的书目,也是最早采用互著法的书目;祁承㸁和章学诚关于互著别裁法阐释的宗旨有所不同,一为便于检阅文献,一为辨考学术源流。互著别裁法是中国文化的整体观特质所孕育,是中国目录学发展到成熟阶段的结果;作为文献著录的有力的辅助方法,互著别裁法具有备著述之源流和供检阅之方便等价值。近几年来对古典文献与目录的研究不再是一般的系统介绍,而趋向于深入的剖析,如王霞的《从中国古典目录辨析中国古典小说的渊源与分类》(新世纪图书馆,2003 年第 5 期)。盐城师范学院的傅荣贤《〈七略〉目录学整体观刍议》(图书馆理论与实践,2003 年第 5 期)论述《七略》目录体系的最大特色在于其形式和内涵双重层面上的整体意识,这种整体观是汉代哲学整体思维的产物,它模铸了后世"依刘向故事"的所有中国古代目录学,成为最具民族特色的一个目录学取向。

4.3　关于目录学史与文献学史的研究

继乔好勤的《中国目录学史》(1992 年)之后,陆续有著作问世,如余庆蓉和王晋卿的《中国目录学思想史》(湖南教育出版社,1998 年 4 月)是"90 年代中国目录学史研究领域最有影响的成果之一"(乔好勤序)。柯平的《论中国古代文献学的流派》(郑州大学学报,2002 年第 2 期)认为学术界关于“校雠学即文献学”之论并不全面,校雠学和目录学都是古代的文献学。中国古典文献学有校雠文献学、目录文献学、广校雠文献学三大流派,三派均来源于孔子的整理典籍,至汉开始分流。校雠文献学注重文献的甄别与整理,以校勘为中心;目录文献学注重收集与整理、揭示与利用,以目录为中心;广校雠文献学重视文献的阐释与整理、编纂,以学科为中心,目录、校勘、版本只是其工具。中国古典文献学的主体是文献整理,“辨章学术,考镜源流”是古典文献学的精华。滨州师范专科学校门庭的《中国古典目录学的基本特征》(滨州师专学报,2003 年第 1 期)认为中国古典目录学在两千多年的发展过程中,逐渐形成了具有时代性和民族性的三个基本特征:重文献整理而轻应用;重文献描述而少推理;重文史而略技工。

断代目录学的研究一直是目录学史的主流。一些研究者对宋代目录学从图书目录整理、目录学著作等多个角度进行了研究,如湖南大学邓洪波的《北宋时期的图书整理与目录工作》,汪新华、拓夫的《从目录学名著看宋代目录学的成就》,李之亮、毛建军的《略论高似孙在文献整理方面的主要贡献》等。张琰《孔子与郑樵目录学思想异同浅论》(甘肃教育学院学报(社科版),2003 年第 4 期)分析孔子和郑樵的目录学思想,在“兼收并蓄”与“详今略古、存佚皆取”的收书原则、“分门别类”与“类例既分、学术自明”的编次思想、“述而不作”与“泛释无义”的揭示旨趣三个方面,既有相同点又有不同点,表现了我国古代目录学搜求广深、重视分类、精究提要的传统特征。明清目录学研究成果较多,如王国强的专著《明代目录学研究》(中州古籍出版社,2000 年 6 月)集中了作者多年来关于明代藏书史与目录学史的研究成果。钟瑛的《论明清官修书目的时代特征》(大学图书馆学报,2001 年第 3 期)总结了明清官修书目的时代特征是:维护皇权的极端专利心态和对异己思想的禁止;讲究实际,强调务实;处于封建社会末期的学术大总结和大发展。胡春年《简论明清时期目录学的发展》(图书馆学研究,2002 年第 12 期)从明清时期官修目录和私家目录的发展状况,论述了当时目录学所取得的成就。王锦贵《论章学诚的目录学知识创新》(大学图书馆学报,2003 年第 4

期)分析了章学诚的目录学"创新"是乾嘉目录学"显学"的重要原因,通过研究历史为今天的目录学指明方向。至于近代目录学的研究,有傅金柱的《但开风气不为师——浅谈梁启超的西学目录学思想》(图书馆建设,2002 年第 3 期)等。

5 现代目录学家的研究

十年前,笔者在《论当代中国目录学的理论建设》(四川图书馆学报,1991 年第 1 期)一文中提出了中国现代目录学的"四代"说。四代之中,前两代目录学家为现代目录学的创建作出了奠基性的贡献。笔者认为,姚名达是现代目录学史上继往开来第一人,堪称中国现代目录学之父。以王重民为代表的第二代目录学家开始进行现代目录学的实际建设,特别突出的是用马列主义的方法研究目录学,从而建立了目录学的哲学理论基础。他们把第一代目录学家整理的史料用历史唯物主义方法进行研究,在古典目录学的系统化特别是目录学大家的思想探索方面取得了突破。这一代目录学家的着眼点始终放在书目上,从文献工作转移到目录工作,从图书说转到目录说,试图建立以目录为中心的新体系。如果说,姚名达是第一代目录学领袖,那么王重民就是第二代目录学的领袖。而第三代目录学家在继承前两代目录学精华的基础上,立志创新,建立适应现代化的目录学体系,真正把现代目录学建立起来。

对第二代和第三代现代目录学家的研究成为近几年来目录学研究的一个重点。无论是对已故的目录学大家的纪念,还是对当代目录学泰斗思想的探讨,都对现代目录学的总结以及继承目录学的精神具有现实意义。

为纪念我国著名的目录学家王重民先生诞辰百年,图书馆学目录学研究人员纷纷撰文,深入讨论王重民先生的目录学思想,评价其在目录学、敦煌学等领域的卓越贡献,探索对现代目录学的指导意义。周文骏的《读〈校雠通义通解〉——纪念先师王重民教授诞辰 100 周年》(中国图书馆学报,2002 年第 6 期)认为王重民先生的《校雠通义通解》是其研究中国目录学的力作之一,不仅为"图书目录工作者和学习古典目录学的人提供一部通解式的读本”，而且表达了作者对中国目录学史上某些重要人物和有代表性的目录学专著，其中主要对章学诚和《校雠通义》的评价，以及对我国古代目录学史发展的认识。《大学图书馆学报》2002年第5期发表了周文骏的《重读王重民先生的两篇文章》。此外，还有王锦贵发表的论文《试论王重民先生的目录学成就》（新世纪图书馆，2003年第3期）、柯平发表的论文《王重民与姚名达的目录学思想比较研究》（图书与情报，2003年第4期）。上海古籍出版社2002年出版了姚名达撰、严佐之导读的《中国目录学史》。北京大学出版社2003年9月出版了《王重民先生百年诞辰纪念文集》，亦是对王重民先生诞辰百年的最好纪念。

2003年9月18—19日，北京大学信息管理系、国家图书馆善本部、北京大学图书馆和兰州大学敦煌学研究所联合举办了“纪念王重民先生诞辰100周年学术研讨会”，吸引了海内外目录学、图书馆学和敦煌学界的专家学者，特别是中国目录学研究的重要基地北京大学、武汉大学、南开大学的目录学家的出席，彭斐章、朱天俊、来新夏等目录学大家的重要讲话，使得这次大会成为目录学研究的一次盛会。

在大会的分组讨论上笔者就“目录学的发展”作了主旨发言，提出我们不仅要研究王重民先生的目录学思想与成就，也要学习王重民先生的目录学求实精神；在当前特别重要的是注意“传统与现代的结合，理论与实践的结合”，目录学具有继承与发展观，目录学研究包括古典目录学研究必须创新。从而引起了与会者的共鸣。北京大学王锦贵教授分析了目录学面临困境的原因，提出目录学应与时俱进，将重心调整到网络信息、目录工作、数据库检索上。彭斐章等老一辈目录学家在缅怀王重民先生，回顾目录学发展的基础上，对目录学的发展充满了信心。南开大学来新夏教授说：传统目录学方法在数字图书馆中仍然有用，目录学如何发展，发展就是实践。武汉大学彭斐章教授认为目录学有过辉煌的过去，必然有灿烂的未来。北京大学朱天俊教授说：中国目录学是传统文化的一个学科，不能脱离历史、传统，还要发展，应讲点应用目录学。笔者参加这次大会，深有感触。古典目录学的辉煌历史无可否认，但时代需要的是与之相适应的理论与方法,“适者生存”对目录学的变革是有意义的。

20世纪70年代以后,随着科学研究的繁荣,第三代目录学家承继了50年代的目录学精神,引领目录学迈向新的时代,彭斐章先生就是这一代的杰出代表。2000年9月,值当代著名的目录学家彭斐章教授七秩华诞之际,他的学生们在武汉大学召开了“中国图书馆学目录学研究学术研讨会”,会议编辑了《当代图书馆学目录学研究论集》(湖北人民出版社,2001年2月)一书,既是彭斐章目录学研究与思想的一个总结,又是对现代目录学结晶的一个展示。

对第三代目录学家的研究,还有孟昭晋、王锦贵、李国新的《刘国钧在中国目录学史上的地位——纪念衡如师百年诞辰》(大学图书馆学报,1999年第6期)论证刘国钧在中国目录学史上的重要地位,对刘国钧在目录学领域的四方面成就加以概述,而以刘编《中国图书分类法》为重点,指出刘以其创新的“九分法”最终结束了“四分法”时代。其以我为主,“为我国之图书作”的精神是图书情报界年青一代应予发扬的。2002年6月,在南开大学来新夏先生八十初度之际,天津高校图工委等单位联合举办“来新夏教授学术研讨会”,探讨了他在古籍目录学研究上的成就和思想,会议出版了《来新夏教授学术研讨会纪念集》(新疆大学出版社,2002年8月)。

6 国外目录学的研究

对外国目录学的研究,学者们的目光主要集中于有着悠久目录学传统的俄国和不断变革目录学的西方。

关于俄国目录学的研究,王锦贵在《20世纪俄国目录学发展的特点与中国目录学现实思考》(中国图书馆学报,2002年第4期)系统总结了20世纪俄国目录学的特点,其前期发展特点是十分重视书目的教育职能,注重发挥书目在阅读中的指导作用;其中期发展特点是重视目录学学科建设,突出理性层面的系统研究。提出当代中国目录学研究也应当注意发挥书目教育职能,在理论建设上要与时俱进。郑莉莉和韩萍的《社会与经济变革时期俄罗斯目录学发展概况》(大学图书馆学报,2003年第5期)则总结了新的历史条件下俄罗斯目录学发展的特点:利用综合性学科知识,提高目录学研究水平;出版业的变化对国家书目编制产生的影响;回溯性书目的编制更加完整、全面;发展电子计算机先进技术,实现书目资源储存与利用自动化。

关于西方目录学研究,罗丽丽的《西方目录学史:发展历程与基本文献》(情报资料工作,2002 年第 6 期)从对重要学者的研究、目录学协会的发展和传记性著作这三个角度,综述西方目录学史研究的文献发展情况,是对西方目录学史研究文献发展的一个简要总结。张燕萍的《论信息组织方式的发展趋势——英美目录学发展的启示》(现代情报,2002 年 11 期)从英美目录学的发展史窥见信息组织方式的发展趋势:国际化趋势,标准化趋势,以用户为中心的趋势,技术性趋势,社会合作趋势。提出目录学要以网络信息组织作为新的课题,目录学研究者们应善于目录学原理控制和开发网络信息资源,这既是当代目录学研究的新方向,也是信息组织的发展方向。北京大学信息管理系博士生王京山《英美目录学的源流与发展》(中国图书馆学报,2003 年第 1 期)叙述:以英美为代表的西方目录学发端于 15—16 世纪,有着深厚的技术和实用传统。几百年来,英美目录学在理论和实践方面取得了长足发展。

存在的主要问题是对外国目录学研究还不全面和深入,缺乏对俄罗斯和英美之外的其他国家的研究,特别是缺乏比较目录学的研究。笔者所作的比较目录学研究也没有系统化,2003 年发表的《中西古代目录学比较研究》(津图学刊,2003 年第 2 期)只是中外目录学比较研究的一个成果。

7 目录学的发展研究

21 世纪目录学发展是目录学的一个重要命题。彭斐章先生认为未来目录学研究与发展将在十个方向上取得进展:目录学的理论基础和方法论;目录学的理论体系建设;目录学的量化研究;书目控制研究;书目情报消费研究;书目情报产业化及产业政策问题;目录学的文化研究;国外目录学理论研究;目录学学科思想史;应用研究和分支学科研究。王京山博士在这种指向的启发下，认为21世纪的目录学将呈现出整体化、科学化和实用化的发展趋势，今后目录学的更新与发展的突破口是书目控制研究、书目情报研究、网络信息组织管理与利用研究、书目信息产业研究、专科目录学研究。[11]

目录学如何发展，首先应当在继承的基础上创新。王锦贵提出目录学要与时俱进，"我们应该从行动上冲破以书籍为载体的传统目录学的局限，立即把重心调整到网络信息目录工作及其检索工具上来，也就是说，诸如数字化的数据库，控制网络信息的目录工具网络目录，以及相关的搜索引擎等先进事物，应当从现在起成为当代目录学研究的重要内容"。[12]其次，目录学必须坚持走现代化的道路。这包括理论的现代化和应用的现代化，既要引入新学科和新方法研究目录学，又要敏锐地吸收现代科技特别是信息技术实现书目工作的现代化。还包括研究者观念的现代化，树立信息化、网络化目录学的新观念，冲破旧框框的束缚，解放思想，创建适应发展需要的目录学的新体系。其三，目录学必须找回自己的定位。任何时代的目录学都要有时代感，要站在时代的前列，为经济建设和社会发展作出贡献。目录学要与其他学科相联系，相互借鉴与渗透，加强学科的融合。同时，目录学也必须保持和发展自己的特色，在信息—文献、用户—读者、治学—阅读、加工—组织等方面显露出它的永恒的魅力。

2002年4月，中国图书馆学会第六届学术委员会在北京成立，目录学专业委员会由倪晓建担任主任，王锦贵、柯平、王心裁担任副主任，王珊、邓小昭、杨河源、吴华、符绍宏、廖璠为委员，彭斐章担任顾问。委员会认真检讨了近年来的目录学研究，畅想了目录学的发展。指出要认清目录学的时代性和重要性，致用务实，如配合中国数字图书馆工程，研究书目数据加工与书目控制标准，包括文后引用网上文献的规范、文摘编写标准等。特别强调对目录学重大问题的研究，包括网络信息资源的书目控制、文献与读者利用矛盾及解决方案、传统目录学的现代化、网络资源导航的目录学指导、目录学发展研究、导读研究、专科目录学研究等。委员会计划召开第四届全国目录学学术研讨会，就21世纪目录学的发展展开新的讨论。

在数字化和网络化的新形势下，书目工作如何发展，目录学研究如何与时俱进，开拓创新，是所有书目工作者和目录学研究者的历史使命。今年10月，中国图书馆学会目录学专业委员会将在南开大学召开全国第四届目录学学术研讨会，会议主题是“网络　信息　文化”——新世纪书目工作与目录学的发展。包括以下议题：①国内外书目工作与目录学研究的回顾与展望；②我国书目信息标准化与数字图书馆的书目标准；③网络信息资源的书目控制与网络资源导航；④基于网络的书目情报需求与书目情报服务新模式；⑤信息加工与文献的深层次开发；⑥古籍文献资源与古籍书目资源的开发利用；⑦目录学教育改革与发展。全国目录学学术研讨会自1983年以来，已举办了三届，在书目工作和目录学发展中起了重要的指导和推动作用。此次目录学研讨会是进入21世纪的第一次大会，也将是全国书目工作者、图书馆工作者、书业工作者、文献工作者、目录学文献学教学与研究人员的一次盛会，必将对新世纪的书目工作和目录学的发展产生巨大的影响。

参考文献：

1　彭斐章. 世纪之交的目录学研究. 图书情报工作，1995(2)

2　孟昭晋. 最近二十年中国的目录学教育. 大学图书馆学报，2001(1)

3　秦明，吴家玲. 论当代目录学的失衡. 图书情报工作，2003(7)

4，11　王京山. 中国当代目录学的回顾与前瞻. 图书馆学研究，2003(12)

5　王波. 目录学. 见：中国图书馆年鉴1999. 北京：北京图书馆出版社，1999：289

6　王友富. 80年代以来我国书目情报理论研究之进展. 图书情报工作，2000(12)

7，9　彭斐章，贺剑锋，司莉. 试论21世纪中国目录学研究的基本特征. 图书馆杂志，2001(5)

8　乔好勤，李锦兰. 当代目录学的理论与实践. 图书与情报，2001(3)

10　夏南强，张炯. 当代社会需要的目录学. 大学图书馆学报，2003(5)

12　王锦贵，论章学诚的目录学知识创新. 大学图书馆学报，2003(4)

原载于《高校图书馆工作》，2004年第3期

当代中国目录学研究的评论

在我国目录学发展两千多年的历史进程中,从古典目录学跨入近现代新目录学,是研究范畴的一次大变革;从近现代目录学过渡到新中国目录学,则是研究方法的一次大变革。近四十年,特别是近十年目录学研究的繁荣是史无前例的。对这一段时间的研究,已发表了多篇回顾与展望。本文正是要对这些成果进行比较分析,并揭示目录学的研究规律。

一、目录学的统计资料分析

关于新中国成立以来的目录工作和目录学,许多学者是从统计资料入手进行总结的。

1. 书目文献的统计

书目、索引、文摘是书目工作的直接成果,其量的变化可以显示书目工作的发展面貌。新中国成立后第一个十年的书目工作进行了系统总结。《图书馆学通讯》1958 年第 3 期发表了李钟履的《从一些统计数字看八年来的书目索引工作》,1959 年第 3 期发表了北京大学图书馆学系“书目工作”小组的《十年来书目工作的发展》。至 1981 年冯秉文在《吉林省图书馆学会会刊》发表《新中国书目工作三十年》,对新中国成立后三十年书目索引进行了统计分析,是目录工作研究的佳作。

李文和冯文的统计数字成为后来研究的重要依据。现将二文作一比较:据李文统计,截止 1957 年底,全国各类型图书馆有单行本书目索引 2364 种,而据冯文统计,1949—1957 年的书目索引只有 2359 种;逐年比较,两文中统计也有区别,如 1951 年李文计 44 种,冯文计 63 种。导致统计数字不同有两个原因:一是统计来源不同,李文据北京图书馆的调查,冯文据个人知见;二是统计对象不一致，李文统计的是单行本，而冯文包括单行本和书刊中的书目文献。由于李文统计还包括“正在编制”的198种和“计划编制”的245种，实际已编仅1921种，冯文统计有“年代不明”358种，对单行本未作专门统计。所以两文统计均不准确。但是，这些统计充分说明新中国成立后书目工作的成就：1949—1979年书目7783种，是新中国成立前历代书目总和1600余种的4.86倍。就统计制表而言，冯文只有按年分类统计，而李文有分类统计、分类按年统计、分类按图书馆系统统计、分年按图书馆系统统计四表，如果说李文是图书馆书目工作的统计，那么，冯文则是整个书目工作系统的统计。

根据1988年11月书目文献出版社出版的《建国以来全国图书馆学情报学书刊简目》，1949—1986年的单行本书目共354种。把这个数字与冯文比较，可知单行本数量所占比重甚小。不过，这里的统计也不准确，未包括科技情报单位的题录、索引、文摘。

2. 目录学论著的统计

新中国成立以来，目录学著作44种，其中总论20种，资料5种，历史3种，书目文献专论9种，专科目录学7种。这些著作有34种是近十年出版的。这个统计至少可以反映近十年的成果卓著以及理论加强的趋向。

在目录学研究中，主要是以论文数量反映目录学研究进展。1980年以来，目录学界进行了三十年、三十五年、近十年以及四十年文献的统计。

自1980年彭斐章、谢灼华发表《关于我国目录学研究的几个问题》后，目录学在质和量方面都发生了显著的变化。1983年吴雯芳在《科学发展的整体化趋势与我国当代目录学研究》一文中据《图书情报档案资料索引1950—1981》统计，1950—1965年120篇，理论占15%，古典目录学占7%，目录学方法占8%，目录工作占50%；1977—1981年145篇，理论30%，各类书目研究占30%，古典目录学19%，反映出1977年后目录学的转向。同年秦健《对近年来目录学研究文章的统计与分析》根据52种杂志的统计，1977年至1982年五年间论文342篇，其中，基本原理51

篇，占15%；目录学史111篇，占32.5%；书目工作49篇，占14.3%；书目评介23篇，占7%；专科目录学8篇，占2%；外国目录学8篇，占2%，反映史的比例较大。此外按年统计1978年只有6篇，1979年猛增5倍之多。比较起来，这两篇文章因为统计项目不同，其结果也是有差异的。

于树胜文[6]对35年文献作过统计，理论113篇，占14.2%；史186篇，占23.4%；外国目录学27篇，占3.4%；书目编制326篇，占41.1%；专科目录学142篇，占17.9%。这是量的总结，而对35年质和量的精辟总结则是1984年彭斐章在《武汉大学学报》发表的《新中国目录学研究述略》及与谢灼华合写的《对当前目录学研究的思考》两篇文章，在分析量变的基础上提出了许多新的问题。

最近，目录学界对于新中国成立以来40年特别是近10年进行了回顾总结。关于10年的研究有三篇重要文献：余庆蓉文[4]时间断限为1976年10月至1986年10月，突出地进行了分阶段总结和逐年分类统计分析，列举文献较多；而乔好勤文[3]则只有约略的统计和简略描述，重点分析10年中目录学在理论体系、方法论、传统观念、知识结构、理论与实践关系五个方面的突破性进展与问题，引人深思。乔氏另有一篇《目录学研究综述》（载1989年7月，湖南大学出版社《中国图书馆事业十年》）则更为全面、详尽，不仅分阶段描述，而且分专题总结理论研究、文献揭示方法研究、应用和发展研究、目录学史研究的成就。单就统计资料而言，余文统计1977—1986年论文798篇，而乔文统计1978—1986年论文有1065篇。虽相差一年，但仍有出入（1977年论文仅4篇）。

关于40年的研究有三篇重要文献：陈东、张洪元文[2]分理论研究和书目工作研究两个方面进行专题总结，统计1950年至1988年8月理论论文644篇，其中1950—1957年30篇，1958—1991年180篇，1982—1988年434篇。乔好勤、陈东、廖璠1989年在《图书与情报》发表《我国目录学研究的回顾与前瞻》虽没有统计，但围绕基础理论、分支学科、史、国外目录学、书目工作作了全面概括。彭斐章文[1]则一反过去四个阶段划分，将40年分为1949—1966、1976年至今两大阶段进行系统总结，列举重要课题的讨论和重要文献，该文统计 1977—1988 年论文约 1169 篇，与乔文统计比较接近。

从目录工作和目录学统计资料中，我们可以看到统计这一手段在研究中开始被重视。问题是这些统计还不科学。一是逐年统计的准确性不够；二是统计的项目不统一，书目中忽视编者的统计、单行本和非单行本区分以及文摘的统计；三是统计形式单调，缺乏分布图、坐标等多种表现形式。其原因就是统计的个体化、不连续，既没有完整的工具，也没有广泛的合作。因此，要加强书目文献和目录学文献的报导，建立各地区、各系统乃至全国的书目文献报导体系和目录学文献中心。

然而，数量只是 40 年目录学的表面现象，只有进一步从质量分析，才能窥见目录学真谛。

二、目录学的研究模式

我们说新中国目录学是研究方法的大变革，有两层含义：一是用马列主义的方法来研究目录学；二是用多学科的方法来研究目录学。统计的方法就是其中之一。

新中国建立后就确立了马列主义在目录学领域的指导地位，经过王重民、吕绍虞等老一辈目录学家的努力，确立了中国目录学的基本理论基础——马克思主义哲学，用辩证唯物主义研究当代书目工作和目录学，用历史唯物主义研究目录学史取得了巨大成就。特别是关于列宁目录学思想的研究，50—60 年代，朱天俊、彭斐章先后进行了初探。到 80 年代初，彭斐章、乔好勤的《列宁目录学思想初探》，徐文绪翻译的《列宁论书目》使这一研究有所升华。近 10 年开始重视其他经典作家的研究，1982—1983 年在《图书馆学研究》中毛昨非连续发表关于列宁的研究以及《马克思、恩格斯关于目录学方面的论述的实践编年》，刘烈发表《关于马克思主义经典作家目录学理论的研究综述》，1984 年陆建志专门探讨了恩格斯对马克思主义书目目录学的贡献。

用马列主义研究目录学的最大成果就是建立了马克思主义文献目录学。50 年代李枫在省市图书馆进修班上作了初创工作，杨威理在这一领域探索颇多，80 年代郭星寿在研究和教学的基础上写成《马克思主义文献目录学》一书，标志着这一分支学科的建立。

在运用马列主义方法中，有一问题值得思考，40 年来对于马列经典作家目录学思想本身有很深入的研究，但对其现实意义、指导作用则一带而过。为什么不把列宁目录学思想与现实结合起来呢？最近几年探讨得较多的书目控制问题，在列宁那里可以找到理论依据，他签署的关于书目工作统一管理的法令对于当前书目工作的分散局面是极有指导意义的。法令中的"要建立目录图书馆"正是我们所强调的书目中心，所以今后这方面研究要着眼于现实。

建国以前，我国目录学研究方法极为单一，基本限于历史方法和分类方法。由于囿于历史方法，目录学视野狭窄，陷入历史学领域而不能自拔，因而在清代有考据目录学的偏极，致使后来的许多目录学家以史为专攻，无形中使古典目录学高低不就，走入困境。虽然近现代许多目录学家另起炉灶创编目录学，但这种方法和观点并没有摈弃，并给新中国目录学带来不良影响，有两个方面：

第一，40 年来历史方法在目录学研究方法中仍占有重要的地位。特别是前 30 年，目录学研究主要是历史方法，我们从目录学文献统计中得以明证。南京图书馆《图书馆学论文索引第二辑》1949 至 1957 年目录学论文 137 篇，主要是图书馆学的文章；南京图书馆《图书馆学论文索引(1949. 10—1980. 12)》目录学论文 389 篇，分"目录学史"和"书目文献索引的使用、评介"两类，理论被史所代替。这至少可看出前 30 年目录学中的历史方法研究阵地——目录学史论占目录学研究的 60% 以上。近 10 年来，经过目录学界的呼吁，史的研究比重有所减少，据北师大图书馆学系《目录学研究资料目录 1979—1983》统计，512 篇中，目录学史 184 篇，占 35.9%。我们在研究生学习期间曾在此基础上作过增补并统计 1979—1983 年 655 篇，目录学史 214 篇，占 32.6%；余庆蓉文 10 年统计，目录学史占 44.24%。这就不得不令人深思。古典目录学束缚着我们整整 40 年，虽然比例在逐渐减少，但仍有些学者以史学目录学为正宗，不肯放下古典目录学的沉重包袱,遗憾的是,陈东、张洪元的文章竟没有对目录学史文献专门统计和分析,许多历史研究归到古典目录学理论中,实是回避了40年来重历史轻理论的客观存在。不把这一问题揭示出来,就看不清我们研究中的不足。

第二,40年来历史方法为主的研究限制了目录学体系的发展。新中国成立后在姚名达目录学的基础上总结的“论、史、法”结构占据了整整30年,问题的关键并不是这一结构无法包罗新的内容,而是它人为夸大了史在目录学研究中的地位。一旦这一结构进入了教科书和专著,就导向人们平分论、史、法的研究比重,加上古典目录学的深厚基础,史的比重有增无减。近10年才开始冲破这一结构,但是在形成的普通目录学和专科目录学中仍有着论、史、法的阴影,有人提出的原理体系也仅仅是目录学的一部分,而不能包括全部内容,至今目录学史还没有摆到恰当的位置。

分类方法也是我国目录学研究的基本方法。我国历代的目录学家所进行的文献整理都不同程度地运用了分类方法,书目分类的成果就是明证。目录学所谓的理论研究也不过是在前人的基础上进行的分类和归纳,这样就形成了影响新中国目录学的一个传统:史料的罗列。40年来目录学史特别是古代史的研究始终没有摆脱这一模式,许多人所作的史料工作并没有超过姚名达、王重民的水平,只不过把专题的罗列分类换成时间的罗列分类,难怪许多人责备研究文章质量的低下。

由于囿于分类方法,一方面是去重复几个知名目录学家的史料排列,而蕴藏于文献中的许多史料一直没有发掘,如笔记、方志中的目录学史料还没有认真整理过。另一方面是去描述书目工作的现象,局限于经验的分类整理。传统的书目文献被图书文献分类的洪流所淹没,似乎分类学家把这一领域从目录学家手里接了过去,只留下史的东西,而目录学家治旧只有那一段历史,治新只有去总结别人的成果,诸如联合目录、国家书目、古籍书目都得力于图书馆界,目录学研究人员不参入实践而高谈阔论者大有人在,结果重经验轻理论的现象长期存在。1949—1957年“书目文献索引使用和评介”文章有261篇,占这一时期的77%。近10年来,经验方法所占的比重有所下降,如1979—1983年书目工作方法289篇，占这一时期的44.1%；余庆蓉统计10年实践文章223篇，占27.9%。可见理论和方法的差距在缩短。

由此看来，40年来目录学研究的重心在史的研究和实践研究，而这两方面的研究都未能深入、完善，这不能不说是局限历史方法和分类方法的结果。当然我们也看到发展的一面：首先是40年来所运用的历史和分类方法与新中国成立前有所不同，由于运用了哲学以及其他多种方法的结合，与新中国成立前考订派的考证方法和校雠派的义理方法相比，确是一个进步。其次，史与实践的研究在逐渐减少，理论研究逐步加强。第三，以史与实践为重心只是总的而言，在不同阶段也有所变化。

把新中国成立以来40年的目录学分为四个阶段。奠基(1949—1957)、发展(1958—1965)、停顿(1966—1976)、恢复发展(1977至今)，几成目录学总结的一种模式。从阶段性来看，目录学是从实践到理论的逐渐发展之中，各阶段也有着明显的特点，取得成就最大的莫过于近10年，这在乔好勤、余庆蓉等论文中已作过总结，不再赘述。

我认为，40年的目录学有二次高潮、二次困境。二次高潮：一是50年代末60年代初所开展的以目录学对象为中心的基本理论大讨论，产生了许多新观点，直接触及传统目录学"图书说"的要害，相关的问题也有涉及，形成第一次高潮。二是80年代所进行的目录学全面讨论，特别是基本问题的讨论，在批判反思传统目录学的基础上试图建立新的理论体系，形成第二次高潮。参考文献6就反映了这两次高潮的论文变化。这两次高潮中后一次比前一次更全面、深入，规模更大，时间更长。其共同之处是，每一次高潮都是理论上的突破，而理论研究中主要是研究方法的突破。第一次高潮正是运用了辩证唯物主义的方法，从科学的角度认识到目录学中的关系、目录学的相关学科、目录学的原则等问题。第二次高潮正是运用了统计、比较、调查、"三论"及其他新方法，进行了基础理论和方法论的建设。

目录学中的两次困境：第一次是60年代中期，在目录学大讨论中，遇到了无法深入的困难，陷入目录学对象纠缠不休的泥潭中。随之遭到"文革"的破坏，几乎断送了目录学的理论。与此同时，世界正在进行目录学的一场革命——计算机应用目录工作。我们在政治动乱和研究困境中却没有及时采用新的技术方法，致使我国的目录学落后了整整10年。第二次是1983—1985年，随着新技术革命的冲击以及临近学科特别是图书馆学、情报学的迅速发展，导致了目录学理论和实践的危机。这次目录学危机是必然的，因为1982—1983年已有图书馆学的危机，1984年基础理论讨论之后才冲出一条光明大道。目录学的危机略晚些，也正反映了它保守的一面。当人们感到目录学的许多内容已经架空时，发出了"目录学向何处去"、"目录学症结何在"的疑问，于是不少人论述目录学的变革。解脱这一困境的唯一办法也正是用新的研究方法：一是对传统目录学进行反思批判，动摇了目录学以辨章学术为核心的思想，确立了传递书目情报的地位；二是积极研究新技术革命、现代科学对书目工作和目录学的影响，提出应变措施。我们注意到这次危机与第一次危机有着明显的不同，第一次危机只是在高潮之后的危机，而这次危机则是高潮之中的危机。

高潮也好，危机也罢，一个关键的问题就是能否运用科学的方法。科学史表明：永恒的研究方法是不存在的，时代会抛弃不正确的方法，补充和改进旧的方法，方法的更新与完善是科学发展的一个重要条件。做不到这一点，迎来了高潮也会存在危机。事实证明，在目录学中只有运用新方法，才会引起高潮，也因为方法的危机带来目录学的危机，也只有新的方法去解脱其危机。

应该说，近10年的目录学研究中，彭斐章、朱天俊、谢灼华、徐召勋、乔好勤、孟昭晋等目录学家作出了卓越的贡献。他们在目录学的高潮中推波助澜，在目录学的危机中指点迷津，其效果是明显的。1980年彭斐章、谢灼华的文章是40年目录学中的一个重要转折点，"对近十年的目录学研究起了一定的作用"（乔好勤语）。此后目录学史的研究转向了近现代，扩大了研究范围。1983年当目录学遇到困惑时，朱天俊发表《中国目录学本是致用之学》。1983年全国目录学专题讨论会以书目工作为重点，正中理论与实践脱节的要害。近年来乔好勤的一系列文章和"目录学通讯小组"的学术活动，真正使目录学研究稳步发展。乔文把10年目录学分为1978—1980、1981—1983、1984至今三个阶段是比较准确的。

现在看来,我国目录学的研究模式正在向多种方法的整体发展,进而形成目录学研究的方法论体系。近10年来,运用了数学、比较等方法,使过去单一的定性研究(历史与分类研究)向定性定量相结合发展,形成新的分支及目录学与其他学科相结合的专科目录学。问题是这些方法的运用还只是蜻蜓点水,既不全面也不深入,其文献也仅数篇:书目控制(6篇)、比较目录学(1篇)、书目计量学(1篇)。[4]确切地说,目录学的方法论体系还没有完善,目录学的方法论还没有得到应有的重视。

三、目录学的研究规律

40年来,目录学研究中一直强调要研究规律。然而目录学的规律是什么?至今还没有一个完整的答案。我认为目录学的规律应该包括目录学的发展规律和目录学的研究规律。这里把40年目录学研究的经验、成就、教训上升到规律进行探讨。

1. 目录学研究方法是推动目录学研究的一个杠杆

前面已有论证。目前,图书馆学方法论已经建立,布沙和哈特的《图书馆学研究方法》以及国内对于方法论的研究值得借鉴。目录学方法论体系也必然由哲学、一般科学方法和专门科学方法三个层次组成。这里边目录学专门的科学方法是什么值得探讨,传统目录学专门方法是历史方法和分类方法,现代目录学要以什么方法为核心呢?

2. 目录学的理论研究和实践研究必须辩证统一

40年来,总的来说,目录学理论与实践的关系是从不协调到协调,从脱离到紧密。只有当两者达到统一时,目录学就会整体发展。

首先,理论研究必须以实践研究为基础。古典目录学理论是建立在古代书目实践的基础上,近现代目录学家也是在参与目录工作的基础上提出理论问题。新中国成立后开始出现了理论工作者和实际工作者的分离,一方面反映出科学研究的专门化和深化,另一方面造成理论与实践的脱节。许多理论工作者不调查更不参与书目工作,闭门造车;而实际工作者的研究又停留在经验描述上,未上升到理论高度。这一问题在分析目录学危机中提了出来,朱天俊把中国目录学定为致用之学是十分恰当的。我认为这一定论应延伸为两层含义:一是目录学的致用在不同时代有不同内涵,如果说古典目录学的致用在于有功学术,那么现代目录学的致用在于有功社会,迅速提供文献信息,讲求时间、速度和效益;二是目录学的致用不能是实践经验的简单复制,必须上升到理论。

其次,理论研究应该走在实践的前面。如何看待图书馆学目录学的超前现象,我认为超前是正确的方向,但是也有一个"度"的问题,抛开现实的超前只会离实践更远。为了借鉴图书馆学中的"超前"教训,乔好勤[3]提出"目录学应该研究现实问题,应用和发展研究自当是其重点",这是避免目录学研究走向两个极端(偏实践、偏理论)的高见。但我觉得要作一补充,目录学研究的现实问题在当前更重要的是宏观现实问题,而不是微观现实问题。这些宏观现实问题可概括为介于基本理论和实践之间的目录学应用理论,包括(1)运用书目控制论探讨全国书目控制的发展道路、发展战略和策略;(2)运用系统论方法研究书目工作系统及其管理;(3)运用书目计量学的理论研究书目文献资料;(4)运用比较目录学研究外国书目工作;(5)运用计算机的手段研究书目文献编制和利用的自动化。

3. 目录学研究应具有横断性和特色化

40 年来目录学还没有形成一支专门的研究队伍,就是在 40 年前,也很少有人毕生以目录学为专业。一是因为目录学总处在辅助性的地位,文史学家总是把目录学作为打基础的学科。近 10 年来,目录学界强调目录学在科学中的重要地位,说是综合性学科那显然是错误的,说是横断科学也不恰当,倒是目录学这门社会科学具有横断性的特点:它与图书馆学、情报学密切联系。古典目录学与校雠学、版本学同源异流,其区别始终不明显;现代目录学与图书馆学、情报学的关系从明显的区别走向交叉、混合,因为它们有许多共同点需要从不同角度研究解决。今天人们提出的文献信息学就是这三门学科趋于统一的象征。二是因为目录学的对象目录工作不是一个独立的活动,而是依附于图书馆、情报所、档案馆、出版发行、科研部门多系统的活动,这就使目录工作内容分散，书目工作者未能专门化。今天人们强调的图书情报工作一体化包括各系统书目工作的一体化，一旦这个一体化完全实现，也不是完全属于目录学的，它同时也是图书馆学、情报学的一部分。

由此可见，我们的任务不是寻找目录学与图书馆学等相关学科的区别，而是要寻找共同的东西加以研究。40 年中，前 30 年有两个苗头：一是不涉及相关学科，把自己封闭起来；二是把目录学的应用仅限于图书馆的书目工作。近 10 年又有两个苗头：一是寻找目录学特殊的理论，把目录学变成空中楼阁；二是把图书馆学情报学的许多成果据为己有，不劳而获。

目录学有没有特色？这要靠目录学的创造而不是去抄袭。因此我们应该一方面认识目录学和目录工作的横断性，另一方面主动地组织研究和攻关。譬如，书目计量学在情报学家那里研究出了一系列成果，为什么目录学家不去创造更新的成果呢？这确实不是学科的分工问题，而是研究人员的主动性、责任感问题。

4. 目录学必须继承、借鉴和创新

目录学的继承和借鉴包括两个方面：一是继承和借鉴中国古典目录学的优良传统，二是继承和借鉴外国目录学的先进方法经验。回顾 40 年来目录学是怎样继承和借鉴的呢？在对待中国古典目录学方面，继承较多，但是借鉴了哪些传统？到底有多少优良传统？至少还没有系统总结。在对待外国目录学方面，借鉴得不全面。一方面是我们从来没有系统研究过外国目录学的发展与现状，另一方面是我们“断章取义”式地借鉴了苏美的经验，造成了 50—60 年代仿苏和 80 年代初仿美的两个偏极。

值得注意的是：40 年来目录学的继承没有真正建立在有科学依据的分析批判基础上。例如杜定友否定目录学的思想我们没有加以分析批判，其建立的图书馆编目学我们又没有继承，造成编目理论 30 年的空白。

准确地说，40 年来没有处理好继承、借鉴与创新的关系。一部分人强调古典目录学的继承，另一部分则强调创新，这种片面的追求影响着目录学的整体发展。如何把古典目录学与现代目录学，把中国目录学与外国目录学有机地联系起来，建立有中国特色的新目录学,将是今后主要的任务。

结语:目录学走向现代化

40 年中目录学工作者为挣脱古典目录学的束缚建立现代目录学做了大量的工作,取得了显著成果。而建立现代目录学需要方法论的变革,40 年中在方法论上暴露了一系列的问题。40 年的发展证明:目录学研究是有规律的,遵循其规律就会推动目录学发展,否则就会阻碍目录学的发展。

总结 40 年目录学的经验教训,我认为目录学研究与发展再也不能模糊、盲目、封闭和困惑,必须有明确的方向,这就是现代化。首先是研究人员思想观念要现代化,其次是研究工作方法手段要现代化(新的学科方法),第三是研究内容要现代化(新的内容)。为此,我们要建立一支具有合理知识结构的目录学队伍,促成理论工作者和实际工作者的统一;我们要巩固发展目录学的理论研究阵地和实践阵地。

早在 40 年代,黎锦熙在《新目录学论丛》中就提出新目录学世界化、现代化、科学化、工业化的“四化一元”的理想,经过 40 年而未实现。希望在 90 年代!

参考文献:

1 彭斐章. 评新中国成立四十年来的目录学研究. 图书情报知识,1989(3)
2 陈东,张洪元. 我国目录学研究四十年. 高校图书情报学刊,1989(2):69 - 75
3 乔好勤. 我国近十年来目录学研究的回顾与思考. 图书馆学通讯,1988(4):19 - 25
4 余庆蓉. 十年目录学研究的回顾与思考. 广东图书馆学刊,1988(1)
5 傅先华. 近年来我国目录学的文献和刊物评述. 图书馆学研究,1986(5):100 - 104
6 于树胜. 建国三十五年来我国目录学研究文章统计与分析,河南图书馆季刊,1986(3)
7 彭斐章,陈传夫. 近年来我国目录学研究的综述. 图书馆学文摘,1985(2):1 - 5

原载于《图书情报工作》增刊(十二),1990 年

目录学的八十年代与九十年代

当今目录学正处在20世纪80年代与90年代的交接口,在这里目录学是要形成一个断层,还是要连结?是顺其自然,还是要靠目录学工作者去左右方向?这些问题都需要新的观察与思考。

看来要从两个方面入手,一是如何看待20世纪80年代?十年的发展给90年代有何启示?二是如何预测20世纪90年代?90年代与80年代的区别及以何为起点?

目前对于目录学的总结已有数篇。关于四十年目录学的研究有三篇重要文献:彭斐章的《评新中国成立四十年来的目录学研究》[1],乔好勤、陈东、廖璠的《我国目录学研究的回顾与前瞻》[2],陈东、张洪元的《我国目录学研究四十年》[3]。这些文献或从时间角度,或从专题角度总结,都能达到不同的效果,其共同点是近10年理论的回顾。关于近10年目录学的研究也有三篇专论:余庆蓉在《广东图书馆学刊》(1988年第1期)发表《十年目录学研究的回顾与思考》,虽有较好的统计分析,但只讨论1986年;乔好勤在《图书馆学通讯》(1988年第4期)发表《我国近十年目录学研究的回顾与思考》,又在湖南大学出版社出版的《中国图书馆事业十年》(1989年)一书中发表《目录学研究综述》,两篇文章各有特色,相互补充。后者回顾全面,分析列举较多;前者描述简略,更多的是思考,特别是对于目录学困境的分析甚为精辟。

对于80年代,有如上众多文献的描述,可谓详尽。但是历史的总结却暴露这样一些问题:定性的研究列举太多,有大量的材料,欠精选和归纳;定量的研究统计模糊,由于10年时限不同,依据不一,结果统计数字不准确,出入大,且限于论文统计,缺乏书目文献的统计;分时间的研究注重阶段的划分,却忽视全过程的规律;分专题的研究重某方面的进展,却忽视各专题之间的联系与影响,所以对于目录学80年代的回顾在定性与定量、时间与专题的结合上还可以再作努力。

80年代的目录学是发展着的,那么它是怎样的发展呢?这种描述已相当充分。现在的关键问题不是去描述,而是根据描述的结果总结发展规律。

"目录学评价"既是一种方法,也是一个理论问题。目录学评价的目的是总结规律,发现成绩与问题,评价的方法是定性与定量、时间与专题的综合。在掌握这两点后,还要掌握评价的标准,我觉得这不是书目评价和书目工作评价的标准,而是目录学理论与实践总体发展的标准,应该是数量、质量、效益的综合。

80年代,无论是理论研究还是书目工作,数量的追求超过了质量的追求,造成了一些论著和书目文献质量不高、课题重复,提出的问题较多,解决问题的较少,宏观研究增多,微观研究减少。而我们的评价又常常以统计数据作结论,因此,80年代目录学研究中"浮而不实"的现象值得我们注意。

80年代最为突出的是目录学方法的更新,方法的更新引起了观念的更新,新观点、新理论的出现使理论界一片繁荣。与此同时,有两点值得注意,这就是危机论和超前论。在目录学引进新方法后,动摇了传统目录学的结构,在传统目录学"大曝光"之后,产生了危机论,危机主要表现为目录学内容的架空,经过一些目录学家的努力,运用新方法反思、批判,寻找突破口,在"暗适应"中,危机论消失,超前论滋生。这样,突进—危机—超前现象构成了80年代目录学发展的特征。就这一过程分析:危机和超前都是因为新方法引起的,也正是运用新方法解脱危机和超前。那么,新方法应当是目录学发展的杠杆。新方法带来学科的发展很自然,新方法引起危机和超前也无可非议。方法本身并没有错误,而运用方法不当却可能出现偏差。十年中,我们一直强调更新方法,却忽视了运用方法必须正确。必须在研究中以效益为标准。实践研究没有上升到理论,就会产生危机,理论研究没有从实践出发,就会产生超前。这一点也是80年代留下的教训。

用辩证的观点看，危机和超前也不无好处。危机促使变革，关键问题是要找到危机的原因。超前推动理论，关键的问题是要掌握超前的“度”与方向，理论的超前与实践有一定的距离，抛开现实的超前只能造成理论与实践的脱节。

十年来目录学的发展有一个趋势：目录学正在与图书馆学、情报学发生着横向的联系。虽然一些人故步自封，试图寻找目录学与相关学科的界限。然而，这种界限正在打破、模糊，这不是目录学本身的努力形成的，倒是来自图书馆学、情报学的“压力”，这就促使目录学非变革不可。如果我们把这几个学科近十年的发展联系起来看，所谓危机、超前都是连锁反应，只不过目录学的危机和超前略晚些。这正好说明目录学保守的一面，传统目录学的观念还根深蒂固。可以说，十年目录学处于封闭与开放的矛盾斗争中，使目录学发展模糊、盲目、困惑，在某种程度上阻碍着目录学的迅速发展。那么，目录学发展方向的不稳定和目录学工作者的被动又是80年代的一大教训。

80年代留给90年代的，除了丰硕的成果和现有根基外，就是上述研究中的经验教训。总体来说，80年代目录学的发展是显著的；具体地说，80年代目录学发展道路是不平坦的，既有外部的影响因素，也有目录学工作者自身的原因。乔好勤“思考”一文中概括为理论体系、方法论、传统观念、知识结构、理论与实践的关系五个方面是十分正确的。我认为：从规律的角度来讲，目录学的发展主要应注意三个问题：第一要注意正确运用方法，第二要注意理论与实践的紧密结合，第三要注意改变旧观念，加强横向联系。

基于对80年代充分肯定的评价，90年代应当也必然以80年代为基础。一方面是因为80年代研究的许多内容比较成熟，需要继承；另一方面是因为80年代的许多问题争论不休，需要继续探讨和创新。这样看来90年代的目录学不过是一种延续。从另一种角度看，经过80年代目录学的“曲折”，有许多经验教训，90年代目录学将吸取这些经验教训，建立新的目录学理论体系和方法论体系，促成书目工作的现代化。90年代的目录学将出现新观念、新方法、新理论和学科发展的新特征。这样看来，今天则是目录学发展的一个转折点。

从历史发展的规律性出发，可以预料，90 年代的目录学有两大趋势：

1. 理论、方法与实践将整体发展。运用新的方法，促进理论与实践的有机结合，避免走纯理论和偏实践的两个极端，改变 80 年代书目工作理论落后于实践的局面。这就要求理论工作者与实际工作者密切配合，共同解决理论问题和实际问题，消除纯理论与纯实践之间的界限。乔好勤指出“目录学应该研究现实问题，应用和发展研究自当是其重点”[4] 为目录学的发展指明了方向。值得注意的是，目录学研究的现实问题首先是宏观现实问题，其次才是微观现实问题，那么，90 年代目录学将以应用理论研究为中心，带动基础理论和实践的研究。

2. 目录学与图书馆学、情报学将整体发展。当今目录学正在与图书馆学、情报学进行交叉、渗透和综合，这一趋势是不以人的意志为转移的。一是因为目录工作不是一项独立的活动，它横跨图书情报档案等许多部门，随着图书情报一体化的逐步实现，书目工作随之同化。二是因为图书馆学、目录学、情报学研究的许多问题都是共同的，这三门学科都从不同的角度研究文献信息，在研究内容、研究方法、研究队伍等方面都存在着共性，长期的分散研究影响着整体效益。80 年代某些大课题如 UAP、UBC 等的合作，其效果是明显的，一些边缘分支学科、交叉分支学科如文献计量学、书目控制论等也促使这些学科汇聚起来。

90 年代目录学向何处去？要么走在时代前面，要么被时代抛弃，目录学面临抉择。在这个时代的交接口，目录学工作者需要有更清醒的认识，掌握主动权。80 年代的经验告诉我们：被动和封闭就会陷入新的危机和困境，不触及要害问题，就会迷失方向，那些属于目录学的东西，目录学工作者不主动研究，不与他人合作，就会被架空或被淘汰。90 年代目录学工作者的主动性意味着：在理论上，从狭小的研究范围中超脱出来，用新的方法去研究大课题，譬如，比较图书馆学、比较目录学、比较情报学将作为一个系统来研究；在实践上，目录学工作者要参与书目文献的编制，指导各系统的书目工作，决不能袖手旁观，等待总结别人的经验。

回顾与展望本是紧密相连的,与之相适应应该有"目录学评价"和"目录学预测"两个课题。所谓目录学评价,就是运用定性定量等方法对某一时期某一范围的目录学研究进行数量、质量和效益的分析,总结得失与规律。所谓目录学预测,就是根据目录学的发展规律,结合科学与社会背景,对目录学的未来作出估计。目录学评价是目录学预测的基础,进行目录学评价和预测,对于把握目录学方向、推动目录学发展极为有用。90 年代,我们要很好地运用评价和预测这两个手段,使目录学研究稳步发展。

在未来的十年里,不管目录学与图书馆学情报学如何综合,其界限只可能更为模糊而不会消失,只要目录学家站到时代的前列,学科就不会萎缩乃至消亡。让 90 年代的目录学在具有高度责任感的目录学家那里大放光彩。

参考文献:

1 彭斐章. 评新中国成立四十年来的目录学研究. 图书情报知识,1989(3)

2 乔好勤. 我国近十年来目录学研究的回顾与思考. 图书馆学通讯,1988(4)

3 陈东,张洪元. 我国目录学研究四十年. 高校图书情报学刊,1989(2)

4 乔好勤. 我国近十年目录学研究的回顾与思考. 图书馆学通讯,1988(4)

原载于《图书与情报》,1990 年第 4 期

信息时代目录学的重大课题

中国目录学，历来是作为科学研究的基础学科为学术文化界所重视。可是，时至今日，不仅目录学的学术地位有所动摇，而且目录学本身的研究也陷入了困境。北京大学金开诚老师说："前辈学者强调做学问要从目录学入手，就因为目录乃是信息线索的汇集。但到了现在，光靠传统的书籍目录去研究文史已经远远不够，还要掌握国内外更多科目的信息线索。"的确，我们再也不能故步自封，历史已把目录学推进了信息时代。

信息时代的目录学，有四个突出的特征：

其一，目录学研究的组织化。随着目录学研究队伍的壮大，特别是中青年目录学者的涌现，目录学研究学术空气活跃起来，分散的个人研究将走向大联合，有计划、有步骤、有组织、高速度、高效率的研究将是信息时代目录学的组织特征。

其二，目录学的内容在不断调整、充实、完善，成为有坚实基础的现代目录学。对书目工作的研究，从经验现象描述到理论抽象概括，从信守古典目录学到彻底的变革与扬弃，体现了传统的目录学的重心在转移。目录学发展到今天，是由多层次、多学科组成的立体结构，既有学科间的分化，又有学科间的综合，既有学科间的横向联系，又有学科间的纵向深入，这是信息时代目录学的内容特征。

其三，目录学的研究方法向综合化方向发展。传统的单一的方法远不能满足时代的要求，取而代之的将是多种方法的综合运用，大量引进数学方法、信息论、系统论、控制论方法以及计算机技术，使目录学研究从定性分析到定量分析与定性分析相结合。目录学方法论的确立，目录学研究的信度与效度的提高，是信息时代目录学的方法特征。

其四，目录学与图书馆学、情报学、档案学等临近学科的关系更为密切。它们在历史上同源异流，在今天为着许多共同的问题而同流共舟。书目工作横跨图书馆、情报所、档案馆等部门，决定着目录学成为图书馆学、情报学、档案学之间的横断学科。一方面，目录学同它们在内容上相交叉，产生交叉学科或共同理论，如档案目录学、计量书目学。另一方面，目录学同它们在方法上互相借鉴，以促进本学科的发展。这种各自寻求出路又必须结伴而行的趋势是信息时代目录学的关系特征。

总之，信息时代目录学架起古典目录学与未来目录学的桥梁，正在进行新与旧的交替，在这种交替过程中充满着各种矛盾与斗争，如旧思想方法与新思想的矛盾，传统方法与现代方法的矛盾。解决这些矛盾，冲破古典目录学的束缚，进行目录学领域的深刻变革，符合我们时代的精神，也正是目录学最为迫切的任务。

说得具体些，当今目录学需要进行下列重大课题的研究：

1. 目录学学科体系结构的研究。现代目录学的体系结构正逐渐形成，探索目录学的体系结构，有利于目录学体系的合理发展。我曾在《论目录学领域的革命》一文中提到目录学体系，未能深入。[1]我们应当探讨目录学分支学科的组织，研究各层次、各学科间的联系，组织目录学学科间严密的逻辑结构，建立科学的目录学体系。

2. 宏观目录学的研究。胡道静先生曾提出广谱目录学的概念，钱振新同志强调要加强文化目录学的研究。这使我想到：不仅要研究目录学与文化，还要研究目录学与政治、经济、教育、科学、社会等的关系。目录学的学术价值、学科地位、社会影响等都是目录学的宏观方面。赵纪彬曾认真研究过目录学与哲学史。他说："如实论之，目录学的研究，不仅有独立意义，在某种限度以内，且亦有哲学史研究的基址，但前人只研究其一方面，而忽视其另一方面，尤其从未将两者结合起来作统一的探讨，殊为严重缺陷。"[2]我们应由此获得宏观目录学研究的启示。

3. 目录学基本理论的研究。目录学理论的研究一直是薄弱环节，特别是基本理论问题研究有许多空白，主要有：(1) 书目交流理论，研究书目交流系统结构及在文献交流系统中的地位；(2)目录学的规律；(3)书目信息理论；(4)书目控制理论；(5)目录学的本质；(6)目录学的内涵与外延。对于基本理论问题的探讨与深化，将促成理论目录学的建立。

4. 书目事业组织管理的研究。对于各个书目工作部门要进行系统的组织管理研究，包括书目组织网络化，书目事业科学管理，书目工作规划与协调等项目的研究。要总结中国书目事业的经验教训，探讨中国书目事业的整体发展规划。

5. 书目工作标准化、自动化研究。乔好勤同志曾撰文阐明了现代科学技术对目录学的重大影响，[3]许以力同志在徐召勋同志信中也谈到计算机技术运用于书目工作有着广阔的前景，是目录工作发展的必要充分条件，也是目录学的重大课题之一。我们既要介绍引进与利用西方的先进技术，如美国的 LC MARC 和英国的 UK MARC，又要探索适合中国的书目工作技术方法，首先要重点研究中国的书目工作标准化，在此基础上研究中国书目工作自动化进程，特别是要进行计算机书目网络试验，促成书目工作新技术的全面推广与普及。

6. 专科目录学的研究。第一，我国目录学重视文史目录学，专科目录学研究很不全面，诸如经济文献目录学、教育文献目录学、工程技术文献目录学等还是空白，急需填补；第二，马列著作目录学、历史文献目录学、文学文献目录学、医学文献目录学已初具规模，需要充实内容、深入研究，特别是要用新方法进行研究；第三，进行专科目录学的整体研究，对社科文献目录学、科技文献目录学，要分别总结其发展规律，并把两者联系起来考察，探讨专科目录学理论与共同性规律。

7. 西方目录学研究。在外国目录学研究中，侧重于苏联目录学、日本书志学的研究，对于西方目录学研究很少涉足。我们应加强西方目录学的研究，不能停留在少数文章的翻译介绍上，而要研究西方目录学产生与发展过程，及时掌握当代西方目录学的动向。要将西方目录学与东方目录学相比较，特别是比较中西方目录学的异同与影响，为研究中国目录学寻求借鉴。

科学发展的生命力就在于不断变革与创新。据库恩“前科学

→常规科学→反常与危机→科学革命→新的常规科学”的科学发展模式，目录学的“反常与危机”已经过去，信息时代的目录学正处在“科学革命”时期。研究上述课题，取得目录学理论方法的突破，将是现代目录学建立与成熟的关键。

参考文献：

1 柯平. 论目录学领域的革命. 四川图书馆学报，1984(1)

2 赵纪彬.《汉书艺文志·诸子略》柬释. 史学月刊，1984(1)

3 乔好勤. 目录学与科学研究. 武汉大学哲学社会科学论丛，1979

原载于《湖北高校图书馆》，1987 年第 3 期

论目录学领域的革命

恩格斯指出："在马克思看来，科学是一种在历史上起推动作用的、革命的力量。"[1]作为一门科学的目录学，必须有益于社会的发展。当前，整个社会都在变革，我们处在改革的时代，目录学的革命是科学革命的一个部分，是社会变革的必然。

目录学是不断发展的科学，其生命力就在于不断地革命，以适应社会的需要，否则，它就会陈旧过时，被时代所淘汰。无论是与过去相比还是与国外相比，我国目录学的研究都显得落后。目录学发展到今天，一方面由于科学的发展，图书的"爆炸"，社会对目录学提出了更高的要求；另一方面目录学领域仍用过去的水平来应付，这两方面不能一致，目录学与社会需要的矛盾愈来愈明显，而一些相关学科的崛起，部分地担当了目录学的任务，产生了巨大的影响，一些同志便为目录学的前途担心，有的认为目录学会被情报学所取代。我认为：目录学是有前途的，目录学的前途在哪里？除了在目录学领域进行一场深刻的革命，没有别的道路。目录学变革的必要性也就在这里。

一、目录学史上的三次大革命

如果我们对世界目录学作一番考察、分析和比较，我们就不难发现：尽管目录学在各国的起源有先后，但是，随着人类文化的交流，目录学越来越受到革命的影响，首先是科学领域的革命，科学史上三次革命即蒸汽机革命、电子革命、计算机革命均给目录学以推动作用；其次是目录学本身的革命，每一次革命波及整个世界，影响着各国目录学的发展。

第一次大革命——目录学从史学中挣出来

在西方目录学创立时期，目录学家多是各个专科的著名学者,他们编制了大量的专题书目,特别是新的领域的开拓,无疑是受到了文艺复兴运动的影响。“16 世纪,目录学仅是人文主义的一个支脉”,[2] 但到了 17 世纪,从事目录学研究的较多是历史学家,如法国史学之父安德烈·迪歇纳就是出类拔萃的目录学家。所以法国路易丝·诺埃尔·马尔克雷称 17 世纪目录学为“历史学家时代”,在这时期,不仅仅是目录学,就是金石学和文学院的院士们也深入到历史学研究的每一个领域。在 18 世纪中叶的法国,目录学被看成是古代文书学的科学,是历史学的一个分支。

在古代文明的中国,目录学与史学的密切关系更加明显。由于它与校雠学、版本学、档案学密不可分,较早地出现了校雠目录学和版本目录学的研究。历代目录学家都认识到目录学的学术史价值。“辨章学术、考镜源流”是中国古典目录学的精华,特别是史志目录的发展使目录学与史学具有血缘关系。12 世纪的历史学家郑樵和 18 世纪历史学家章学诚对于目录学有较深入的研究,为我们留下了两部专著:《通志·校雠略》(郑樵)和《校雠通义》(章学诚)。

19 世纪以前的目录学,一方面与历史学密切相关,另一方面,由于它在创立阶段,并不是今天意义上的目录学,其内容、范围极不明确,常常与图书史、文书学相混淆。

19 世纪初期,目录学开始革命,这时,目录学家不只局限在编制书目的实践上,而是对目录学的重大问题进行研究。俄罗斯目录学之父索必可夫便是典型的代表,他编制了大型书目《俄罗斯书目的经验》,在书目的序言里,第一次系统地阐述了目录学的新见解。他认为目录学是关于图书的科学,并且阐述了目录学与其他学科的关系,强调目录学是国民教育史的组成部分,这就冲破了以前目录学家的观点,使目录学从史学中独立出来。与此同时,法国目录学家宾诺、卡苗、格列戈尔都站在目录学变革的最前列,一致认为目录学的对象是图书。这一变革在德国的代表是爱贝尔特,他将目录学分为“纯粹的”目录学和“应用的”目录学,其影响是深远的。所以这一次革命重在理论上的突破。

第二次大革命——目录学研究组织化,书目工作机械化、缩微化的开端自从文艺复兴时达·芬奇组织第一个科研小组，各地科研所、小组、学会纷纷建立，到19世纪末20世纪初，科研体制改变形成了一股浪潮，这一变革也自然使目录学受到启发。19世纪末期，个体自由的目录学研究活动开始转变为有组织的合作，最早的是1868年法国目录学会，其后，各国建立了相应的目录学组织，在英国有苏格兰爱丁堡目录学会(1890)、英国目录学会(1892)、兰开夏目录学会(1901)，在美国有芝加哥目录学会(1893)、美国目录学会(1904)、中美目录学会(1930)、弗吉尼亚大学目录学会(1947)，在法国有法国目录学会(1906)，在德国有古腾堡学会(1901年)。俄国十月革命前成立了莫斯科目录学小组(1889)、俄国目录学协会(1900)，十月革命后，1924、1926年先后召开了两次全俄目录学代表大会，1930年成立推荐书目研究所。这些机构积极组织目录学研究，出版目录学刊物，对目录学起了巨大的推动作用。值得注意的是，1895年布鲁塞尔国际目录学会的成立标志着目录学国际合作的开始。

这时期，目录学变革不仅表现在研究体制组织化，还表现在目录学理论研究的深入，国际上一些目录学家不同意从广义的图书学的角度研究目录学，而把目录学作为图书学的分支，其代表人物有俄国的李索夫斯基、库法也夫，英国的福开森，德国的施业捷尔。至20世纪20年代末30年代初，以比利时奥特列为代表的新目录学派，进一步提出目录学是文献学的组成部分。实际上"到第一次世界大战时，目录学的轮廓已相当清楚地确定下来"。[3]

在目录学理论的指导下，书目工作走向合作化，1864—1899年美国编制了125种小型联合目录，1932年成立了"联合目录部"，1890年出现的手写卡片是书目工作的革命。在目录学变革中我们特别注意到20世纪的头十年，1901年美国国会图书馆采用标准通用格式(12.5公分×7.5公分)印刷卡片，1904年出现手检穿孔卡片，书目工作趋向标准化、机械化。"这十年无疑是目录学发展中最革命的阶段"。[4] 1930年成套供应穿孔卡片数据处理装置，开始了书目工作机械化过程，1941年照相技术用于书目工作，缩微型书目弥补了书本式和卡片式目录的不足，给书目工作缩微化的革命带来了希望。

如果说中国目录学与第一次革命格格不入，是因为中国封闭式统治使中西方缺乏文化交流的话，那么，正是由于外国资本主义的侵入使得中国目录学受到第二次革命的冲击。20 世纪初，西方目录学传入中国，1909 年顾实翻译《图书馆小识》介绍了西方书目工作和十进分类法，其后有朱家治的《欧美各国目录学举要》(1922 年)等。三四十年代，我国目录学很有起色，一方面大量翻译西方目录学论文，开展对西方的研究，另一方面，对我国古典目录学作了理论和历史的总结，出版了目录学及其相关学科校雠学、版本学专著二十多部。在实践上，分类的变革、目录卡片、编目法的采用无不是受到西方目录学的影响。

第三次大革命——目录学领域计算机革命

20 世纪 50 年代，计算机带来了科学领域的革命，60 年代初，美国国立医学图书馆与化学文摘社开始采用电子计算机编制索引、文摘，从此开始了以计算机为中心的目录学革命。目录学愈来愈与科学技术相适应，面对文献的发展特点采用新的目录学方法，1966 年美国国会图书馆开始研制机读目录，1967 年机读目录 MARC Ⅱ 试制成功，标志着这次变革中具有重大意义的胜利；1969 年发行 MARC Ⅱ 以后，又出现了计算机可读目录与缩微目录的结合，即计算机输出的缩微胶片 COM 目录。

计算机技术和现代通讯技术的应用使书目工作向自动化过渡，技术上的突破带来了目录学理论的变革。由于现代科学比过去任何一个时期都需要目录学，使得目录学不仅成为一般目录工作的理论总结，更重要的是表现在它对各门具体学科的作用，产生了大量专科目录学。现代科学为目录学提供了新的研究方法，传统的目录学已进化到分析目录学和系统目录学的研究，计量学、控制论也引进了目录学，伴随着计算机的革命，情报学越来越受到重视，并向目录学领域渗透。

目录学领域的三次革命，很明显是不断前进的，我们从侧面看，书目工作：个体的、散乱的（以书本式目录为主）——→合作的、组织的（卡片目录为主）——→社会化、网络化（各种目录并存）；目录学方法：历史法——→分析、比较法初步运用——→数学、计量、系统诸方法;目录学理论:模糊不定型──→明朗化──→系统化、纵深发展。

二、目录学领域的矛盾运动

目录学领域的三次革命说明了什么?如果我们再作进一步分析,就可以看到目录学变革的动力是目录学领域的矛盾运动。

什么是目录学,各个时代都有不同的解释,每一次革命,都给目录学赋予新的解释,但不管争论多么激烈,无可否认,目录学离不开书目工作。说书目工作是目录学的内容大概没人反对,争论的是书目工作是否是目录学的最主要的内容。我们还是先看看书目工作的实质。书目工作是围绕图书文献和读者展开的,从书目工作发展看,揭示和报导文献与读者需要之间的矛盾一直是发展的主线,也就是书目工作的实质,与目录学领域的其他矛盾相比,这个矛盾是最主要的,只不过最初的目录学并未明显地表现出来,后来由于传统观点的影响,这个矛盾未受到重视,甚至视而不见,以古为是。但是随着时代的发展,这个矛盾也就自然而然地成为目录学领域的中心,寻找规律、解决矛盾也就成为科学的目录学的任务。所以我们说,目录学是研究书目工作发生及其发展规律的科学,它的研究对象就是揭示与报导文献与读者需要之间的矛盾。

唯物辩证法告诉我们,任何事物都是具有矛盾的,而矛盾在不断的运动之中,事物的矛盾运动推动着事物的新陈代谢、发展变化。在目录学领域,存在着许多矛盾,如图书与目录、目录与读者等,这些矛盾相互作用,推动着目录学知识的新陈代谢。在这些矛盾中,起决定作用的是目录学的主要矛盾,当这个矛盾表现得十分尖锐时,目录学的变革就在酝酿之中,旧的体系、方法成为障碍,再也不能适应需要,不变革就不能给目录学以拯救。在目录学产生的时候,目录学从各方面探索,寻找出路,后来,目录学领域的矛盾暴露出来,到了矛盾激化的时候,就爆发了目录学革命,目录学史上的三大革命,无一不是目录学领域矛盾运动的结果。整个社会在矛盾中前进,科学发展的速度如此之快,以致目录学不断地革命,在近三百年来大的革命就有三次。揭示与报导文献和读者需要从不适应到适应又到不适应，如此循环往复，以致无穷，使目录学始终具有时代性，使目录学不断地丰富和发展，这就是目录学的核心。

我们有些同志，并不重视目录学领域的矛盾运动，在研究目录学对象时总是避开矛盾不谈，一味地去套用欧美的传统观点，到古典目录学著作中寻找，以便引经据典，实在难以令人信服。古代的理论毕竟是当时的反映，外国的认识也不是一致的，英美特别是美国在目录学理论上向来不是最重视的。我们看到在理论上卓有成就的苏联，一些目录学家就没有抱着传统的观点不放。要知道否认目录学的矛盾运动就等于否认目录学的发展，在这方面我们有着深刻的教训。新中国成立后，我国目录学焕然一新，但由于“文化大革命”的冲击严重地破坏了本来就很薄弱的中国目录学，不是忽视目录学的矛盾，强调目录学的阶级性，就是歪曲了目录学的矛盾，把书目工作与政治服务联系起来。而就在这时，国外计算机带来了目录学的革命，目录学内容发生了革命性变化，我们却重演历史上的闭关自守，使我国目录学与外国目录学拉大了距离。这时刘国钧先生第一个将计算机编目介绍到中国来，可惜未得到重视。实践证明，不注意目录学的矛盾运动是十分有害的，而面对矛盾无动于衷也是极其错误的。目录学的矛盾运动是客观存在的，是不以人们的意志为转移的，我们尊重目录学的规律，顺应时代的潮流，勇于变革，这门科学才会有光明的前途。如果违背规律，主观第一，任何时候、任何条件下都会受到惩罚。

三、变革目录学诸方面

在辩证唯物主义看来，认识的目的在于实践，我们认识目录学的矛盾运动，重要的是不断地去解决矛盾。没有实践的认识是空洞的，没有认识的实践是盲目的。所以，我们不能光喊口号，也不能违背目录学规律，盲目地改革。如何改革呢？我们的改革除了有目的外，还必须有方法、有步骤。这里谈谈变革目录学的诸方面：

1. 目录学的组织

现有的书目工作和目录学研究还是以分散的、个体的为主，没有统一的机构来领导，没有真正地组织起来，进行协调合作。

1957年11月建立的全国联合目录编辑组是书目工作合作的良好开端，然而一停就是十几年。目前各地书目工作得到迅速恢复，联合目录也有些进展，但由于书目工作分散在图书馆、情报部门、出版发行部门，这些单位各行其是，缺乏联系，因此这种联合是简单的、粗糙的，也是局部的，在许多方面还停在认识的角度上，实行起来十分困难，这就应该引起目录学界的普遍重视，不只是呼吁，而要在现有简单合作基础上，进一步扩大，进行明确分工，为计算机网络打好基础，组织成书目工作的条条、块块。另外我们应该成立目录学会，出版目录学刊物、专著，使目录学研究活跃起来。

2. 目录学研究的理论突破

指导实践的理论必须是先进的理论。长期以来，我们一直注意理论的探讨，但又没有取得突破，结果还是落后的理论与落后的实践相适应。我不否认我们在总结古典目录学方面取得了巨大成就，我也不否认研究古典目录学吸取精华的作用。然而，把广阔的目录学天地局限在目录学史的狭小范围内，就是主次不分，只有总结而没有开拓。我们常常是围绕一些问题争论不休，却总是观点陈旧，就目录学对象问题，新中国成立以来，曾多次讨论过，较有代表性的就有六种，[5]至今还未形成统一的认识，还有人居然不承认目录学的存在，可见守旧思想是多么严重。

在目录学研究中，我们不光向后看，总结历史，还要着眼于现状，解决当务之急；也要向前看，开拓未来。我们不光研究中国，还要借鉴外国的先进经验，比较异同，寻找缩小差距的途径。在改革之际，要首先解决一些重大的理论问题，如目录学的规律，书目工作的内容、体制，书目类型，这些问题的研究还很薄弱，也很迫切。我们还要注意到目录学的新课题如书目工作管理、书目服务。另外，开展专科目录学的研究，除了现有的马列著作目录学、历史、文学专科目录学外，还要将医学、农业、科技目录学建立起来。不仅如此，我们还要进行书目工作法制化的研究，学习列宁关于书目工作的指示，制定我国的书目工作管理法令。

我们的变革需要理论上的突破，需要建立完善的目录学科学体系。这个体系应该是：

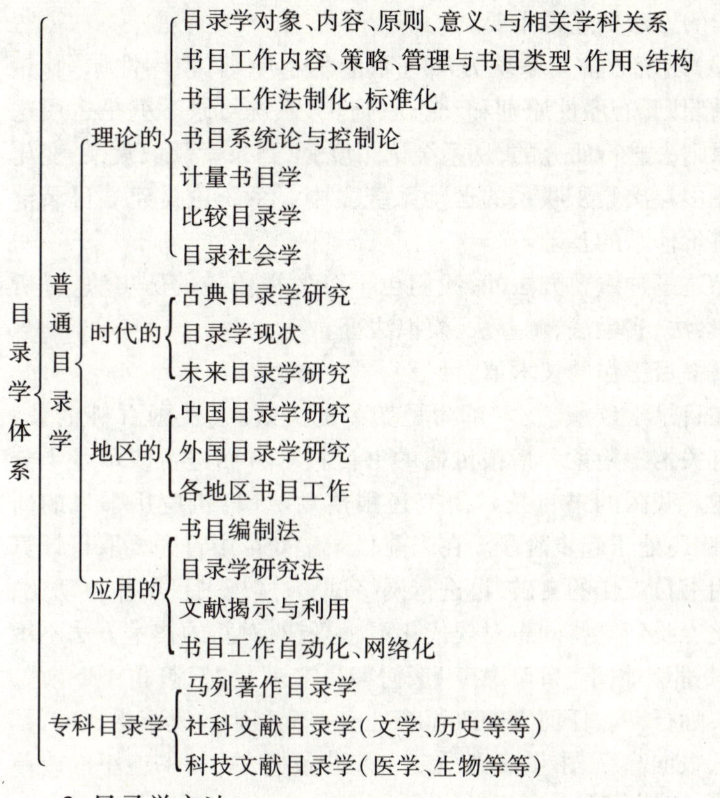

3. 目录学方法

目录学研究的水平,很大程度上取决于方法的采用。从国外的一些研究中,我们看到每一次革命都与方法的变革分不开。自古以来,目录学的方法局限于历史法、分析法、归纳法几种,近年来对新的方法有了探索。在目录学变革中,应该注意如下方法:

(1)数学的方法。数学化是目录学发展的趋势。计量书目学就是用数学统计方法分析文献资料的目录学分支学科,这方面的研究在计算机变革时就出现了。我国较早地注意定性分析,定量分析是我们的弱点。我们应该把定性分析和定量分析结合起来。

(2)比较法。最早将比较法应用于目录学研究的是中国的程伯群,他在1935年著《比较图书馆学》一书,专有一章"书志目录学",但后来在国外,这一研究盛行,发展为比较目录学。在当前,将我国目录学与国外目录学相比较,不仅总结我国目录学落后的原因,知己知彼,而且总结出可供借鉴的经验,为我所用。因而比较的方法更显得重要。

(3)系统方法。系统方法有四个基本原则:整体性原则、相互联系原则、有序性原则和动态原则。[6]系统目录学就是运用这四个原则去进行研究的,从系统论角度看,目录学领域复杂、变化都是在多层次紧密联系的运动系统之中。系统论是建立目录学完善科学体系的基础。

除这三种重要方法外,我们也不可忽视传统的历史法、分析法、观察法、实验法、调查法、模拟法等。

4. 书目工作的技术革命

在目录学领域,技术革命是变革的关键。《美国百科全书》指出有关情报检索和情报传播的书目技术方面进行改革是十分重要的。我国的书目技术研究还很落后,计算机应用书目的研究、试验还处于起步阶段。在当前目录学变革中首先要取得计算机应用书目工作的突破,再进行网络试验,实现书目工作自动化、网络化。我们有些同志对现代化不感兴趣,对新的技术方法不敏感,不是胆小怕事,口口声声"谈何容易",就是"只打雷不下雨",没有实际行动。任何大的改革都是由一个个小的改革组成的,都是从低级向高级,由量变到质变一步步跃进的,如果连小的改革都不搞,还谈什么大变革呢?

5. 目录学教育

目录学教育包括学校教育、函授教育和社会教育。我国的学校教育和函授教育在新中国成立后得到了迅速发展,取得了一些经验,但也存在着一些问题。我们还没有目录学专业,目录学仅是图书馆学专业基础课之一。一些大学开设了目录学概论和部分专科目录学,但仍然是讲目录学历史的多,讲现状的少;讲中国的多,讲异国的少;材料罗列的多,深入分析的少。学校教育除了图书馆学专业目录学教育以外,还有其他专业的目录学教育,早在1939年何多源就呼吁把目录学作为大学一年级必修课程。[7]我认为应该在各个大学针对各专业开设专科目录学,作为基础课。函授教育应该注意书店、出版社等单位的书目工作者的培养。

如果说"19世纪末20世纪初,目录学的最大特点是它的社会意义有了进一步的发展",[8]那么在今天目录学的社会化更为突出,目录学成为社会各阶层、各专业的普遍需要,特别是广大科研工作者的迫切需要。因而在这个变革中,我们应该开展目录学的社会教育,这就是普及目录学知识,使目录学为大众所知,为大众所用。目录学的社会教育必须从这几方面入手:由图书馆、情报单位、图书馆学系举办目录学讲座、讲习班,出版目录学普及读物,在报刊、广播上进行目录学知识的宣传,由普及到提高,真正使目录学成为读书治学的工具、科学研究的指南。

任何变革都是在一定时期内、一定条件下进行的。当前的目录学变革有没有可能呢?回答是肯定的。我们处在各条战线进行改革的时期,经济开始好转,与之相适应的上层建筑来一个变革不仅是社会的需要,而且条件成熟。我们的目录学在历史的道路上曲折地前进,有了教训和经验,特别是有着悠久的目录学历史,有雄厚的理论基础和技术基础。我们有不少老一辈的目录学专家,也有大批年轻的目录学工作者。在党的领导下,各行各业改革的高潮的到来,推动着我们开始目录学的大变革。我们对变革充满信心和力量。

然而,变革不是靠喊口号,而是靠实实在在地去研究探索,行动起来,集中智慧,层层改革,步步深入。

参考文献:

1 恩格斯. 在马克思墓前的讲话. 见:中共中央马克思、恩格斯、列宁、斯大林著作编译局编. 马克思恩格斯选集(第3卷). 北京:人民出版社,1972:575

2 路易丝·诺埃尔·马尔克雷著;肖东发译. 十六世纪的目录学. 吉林省图书馆学会会刊,1981(2)(3)

3,4 图书馆与情报科学百科全书·目录学,1968

5 武汉大学、北京大学《目录学概论》编写组. 目录学概论. 北京:中华书局,1982

6 王兴成. 系统方法初探. 哲学研究,1980(6)

7 何多源. 论"目录学"及"参考书使用法"应列为大学一年级必修课程. 教育杂志,1939,29(8)

8 苏联大百科全书·俄罗斯目录学,1970

原载于《四川图书馆学报》,1984年第1期

论当代中国目录学的理论建设

中国目录学进入90年代,将呈现什么样的景象?将出现什么样的角色和主旋律?现代目录学的历史值得回顾与总结,避免重演历史的悲剧;未来目录学的蓝图更需要描绘与建设,使目录学走向完善。在这个历史的交接口,决定目录学的发展道路是至关重要的。从实践上讲,传统的书目工作技术方法研究将转变为书目情报工作的整体化研究。而技术方法和实践研究的变革必将要求相应的理论指导和理论建设。所以从理论上讲,当代的目录学理论研究既具有联系实践的适应性,也同时具有指导实践的超前性。本文将从理论研究队伍和理论研究内容两方面入手探讨目录学理论发展的方向。

一、四代目录学家的使命

现代目录学以1919年为起点,以1949年为分界线分两大时期进行研究。前三十年的总结,以乔好勤《略论我国1919—1949年的目录学》为佳作;后四十年的总结,首推彭斐章的《评新中国成立四十年来的目录学研究》。

历史的总结是呈现着两种方式:一是分阶段总结,二是分专题总结,这两种方式如果没有阶段之间和专题之间的比较,很容易造成历史的脱节和整体的破坏。然而这两种方式都是从内容上进行的宏观研究。多年来,我们把着眼点放在创造成果(书目、目录学著作)上而不是放在创作者身上,这样就忽视了历史总结的一个重要方面——目录学家的总结。

其实对于目录学家已有不少个别的分析,[①]这些研究固然重要,但这些个别分析难以体现目录学研究队伍对于目录学发展的影响,我们更需要从宏观角度去研究影响目录学发展的群体,把个别目录学家的思想上升到时代的精神。

考察现代目录学家群体，可以划分为四代。

第一代目录学家的使命：创建现代目录学。

20 世纪初，随着古典目录学的“老化”和西方目录学的传入，诞生了一大批目录学家。这些目录学家的研究有两个重心：一是古典目录学的总结，二是新目录学的启蒙。李小缘把这一代目录学家分为四派：史的目录学家、版本学家、校雠学家、界于三者之间新旧俱全者。[②]实际上他说的前三派都可以概括为旧目录学派，最后一派即新目录学派。在旧派中，刘纪泽、余嘉锡和汪国垣对于古典目录的体制和源流作了创造性的总结。而其他的目录学家或重史料，或重版本，或重校雠，都不是旧派的主流。新派是引入西洋目录学并使之与中国目录学结合起来，其中又分两派，一派侧重西方传统目录学的图书说，如容肇祖；另一派侧重西方的图书馆目录，如沈祖荣等。

在第一代目录学家中，成就最大的是姚名达，他的《目录学》、《中国目录学史》、《中国目录学年表》构成他的目录学“三部曲”。对于他的思想，李玉进、王刚、卢贤中等都作过专门研究。但我以为还应该确立姚名达在第一代目录学家中的地位。在两派中，新派在 30 年代建立了现代目录学的理论，论其功首推姚名达，他虽是新派代表，但于旧目录学总结亦有杰出成就，一部中国目录学史既是郑、章以来的巨著，也是当代目录学史研究的祖本，所以我称姚名达为中国现代目录学之父。

第二代目录学家的使命：建立以马列主义为指导的新中国目录学。

如果说第一代作了现代目录学的启蒙，那么，以王重民为代表的第二代目录学家开始进行现代目录学的实际建设，特别突出的是用马列主义的方法研究目录学，从而确立了目录学的哲学理论基础。他们把第一代目录学家整理的史料用历史唯物主义方法进行了研究，在古典目录学的系统研究特别是目录学大家的思想探索方面取得了突破。这一代目录学家的着眼点始终放在书目上，他们编著的目录学史主要还是书目发展史，王重民、吕绍虞等从“图书说”开始转到了“目录说”。总之，经过这一代目录学家的努力，古典目录学研究还未终结，现代目录学理论体系还没有建立起来。

第二代目录学家未完成的使命历史地落在了第三、四代的肩上。经过50年代目录学的教育,到60年代产生并形成了第三代目录学家,这一代最大的贡献就是建立了目录学的基本理论。60年代初围绕目录学对象、书目本质、目录学原则等基本问题开展了大讨论,特别是对于列宁目录学思想的研究,深化了目录学的理论基础和指导原则。在80年代,第三代继续进行理论探索,把握着中国目录学的方向,在他们的培养、指导和影响下,一大批中青年在目录学领域迅速崛起,第四代目录学家开始产生。

什么是第三、四代目录学家的使命?总的来讲就是建立并完善有中国特色的现代目录学体系。

为了这一使命,近十年来目录学家作出了突出的贡献,已有总结。[③]然而,经过十年,目录学的体系也没有建成。

问题在哪里?如果单将十年目录学文献与前三十年相比,[④]那显然说明目录学研究空前繁荣。不过,研究文献的数量难以反映研究的水平。过去我们只注意纵向总结,而忽视横向比较,因而使目录学常常陷入孤立状态。我们只要把十年目录学的进展与图书馆学、情报学的进展比较一下,就可以发现许多问题。

20世纪后半叶的信息潮把情报学推到了时代的前列,图书馆学受其影响,近十年放下了包袱,加强与其他学科的渗透,特别是重视了研究队伍的建设,使之跟上了时代的节奏。目录学如何?19世纪末20世纪初国际目录学会和各国目录学会的相继建立,曾把目录学研究推到了一个高潮,然而50年代后目录学忽视了队伍的组织,其显学位置被图书馆学情报学所取代,这就是当今世界目录学不景气的一个原因。

现代科学研究与过去任何时代相区别的一个主要特征是科学研究的组织化。事实上,并不是研究目录学的人太少,由于现在的研究者并不局限于某一研究方向,人们有较多的选择(主要是组织)去争取、吸引研究者。就《中国目录学家辞典》统计,明以前488人,清783人,近代345人,现代508人。在这些目录学家中,毕生以此为专业的毕竟很少。或许正是因为目录工作的横断性,目录学研究总是成为其他研究或其他组织的附庸,这样目录学就没有独立的组织作为“纽带”。

除了学会、协会、研究机构这些组织外，作为专业纽带的另一个因素就是学术争鸣（建立学派）。近十年来，图书馆学界通过学术争鸣形成了知识学派、文献信息学派、文化学派、交流学派。而在目录学界为什么没有建立起学派呢？这是值得我们深思的。

八九十年代是学科竞争的时代，第三、四代目录学家面临着第一、二代从未遇到的紧迫感。目录学要生存与发展，首先要建立一支有组织的目录学理论队伍，可从下列方面入手：

1. 更新目录学家的观念和知识结构，逐步消除第三代与第四代之间的“代沟”。

2. 建立有良好学风、文风的学派，促进学术争鸣。

3. 建立目录学会及各种专题研究小组，通过各种组织制订、实施目录学研究的远近规划，组织重点课题攻关。

4. 进行目录学研究队伍自身的研究。

二、目录学理论的突破口

十年来，目录学理论与实践相比更有进展，一部《目录学》（1986）和一部《目录学概论》（1982）的比较就是明证。实际上，理论的进展主要是在 1986 年后，1977—1986 年理论研究文章 136 篇，实践研究 223 篇，史 353 篇，[⑤]理论研究并没有占据显要的位置，至 1986 年后，才彻底扭转以史为中心的局面。但这并不是说目录学理论发展到了相当的程度。

除研究队伍缺乏建设外，就研究内容而言，十年目录学理论研究存在着如下问题：

1. 目录学理论研究始终偏重基础理论中某些问题。突出地表现在目录学对象问题上，这种就事论事式的持续争论只能使观点越来越多，而不能使之趋于统一。十年中传统的图书说、图书兼目录说、关系说已无人推崇，除了重申目录说、矛盾说外，不少人推崇目录工作说，与此同时又出现“目录事业”、“目录、目录工作、目录事业”、“目录实践”说等，使这场争论又陷入僵局。由于对象决定着内容、性质等许多问题，使这些问题讨论无法进行，研究者们对于这种纠缠不休早已困乏。

2. 古典目录学的理论研究存在着多而杂的问题。据统计，1982—1988年，古典目录学研究文献有135篇，而基础理论诸方面仅93篇。[6]在古典理论研究中，大多是史的研究，许多文章没有超出第一、二代目录学家的研究水平。

3. 目录学的理论基础成为近五年理论研究的一个热点，但这一研究还不彻底、成熟。

4. 书目工作的理论研究十分平淡，流于实践经验总结，缺乏有分量的理论探讨，仅仅局限于书目编制是很不够的。

5. 专科目录学作为整体的理论研究显得贫乏，已经建立的一些专科目录学也只是专科文献的总结及其书目索引工具的罗列，没有上升到理论。

6. 目录学理论研究脱离实践。目录学理论队伍和实际工作者的分离自然形成偏理论和偏实践的鸿沟，始终不能融合。当许多理论工作者发现传统的目录工作研究落后时，更加远离实践，闭门造车，从而出现理论"超前"的趋向，而问题的关键是许多理论对实践失去了指导作用。

可以说理论研究的许多方面都很薄弱，目录学现有的理论内容既不丰富也不严密。究其原因，主要是研究方法论的问题。

在世界目录学史上的三次革命中，[7]方法论的变革对于理论研究愈来愈重要。我国新中国成立以来的二次高潮（60年代初、80年代）也与研究方法的更新直接关联。特别是80年代这次高潮紧跟着出现危机，解决当时危机的途径还是采用了新的方法，破旧立新，使目录学有了应变能力。

虽然近十年目录学家们已觉察或呼吁方法论的重要，并且引进了一些新方法，给目录学注入了活力。但是，第一，目录学引进的方法太少。当1980—1981年图书馆广泛应用分析归纳、比较、数学、统计、调查、观察试验、系统方法、控制、管理学、经济分析、心理学等方法时，[8]目录学界还在观望，后来引用的方法也不过控制、数学、比较、管理学、系统等几种，而且不自觉的运用要多于自觉的运用。第二，新方法运用只是蜻蜓点水，既不全面也不深入。例如书目控制（6篇）、比较目录学（1篇）、书目计量学（1篇）。[9]至于移植的其他方法生搬硬套，没有科学的验证和尝试。

就方法论比较，近几年图书馆学方法论显得激进，而目录学方法论则显得持重。图书馆学方法论大胆开拓，其长处正是目录学之短处；图书馆学方法论食洋不化，盲目冒进，其短处又正是目录学之长处。事实上不仅仅是近几年，历史也是如此 。第一代目录学家囿于历史方法和分类方法，给后代目录学家以深刻的影响。第二代目录学家如果不是运用了马列主义方法，很难进行旧目录学的变革。四十年来，目录学研究方法从没有大胆地引进与改革，研究方向始终是以史和实践为终点。

目录学的方法论必须建立起来。根据国内外图书馆界对于方法论的讨论，目录学方法论体系也必然由哲学、一般科学方法、目录学专门方法三个层次组成。这里边目录学专门方法有哪些值得讨论，现代目录学有什么专门方法，我认为首先是系统方法。

由此看来，目录学理论的突破首先是方法的变革，要积极引进新学科的方法，扎扎实实运用这些方法取得新成果。

在目录学理论中，有很多课题需要研究，很多空白需要填补。然而理论研究必须有重心。近几年来针对理论脱离实际的问题，许多人提出应当面向现实，已得到公认。实际上，早在 1983 年在首届全国目录学专题研讨会上，朱天俊对中国目录学的方向作了精辟的论述，他提出的“中国目录学是致用之学”有着很深的含义。我认为目录学的致用在不同时代有不同的内涵和外延，目录学的致用不是实用主义，也不是不准理论，而恰恰是从实践上升到理论，理论研究以实践为源泉。那次会议的主题也反映了这一思想。到 1986 年“目录学研究通讯小组”的首次笔会有人宣称“目录学家的使命是面向社会现实”，这是总的方向，沿着这一方向，目录学的理论就会健康发展。

乔好勤指出：应用和发展研究是目录学研究的重点。我认为目录学理论研究也应当有其重点，即应用理论。过去目录学理论几乎等同于基本理论，限制了理论研究的范畴，也无法与实践相联系，今天出现的书目工作组织管理、书目协调、书目文献源、书目编制自动化、标准化等实际问题都需要相应的理论做指导，这种区别于基本理论，直接应用于实践的理论就是应用理论。

仅仅定一个研究重点似乎还不够，强调应用理论并不是不研究基本理论,而是确定主次关系,带动与促进理论发展。所以我提出当前目录学理论研究的突破口是四大理论:书目情报理论、书目控制论、计量目录学和比较目录学。一是因为这四大理论早已提出并有一定的研究,且是运用新方法产生的理论;二是因为这四大理论兼顾了基本理论和应用理论。

书目情报理论:几年来,目录学家们自觉或不自觉地运用了“书目情报”这一术语,但很少有人定义过,由于苏联《目录学普通教程》的翻译(1987),特别是由于彭斐章《书目情报需求与服务研究》(武汉大学出版社,1990 年 5 月)的推出,可以肯定地说,书目情报理论在我国已经诞生。我在《书目情报理论初探》一文中认为:书目情报是目录学理论和实践的起点,应该把书目情报工作作为当代目录学的研究对象,这一目录学基本理论的建立是目录学理论突破的关键。

书目控制论、计量目录学、比较目录学属于应用理论,几年前就有所探讨。其中书目控制论和计量目录学讨论的最为热烈,但已不完全属于目录学家。NBC 和 UBC 是图书情报界为之奋斗的目标,近几年来成为一个热门话题。今年 6 月广州召开的第五次全国青年讨论会以 UBC、UAP 为议题,体现了书目控制论的广阔前景。计量目录学被情报学家称为“文献计量学”而作了深入研究,目录学家仅仅拥有这一名称,还没有与情报学家携起手来共同探讨或者另辟新途径。比较目录学的研究才刚刚起步,[10]预计在 90 年代会有较快的发展。

归纳起来,目录学理论的突破,从研究方法的突破到理论重点(研究方向)的确立到寻找突破口(研究课题)都是紧密联系的,这就是完成第三、四代目录学家使命的最佳途径。

末论:建立目录学的理论体系

无论是从使命上还是研究内容上,建立由目录学基本理论和应用理论组成的理论体系是十分必要的,这种体系与目录学体系、目录学方法论体系既有联系又有区别。

关于目录学的体系,80 年代的研究打破了论、史、法结构,我曾就普通目录学和专科目录学组成的体系进行了细分,[11]陈传夫专门作过体系的探索,提出了由应用原理、发展原理、理论原理三层次构成的原理体系。无论是哪一种模式,学科体系总包含着理论、技术方法两大方面。在目录学的两大分支中,普通目录学包括基本理论和一般技术方法,专科目录学则包括应用理论和专门的技术方法,如果我们把基本理论和应用理论组成的理论体系称为理论目录学,那么,一般技术方法和专门技术方法组成的方法体系就可以称为应用目录学。

目录学的方法论(研究方法)体系渗透于目录学的理论体系中。与理论体系相比,方法论体系更善于应变。只有新方法的不断增加和旧方法的不断淘汰,才能赋予方法论乃至于整个理论研究以更强的生命力。

目录学的研究队伍和方法论是建设目录学理论体系的两个必备条件,前面已有阐述。在90年代,拥有第三、四代目录学家这样的理论队伍,并由这支队伍运用最先进的科学方法沿着目录学的正确方向开拓,目录学的理论体系一定能够建设并完善起来。

注释:

①如鲁海的文章、申畅的《中国目录学家传略》等

②李小缘.中国图书馆事业十年来之进步

③十年总结主要有两篇文献:我国近十年目录学研究的回顾与思考.图书馆学通讯1988(4);目录学研究综述.见:中国图书馆事业十年.湖南大学出版社,1989

④据《图书情报档案资料索引1950—1981》统计,1950—1965年目录学120篇;据《图书馆学论文索引1949.10—1980.12》统计,目录学论文389篇,其中书目索引评介占291篇,两者结合考虑,前三十年论文百余篇。十年目录学文献,据彭斐章统计1977—1988年论文约1169篇。

⑤⑨余庆蓉.十年目录学研究的回顾与思考.广东图书馆学刊,1988(1)

⑥陈东,张洪元.我国目录学研究四十年.高校图书情报学刊,1989(2)

⑦⑪柯平.论目录学领域的革命.四川图书馆学报,1984(1)

⑧乔好勤.试论图书馆学研究中方法论问题.图书馆学通讯,1983(1)

⑩1987年来,我承担并完成《中外目录学比较研究》科研课题,部分成果在《河南图书馆学刊》《图书馆学界》刊出。近年来,北京大学研究生杨涛开始了比较研究。

原载于《四川图书馆学报》,1991年第1期

目录学与情报学简论

当今目录学界深深感到情报学的发展使目录学陷入困境，一部分人对目录学前途表示怀疑，以为情报学会取代目录学，另一部分人试图把情报学方法搬过来，以解脱目录学困境。当此之时，用历史发展的观点对目录学与情报学考察一番是很有必要的。

一

目录学面临困境并非始于今天，在情报学出现之前，目录学就潜伏着危机。

早在两千年前，目录学就产生了，尽管目录学适应历史的需要不断发展，可是目录学一直未能独立。西方目录学长期被看做历史学的一个分支，中国目录学与校勘学、版本学密不可分，长期视为校勘学的一部分。到 19 世纪初，目录学理论方法都发生了变革，目录学从史学中独立出来。

19 世纪目录学显示了巨大作用。突出地表现在目录学理论的突破，并逐渐形成系统目录学和分析目录学的体系。到 19 世纪末 20 世纪初，目录学会蜂拥而起，目录学发展到了鼎盛时期。

与此同时，文献工作的出现对目录学是一个冲击。国际目录学研究所的组织者拉芳丹和欧莱特成为文献工作的倡导者，他们常常用文献工作代替目录学。不少人认为布鲁塞尔目录学研究所的宏伟规划是不可实现的，于是 1931 年国际目录学研究所改名为国际文献工作研究所，法国雅克·肖米埃说："这不仅仅是名称的简单更换，而且反映出文献工作在世界上所起的新作用。"[1] 由于目录工作采用了卡片目录等新手段，才解决了目录学的危机。

20世纪50年代,伴随着计算机的广泛应用,情报学作为一个崭新的学科诞生了。情报学对目录学的挑战真正使目录学处于困境。情报学逐渐取代了风行一时的文献工作,于是美国文献工作研究所更名为美国情报学学会,德国的文献工作也改称情报文献工作。相比之下,目录学方法显得陈旧过时,这便是危机论者的思想根源所在。

二

对于情报学的前途自不必说。虽然目录学存在着危机,可是那些危机论者为什么不分析目录学产生危机的历史根源呢?我认为目录学的危机,与其说是情报学的影响,倒不如说是它自身的发展所致。19世纪的目录学被限制在狭小的范围内,当它独立后又无限制地扩大自己的范围。19世纪各国目录学都把图书作为自己的研究对象,例如法国目录学视为一门同时论及图书馆学、藏书学、图书产生的各个技术环节、书目理论,甚至还有古文书学、图书馆史和文献评论等众多领域的学问,如此众多的内容无异于否定了自身。当文献工作出现后,欧莱特将目录学作为文献学的一部分,又无异于被文献学吞并。长期以来,目录学范围不是缩小就是夸大,目录学家没有找到真正属于目录学的范畴。

如此说来,目录学就没有前途吗?

在科学史看来,科学出现危机并不奇怪,正是这种危机导致科学革命。我认为,目录学的危机正是目录学革命的前夜,目录学与情报学一样前途远大,这是因为:其一,目录学有着情报学所没有的历史发展过程,它积累了大量的经验方法,其基础是雄厚的;其二,目录学有着情报学同样广阔的活动领域,这些内容即使部分被相关学科所“侵占”,但它还有自己的核心内容;其三,目录学与情报学一样,不断吸取新方法改进自身,不断增添新内容。

科学革命有两种模式:一是渐变式,一是突变式。19世纪初目录学革命是目录学知识积累“渐变式”结果,20世纪初文献工作的冲击引起目录学突变式革命。变革是目录学的前途,当今情报学的冲击也必然引进目录学变革。正如文献工作没有取代目录学一样,情报学也不会取代目录学。罗伊·斯托克斯曾预言说："目录学的作用，正如过去所发生变化一样，将来也会发生变化，但它不会被新技术而彻底改变。"[2]

三

情报学对目录学产生巨大的影响，正说明情报学与目录学有着密切的联系。

首先，目录学和情报学有共同的实践来源——文献工作。文献工作虽然到20世纪才受重视，可是在目录学之前就有文献工作。目录工作是在文献工作中产生的，情报活动是文献工作的深入发展。

其次，目录学与情报学都要研究文献，目录学要研究揭示报导文献的过程，控制文献的方法；情报学要研究文献所含的情报价值，文献情报流的规律及利用。目录学利用文献进行书目交流，情报学利用文献进行情报交流。

第三，目录学和情报学都要利用数学、系统论、信息论、控制论、计算机等新方法，丰富自身的理论与实践。

第四，目录学和情报学的分支都要涉及科学的各个领域，都是科学研究的基础。目录学包括社科文献目录学和自然科学文献目录学。情报学包括科技情报学和社科情报学，都是为社会、为科研服务。

第五，目录学和情报学内容有交叉。例如，文献控制、文献计量既是目录学的分支，又是情报学的重要理论；书目、索引、文摘既是目录学的核心内容，又是情报学的重要工具。目录学和情报学都要相互借鉴利用对方的成果与方法。

一方面情报学影响目录学，另一方面，目录学又不能被情报学取代，目录学与情报学有着本质的区别，主要表现在：

1. 对象不同。目录学是以揭示报导文献与人们特定需要之间的矛盾为对象，而情报学以情报和情报交流活动为对象。

2. 性质不同。目录学是客观性、科学性与实用性的统一，目录学领域的目录活动具有鲜明的社会实践活动特点。目录学属于社会科学，情报学则是介于自然科学和社会科学的边缘学科。

3. 历史不同。目录学是一门古老的科学，而情报学是一门年轻的学科。

4. 时空观不同。情报学注重文献情报的新颖性，目录学不仅注重新文献，而且注重过去的一切文献；情报学注重文献中的情报知识单元，目录学则是注重文献的特征与线索。

5. 功能侧重不同。情报学要为领导决策直接提供制订计划的科学依据，目录学要为社会教育服务，提供读者治学的指导。

这些方面决定了目录学和情报学研究内容和方法的不同，决定了书目工作和情报活动内容与发展方向的不同。只有在掌握目录学与情报学联系与区别的基础上，目录学才能深入彻底地进行变革，目录学和情报学才能各尽所能，共同发展。

参考文献：

1 柯平. 西方“文献工作”一词含义的演变. 情报学刊，1986，7(3)

2 Stokes, Roy. The Function of Bibliography 2nd. ed. England: Gower House. 1982

原载于《河南图书馆学刊》，1987 年第 2 期

目录学术语研究序论

20世纪30年代，以术语的传播为基础诞生了一门新的学科——术语学。此后，世界许多地区成立术语标准化组织，召开术语讨论会，出版专著并开设术语学课程，1951年成立的ISO/TC37(术语)和1971年成立的Infoterm(国际术语情报中心)使术语学迅速发展。今天，术语学已形成奥地利、苏联、加拿大、捷克斯洛伐克四大学派，其理论方法已广泛应用于各个行业和各个学科领域。本文将术语学原理应用于目录学，提出目录学术语研究这一课题，论证其重要性并分析国内外研究现状，展示术语研究在目录学研究中的地位。

一、目录学术语与目录学的内容

什么是术语？GB4894—85《情报与文献工作词汇基本术语》定义为“术语 Term：各门学科中表示专门概念的词或词组”。国外的术语学家们对“术语”作了探索，1916年索绪尔称术语是语言符号——由能指和所指组成的语言统一体。1981年隆多用名称代替能指，用概念代替所指，使名称与概念之间成为相互对应的关系或双值关系。[1] 我们把国内外各种不同角度的解释综合为：术语是各门学科的专门用语，是由相互对应的名称和概念组成的语言统一体。

目录学术语就是目录学的专门用语，俗称目录学名词。目录学术语是目录学领域的重要内容。

首先，目录学术语是目录学最基本的构成要素。没有术语，可能有目录学实践，但不可能有目录学理论。先秦时期就有术语表达目录学的思想，如孔子的“书序”。可以说，术语是目录学实践的工具，是目录学理论的起点。

其次,目录学术语是目录学研究成果的准确表达,术语本身就是学术研究的成果。例如,近十年西方目录学家在"校勘"(Textual Criticism)这一课题研究中有了新的进展,讨论了关于文本与作者的关系问题。传统认为文本仅仅是个人即作者的创造,一些目录学家经过分析有了新的结论:一个文本的创造乃是社会的一种工序,而作者只是这一工序的开创者,由此产生了一个新术语"文本社会学"(a sociology of texts)。[2]

第三,目录学术语是目录学理论与实践研究的一种工具。目录学研究需要四个条件:人(研究者)、实践来源(研究对象与内容)、方法(研究方法)、术语(研究语言)。目录学工作者掌握了术语,也就掌握了研究的工具。

二、目录学术语研究与目录学的发展

"术语研究"一词通常不是指为建立某种术语学理论所进行的工作或针对术语的语言方面进行的工作,而是指收集、处理和传播术语资料的全部活动。[3]

目录学术语研究就是收集、处理和传播目录学术语资料的全部活动。包括:(1)收集目录学术语资料:通过分析目录学及相关文献汇集术语;(2)处理术语活动:划定概念范围(内涵和外延)、各种校核工作、比较术语研究;(3)传播推广术语活动:通过各种形式把收集处理过的目录学术语成果传递给用户,传统形式有特殊词汇、词汇汇编等,现代形式有储存、标引等。

目录学术语研究对于发展目录学有着重要的作用:

1. 目录学术语研究是目录学实践发展的需要

一方面,目录学实践产生术语,或者说,目录学术语来源于实践。我国目录学早在殷商时期就有丰富的实践,但当时缺乏专门的术语表达,当这种实践发展到一定程度就会产生术语。汉代是我国目录学的奠基阶段,刘向在目录学实践中创立了"叙录"、"雠校"、"录"等术语,分别表示其目录学方法、活动和成果。

另一方面,目录学实践的发展需要准确、实用、科学的术语。在目录学发展过程中,每一次变革都会带来术语的变化:19 世纪初目录学革命导致目录学概念的转变;20 世纪初的目录学革命促成大量目录学术语的诞生，如穿孔卡片、文献工作、编目条例等；20 世纪 50 年代开始的目录学革命创造了更多的新术语：MARC、COM、BC、UBC、Bibliometrics 等，由此证明，实践的需要推动着术语的发展。

2. 目录学术语研究是目录学理论发展的需要

首先，目录学术语研究是目录学理论研究的基础。特纳提出理论至少包括概念、变量、陈述和形式四个要素，[4] 目录学理论也有这四个要素，其中概念和变量都与术语有关。

国外一些图书馆学家很重视术语研究对于理论研究的作用。苏联克列伊坚科说："科学工作者和图书馆实践工作者解决所研究的任何问题，通常是从明确术语及其表示的概念开始的。逐步建立概念的相互联系和从属关系，不断稳定其在概念理论资料中的地位，这就是研究工作的基础。"[5] 美国的布沙和哈特也说："每一门学科或知识领域都使用一套专门的术语，即专用该领域的行话。有些词汇与本学科以外的人使用的词相同，但含义却有些不同。"[6]

其次，理论的需要推动着术语的发展。从微观研究看，例如 1917 年凯勒和艾勒斯对解剖学刊物进行统计及国别分析工作，1923 年胡尔姆提出 Statistical Bibliography，1969 年英国普里查德根据研究发展趋势，提出新的名称"Bibliometrics"，术语的发展与理论研究的发展是分不开的；从宏观研究看，从早期的目录学理论到近现代的目录学理论，带来了"校雠"向"目录学"的转化。

第三，目录学术语研究程度是目录学理论成熟的一个标志。要建立完善的理论体系，必须有完善的术语体系，如果术语混乱，理论研究就无法长足发展。早期的目录学理论是描述性研究，其术语缺乏准确性，而今天的目录学是探索性研究，其术语更需要系统化、科学化。

三、目录学术语研究与术语标准化

社会发展的必然趋势是各行业的标准化，术语标准化是标准化的一项重要内容。19 世纪后科技进步产生了大批新术语，现代科学跨学科性和专业细分性两大趋势都要求术语迅速实现标准化，因为术语单义性是不同学科专家交流的基本条件，各专业发展需要不断创造标准新词。

我国文献工作标准化在术语标准化方面已有进步。除一些标准中有名词、术语外，还制订了国家标准 GB4894—85《情报与文献工作词汇基本术语》。但是，文献工作中各项工作都应有专门的术语标准，书目工作也需要术语标准为书目工作统一管理和自动化创造条件。

随着图书馆情报工作的一体化，目录学与图书馆学、情报学之间不再停留在历史上的千丝万缕的联系，而是被共同的研究内容和奋斗目标所吸引。这就需要通过术语研究达到术语标准化，以便于目录学家与图书馆学家、情报学家进行交流与协作。而现实是术语的混乱成为图书情报理论与实践发展的最大障碍。例如，关于“abstract”，过去译为“文摘”，既作为一种揭示文献的方法及其成果，又作为一种检索工具，这种一词多义违反了术语单义性原则。又如 Bibliographic Control 既译为“书目计量学”，又译为“文献计量学”；Bibliographic Coupling 既译为“书目耦合”，又译为“文献合配”，如此等等，也不符合术语标准化的要求。

造成术语混乱的原因是目录学家、图书馆学家、情报学家对术语的理解和翻译不一致，但归根到底还是目录学家、图书馆学家和情报学家之间的偏见与缺乏合作以及“食洋不化”、草率立名，不重视术语研究等原因造成的。有鉴于此，我们应该对每一术语审慎研究。对于已经混乱的术语有两种解决办法：一是改正错误的名称和概念，二是沿袭原有名称概念，另创新术语。例如 abstract 一词，从《Chemical Abstracts》、《Science Abstracts》这些书名中的复数看，应是一种摘要短文。有两种方法可以解决目前概念上的混乱，或者将 abstract 只译为“摘要”，不译为“文摘”，而将 abstract bulletin 译为文摘；或者将 abstract 沿袭旧名“文摘”（指一篇短文），而将汇编它的检索工具称为“文摘汇编”（abstract bulletin）。

陈原在《社会语言学》中说：“任何一种语言由于科学技术的新成就而创始的新术语，都会迅速地被其他语言所吸收和借用——因此科学术语的国际化问题以及标准化和规范化的问题就是本世纪社会生活中十分迫切的问题。”[7] 科学技术有着国际化的问题，目录学的国际化要求目录学自身的术语标准化，无论是借鉴外国目录学的成果，还是我国目录学的对外交流，没有术语的标准化，就不可能准确地交换和接收信息，最大限度地消除歧义和错误。

四、国外目录学术语及其研究

世界目录学发展到今天产生过大量的术语，也有过目录学的个别术语解释和术语分析，这些成果虽不是今天意义的术语研究，但为今天进行术语研究奠定了基础。由于目录学与图书馆学的紧密联系，目录学术语研究与图书馆学术语研究融为一体，其成果不仅反映在图书馆专业词典中，而且反映在专业文献中。

17 世纪以前，西方的一些普通词典就收入了“目录学”一词，有些词典还收了“目录学家”。关于目录学术语概念的演变，笔者在《西方目录学术语及其定义》[8]一文中已作了详细说明。

20 世纪中叶以来，西方目录学图书馆学的术语研究从微观研究过渡到宏观研究。1958 年尼科尔森在《图书馆事业年鉴》发表《图书馆事业用语》，研究了 1943 年版《美国图书馆协会词汇》中收词的分类问题，认为这部辞典中所谓“图书馆界特有的”词汇其实只是四类之一，一些“图书馆词汇”来源于有关书业协会，另一些词汇则来源于图书馆员协会。

1962 年，安东尼·汤普生在国际文献联合会会议上提出了一份根据 Unesco 和 FID 合作编辑的《文献工作术语》初稿，1963 年和 1964 年分别提出了第二稿和第三稿。60 年代，许多国家出版了单文种和多文种的文献工作专业辞典，有几个国家设立了情报与文献工作术语标准化委员会，这就促成 1970 年 Unesco 与西德文献工作协会订立编辑辞典的合同，1971 年西德韦尔西希和内韦林合编了《文献工作术语》初稿，1973 年修订，1976 年出版。这部词典收词 1200 条，连同义词共约 1600 条，六种文字对照，其中有大量目录学术语。根据西德目录学家保尔·卡格拜因的介绍，德国目录学有一个重要的领域即目录学术语学，70 年代中期发表过目录学术语学的文章。

美国耶鲁法律学校助理图书馆员 F. R. 夏皮罗在大学期间就

进行过图书馆术语研究,1989 年他发表《图书馆术语史稿》,[9]通过对过去英语历史词典关于图书馆术语的研究反映术语的演变。

我们注意到,西方目录学术语存在的最大问题是“书目与目录学”名称和概念上的混乱。首先,Bibliography 概念不清,既表示书目,又表示目录学,违反术语单义性。其次,Bibliography 与 Catalogue 的概念不清,有时前者指书本目录,后者指图书馆卡片目录,有时两词交替使用。

在苏联,术语学的发展推动着目录学的术语研究。长期以来,苏联用 Библиография 表示书目和目录学,造成概念混乱。50 年代末苏联开始了目录学理论的大讨论,对于目录学术语从语词之争转向实质之争,创造了“目录学”(Библиографоведение)新词,从而使苏联目录学术语研究迈开了一大步。苏联目录学家巴尔苏科和科尔舒诺夫说“‘目录学’这一术语比较广泛的确立(大约从 1960 年之底)是一个显然的事实,我们不能纯粹地把它当作是目录科学领域中个别术语的以新代旧”。[10]

70 年代,苏联目录学术语开始走向标准化,1971 年 1 月 1 日,苏联开始执行国家标准 16448 - 70《书目:术语与定义》(俄文,莫斯科,1971 年,12 页),1978 年 1 月 1 日开始执行新的国家标准 7.0 - 77《书目:术语和定义》(俄文,莫斯科,1978 年,24 页)。

然而,术语标准并不是术语研究的终结。1981 年新版教科书《目录学普通教程》“首先叙述了在目录学领域里最大限度地统一使用科学术语的必要性,分析了产生书目概念不准确的原因,并对一些重要的术语给予明确的定义”。教科书没有简单地引用书目标准,“而是坚持在不违反概念的基本界限的前提下,根据当前书目实践活动的发展,对术语概念的表达是更加准确,更加深化和进一步发展了”。[11]可见苏联目录学术语研究已达到新的水平。

五、我国目录学术语及其研究

汉以前,《周礼》有“典”、“志”、“书”等重要术语,孔子总结书序之法,其后有人创立术语“序意”(《吕氏春秋·序意》)、“要略"(《淮南子·要略》)。至汉发展为"自序"(司马迁《太史公自序》)、"叙传"(班固《汉书叙传》)。

目录学专门用语创始于西汉。刘向创立术语"叙录"(《晏子叙录》、《管子叙录》等)、"雠校"("雠校,一人读书,校其上下得谬误,曰校;一人持本,一人读书,若怨家相对,故曰'雠'也"[12])、"校雠"(《荀卿新书》叙云"所校雠中孙卿书"末云"所校雠中孙卿书录")、"录"(《别录》)。刘歆创立术语"略"(《七略》)、"目录"。东汉班固创立术语"艺文志"(《汉书·艺文志》)。

从现存文献史料看,汉代目录学术语仅"雠校"一词有确切的解释,然而过去一直认为雠校与校雠同义,我认为是不正确的,从刘向的"雠校"定义看,雠校是校勘的两种方法,"雠"指对校法,"校"指本校法,《晏子叙录》云"臣向言:所校中书《晏子》十一篇,臣谨与长社尉臣参校雠"就是明证。所以"校雠"含义较"雠校"广,"雠校"指校勘,"校雠"指整理,包括"雠校"和"叙录"。

在汉代,"录"与"目录"在使用上是有区别的,用于书名,前者指群书目录(《别录》、《实录》),后者则指一书目录(《三礼目录》、《孔子弟子目录》);用于叙述,前者有书目(名词)和记载(动词"录而奏之")两个概念,后者有一书目录("尚书有青丝编目录")和群书目录("刘向司籍,九流以别,爰著目录,略述洪烈")两个概念,可见目录学术语的多义和概念交叉由来已久。

汉代以后"目录"的名称与概念不断演变,出现经籍志、志、簿、书目、书录、解题、考、记、提要等,称谓众多。但是这些名称的概念并不完全等同,如"艺文志"多指史志目录,"考"多指有提要的目录,而"簿"多指简明目录,并且这些名称也不都是专指目录,常用的术语只有"书目"、"目录"、"艺文志"。

北宋仁宗年间出现了"目录之学",[13]虽然被公认为目录学名词的最早出现,但算不上标准的术语,也没有广泛地应用。到了清代,目录学家才给"目录之学"赋予概念并应用,王鸣盛最早应用"目录之学"而章学诚反对用这一名称,更有全祖望称"书目之学"并加贬斥。尽管如此,"目录之学"还是流传下来。近人朱一新《无雅堂答问》不仅称“目录之学”，而且称“目录校雠之学”。到了现代，经过姚名达、蒋元卿、杜定友等的研究，“目录之学”终被“目录学”取而代之。

在姚名达、余嘉锡之后，我国目录学虽有个别术语的研究，但终始没有系统整理过目录学术语。正如刘国钧所言“我国图书馆学著作中所使用的术语尚未完全统一，各种术语来源不一，有沿用古人，有现代创造的，有译自俄文的，有译自日文、英文的……”。[14]早在1930年金敏甫著有《图书馆术语集》收词400条。1933年卢震京编成《图书学大辞典》，直至1940年才在香港出版。虽然50年代在修订这部辞典中就提出“术语统一”、“名词标准”的思想，但至今图书馆学目录学术语问题仍未解决。

50年代卢震京修订图书学大辞典，决定分别出版图书馆学辞典、目录学辞典、书史学辞典，然而1958年《图书馆学辞典》出版后，目录学专门辞典始终没有问世。

今天，我国目录学术语仍然存在许多问题：(1)术语混乱，不仅反映在名称上，而且反映在概念上，造成名称与概念的不对应。(2)目录学新术语缺乏科学性的规范化，新中国成立以来我国目录学界在研究中创造了一些新术语（本源新术语）并没有确切的内涵和外延，如书目实践、书目活动、书目工作、书目事业等等，随意创造新词直接影响目录学的科学性。80年代我国在翻译介绍和借鉴外国目录学成果中，又出现了大量的外来词（译入新术语），但许多翻译并不确切、规范，如将UBC译为“国际书目控制”、“世界书目控制”、“世界书目管理”等等。(3)目录学术语未形成系统，缺乏专门的术语词典。(4)目录学术语的研究局限于少数名词，缺乏术语的整体研究、标准化研究和比较研究。(5)目录学旧术语较多，新术语较少，名称与概念缺乏时代性。由此可见，我国目录学术语不适应目录学发展的需要，目录学术语研究还处于较低的水平。

总之，目录学术语及其研究对于振兴与发展我国目录学有着重要的意义。今天在目录学领域开始术语研究是十分必要的，一方面术语学为目录学术语研究提供了方法论指导，另一方面目录学理论研究已有相当的基础。所以目录学术语都应当也可以经过整理、分析研究、鉴定处理,使之科学化、标准化。笔者建议:(1)开展目录学术语问题的讨论,加深目录学家对于术语研究的重视,使目录学术语研究在目录学中取得突破。(2)建立目录学术语标准化小组,专门搜集整理目录学术语,建立目录学术语数据库,通过编制《目录学辞典》,制订目录学术语标准,促进目录学标准术语的推广和传播。诚如是,目录学理论研究将得以迅速发展。

参考文献:

1,3 [加拿大]隆多著;刘钢,刘健译. 术语学概论. 北京:科学出版社,1985

2 R. W. Clement. "Review". The Library Quarterly,1989,59(2)

4 [美]艾尔·巴比著;李银河编译. 社会研究方法. 成都:四川人民出版社,1987

5 [苏]克列伊坚科著;何士彬译. 图书馆学研究的科学基础. 北京:书目文献出版社,1986

6 [美]布沙和哈特著;吴彭鹏译. 图书馆学研究方法. 北京:书目文献出版社,1987

7 陈原. 社会语言学. 学林出版社,1983

8 柯平. 西方目录学术语及其定义. 图书情报知识,1985(1)

9 F. R. Shapiro. "Contribution to the History of Library Terminology". The Library Quarterly,1989,59(2)

10 [苏]巴尔苏科,科尔舒诺夫著;王锦贵译. 苏联目录学状况、问题与前景. 北京大学油印本

11 彭斐章. 苏联目录学理论与实践的总结——《目录学普通教程》评介. 武汉大学学报(社科版). 1986(1)

12 《昭明文选. 魏都赋》注引《别录》. 见:吕绍虞. 中国目录学史稿. 合肥:安徽教育出版社,1984

13 苏象先. 苏魏公谭训. 卷四. 清道光刊本

14 刘国钧. 图书馆学辞典·校后记

原载于《图书情报论坛》,1991 年第 2 期

西方“目录学”术语及其定义

任何学科在历史的长河中都有着产生和发展的过程，作为反映这一学科的概念也会随着人们认识的变化而变化。目录学毫不例外。在我国，西方目录学研究还是一个薄弱环节。本文试图从目录学术语的演变来阐明西方目录学的概念，以供目录学界参考。

一、目录学溯源

人类创造了语言文字，继之出现了各种形式的图书。如：美索不达米亚的陶瓷片、泥板书，埃及的纸草书，罗马羊皮纸书等。书籍日多，记载图书的书目便产生了。据说，在古代小亚细亚的喜特王国，发现了泥板文书附有著者和抄写姓名的书单，亚述巴尼拔图书馆也有泥板文书目录。公元前3世纪，卡利马赫编制了名叫“皮纳克斯”的目录。公元2世纪，希腊物理学家盖伦编制了《个人图书目录》。其后，与此相类似的书目不断增多。

早在公元前5世纪，希腊语中出现了bibliographia一词，它来源于biblios（书）和grapho（写），其字面意思是图书的抄写。这是西方目录学启蒙思想的表现。

直到15世纪40年代印刷术发明后，出版物不断增多，书目编制更为普遍，开始主要是在拉丁语国家，如特里西姆1494年所编的《基督教作家书目》。然而在很长一段时间内，书目中并未用bibliograpbia一词，而是用拉丁词catalogus、elenchus、index、nomenclator来表示书目。1545年格斯纳使用bibliotheca（书目）一词，出版了《国际书目》。从此，bibliotheca一词便流行起来，在17世纪下半叶，成为图书目录的标准术语。培根在研究中使用了literary history（著述史）一词，认为著述史也可以像书目一样成为图书的指南和进行研究的工具。这个词及其拉丁语、法语、德语的同义词很快被17、18世纪的人所应用。在德国和邻近国家的大学里，这个词被解释为课程的书目指导。德国和法国的学者用"著述史"这个词作为书名，并解释为过去的或现存的书写记录。到1704年，斯特尔把"著述史"定义为"与著述有关的知识——包括图书目录"。

拉丁词bibliographia是1633年出现的，它不是作为图书目录的名称，而是指图书指南。这个词在德国直到1905年还在应用。

英文"bibliography"，最早出现于《牛津英文词典》。从词源学上看，它的意义是图书的抄写，但词典里认为这种说法是陈旧过时的。1658年菲力普斯的《新英文辞典》第一版没有bibliography这一条目。1678年第四版中才出现了这个词，定义为"Bibliography(Greek)，a writing of books(图书的抄写)"，这里使用的仍是旧的含义。然而在17世纪后期，这个词大量应用，其意义逐渐改变为"图书的记录"并逐步取代了catlogue(目录)和bibliotheca(书目文库)这样的名词。

与目录学相关的词"bibliographer(目录学家)"出现较早。1656年，布朗特在《生僻字字典》中记载了这个词："Bibliograpber(bibliographia)，图书抄写者、文书"，并列举了"Bibliotheque〈biblitheca〉图书的文库或图书的研究"和"Bibliopolist(bibliopola)：书商"。在整个写本书时代，书目人员常被称为"誊写者"或"文书"。但是，印刷术发明后，图书和书目迅速发展，bibliographer一词也就流行起来。

图书是目录学产生的基础，书目是目录学产生的萌芽。而bibliography一词正是伴随着书目活动出现的。福开森说："目录学是由印本书之存在而产生，有如传记是随人类的存在而产生。"17世纪以前，"目录学"与"书目"是有区别的，Bibliography是指图书的抄写或图书指导，而具体的书目则用catalogus、bibliotheca等词表示。1633年，在威尼斯出版了诺代的《政论文献目录》，他第一次用"bibliographia"代替了"bibliotheca"。1677年伯克勒的《历史、政治、语言学文献目录》也是用"bibliographia"表示"书目"。这样，Bibliography一词就有了"书目"的含义，与catalogus

等词混用了,同时也使 bibliography 的意义转移到图书的描述方面了。

二、十八、十九世纪的“目录学”术语

18 世纪,西方目录学迅速发展。目录学研究不是局限于目录特征上,而是以揭示图书主题内容为重点。从此,bibliography一词就用来表示系统地揭示图书和图书的历史。

在布朗特确定“目录学家”的意义后,1755 年约翰逊的《英文词典》将“目录学家”定义为:“图书抄写者即 transcriber”,1761 年芬林的《皇家英文词典》将“目录学家”描述为“图书抄写或誊写者”。

在 18 世纪的法国,拉丁词 bibliographi 被用作包括一系列图书的目录标目,而 bibliographia(目录学)被看做一个知识领域——关于图书信息技术的名称,包括编目和分类,它的法语同义词即是 biblgoiraphie。1782 年诺切尔把 bibliographie(目录学)定义为“著述的知识及其因素的描述”,差不多等同于“著述史”或“notitia librorum(图书信息)”。不久,在德国也出现了目录学一词。

波拉德认为:在法国,18 世纪目录学完成了从“图书抄写”到“图书描述”意义上的变化。实际上,由于著作增多,在图书收集的浪潮推动下,目录学必然向着这个意义转变。1762 年《法国科学院辞典》第四版正式承认了目录学是属于目录学家的一门科学。该词典宣称:目录学家是对那些揭示古代手稿的人和任何精通有关图书各项知识的人们的称呼。1763 年布合对目录学作了词义变化的阐述。当时,法语词 bibliographie 普遍使用,范围不仅包括印刷和分类史,而且包括了整个图书馆事业。到 18 世纪末,目录学已成为包括各个方面的一门科学了。

在德国,Bibliographie 通常指文献目录,人们把书单称作 bibliographie Proprement diet 或 eigentliche Bibliogra Phie 或 reine Bibliography。

拉丁词 notitia librorum(图书信息)及其变体字在 17、18 世纪德国广泛流行。德国学者把它作为著述史和著述史的相关课题。

从18世纪中期开始,这个词由德语同义词Büchrkenntis(书目)和Bücherkunde(书志学)所取代。

1797年,《大英百科全书》第三版收入了目录学一词,标志着目录学术语的成熟。

19世纪目录学有着巨大的成就。这时,"目录学"一词不仅具有简单列举、记录图书的意义,而且把目录学扩大到包括对图书本身各个要素去进行研究。

在19世纪的英国,布卢姆认为目录学应该有霍恩和狄布丁这样的爱书家和好古家所掌握。1814年柏令顿在《中世纪著述史》中声称该书只略涉法律、医学等几个主题,实际上主题广泛,书中列有大量的书目信息。哈莱姆的《十五、十六、十七世纪欧洲文献导论》(1837—1839)也几乎面面俱到,他把"文献"解释为"通过图书传递知识的最一般意义"。这一时期,书目很多,但一些书目并未称bibliography,而是称index catalogue,如不列颠博物馆的《主题索引》,英国皇家学会的《科学论文目录》。

Bibliographer在17、18世纪多指图书的抄写者,但从18世纪下半叶起,这个词扩大为对图书、文化史、印刷技术相关知识做专门研究的人。19世纪英国弗罗格纳尔使用了这一意义,其他学者也极力赞同。索塞提出用"bibliology(图书学)"一词来包括与图书有关的内容,却没有得到人们的支持。

在19世纪的法国,目录学一词含义也十分广泛。目录学被认为是一门同时论及到图书馆学、藏书学、图书生产的各个技术环节等领域的学问,甚至还包括古文书学的内容。1885年法国《大百科全书》也承认了这种观点。从巴黎文献学院1869年开设的目录学讲座内容看,目录学范围也是很广的。

在近代德国,Bibliographie(目录学)和Bücherkunde(书志学)常常交换使用。于是,德国的学者们将两者作了区分,分别表示为图书的一般知识和图书目录学知识。目录学曾一度包括在图书馆学之中,与著述史区分开来。

1830年《美国百科全书》初版发表了目录学的定义:"在现代意义上,目录学表示图书的知识及有关课题。目录学有两大分支:其一是关于图书的内容,称为Intellectual Bibliography(知识目录学）；其二是论述图书的外部特征、版本历史等，称为 Material Bibliography（物质目录学）"。

19 世纪末期目录学会相继建立，特别是国际目录学研究所的建立，引起了人们对目录学的普遍重视。1899 年福开森说："目录学 bibliography 这个名词，就广义方面讲，是指'书的记载'，和书的内容至少在最初是不相关涉的"。"目录学是记述书籍的科学或艺术，或科学艺术兼备的学术"。又说："'目录学'这个名词有两种不同意义的用法，一个是指书的专门记述；另外一个是列举关于讨论一种主题的书。"简言之，"目录学就是书的传记"。由此可见，到 19 世纪，目录学的两个分支"体系目录学"与"分析目录学"已出现了雏形。

三、20 世纪以来的目录学概念

20 世纪印刷技术的进步带来了出版物的剧增，目录学在人类文化交流中显示了它的作用。"可以说没有目录学，人类文化和知识的记载将是混乱的，也不适应人类的需要"。（《不列颠百科全书》1977 年版"目录学"词条）

随着目录学概念的扩大，目录学与图书学更为接近。波拉德曾为《不列颠百科全书》第十一版写了"Bibliography and Bibliology（目录学和图书学）"的词条。在法语中常将 bibliologie（图书学）和 Bibliographie（目录学）互译。但在 1912 年和 1932 年，格雷格两次提到 bibliology 是过时的术语。

西方目录学发展的结果是分析目录学（analytical bibliography）或评论目录学（critical bibliography）的形成。早在 19 世纪布雷德肖时，这两大分支就产生了。20 世纪又出现了描述目录学（descriptive bibliography）和文本目录学（textual bibliography）。目录学专著也不断增多，如鲍尔斯的《书目著录原理》、埃斯代尔的《目录学学生手册》等。

20 世纪以来，对于目录学的概念基本上形成了三种看法：

1. 目录学是描述图书的科学和技术，目录学研究对象是图书。

1928 年，霍森和沃尔特对目录学作了总结，把目录学简单定义为"图书的科学"。他还把"图书的科学"分为四组:历史的、藏书的、列举的和应用的。几乎所有图书馆科学和出版知识都包括在内,这是继承了19世纪广义目录学的观点。到1938年,塞德勒尔仍认为"目录学"应理解为包括出版和发行史,也包括印刷、造纸和装订。在他们看来,目录学即是图书学。

实际上,图书出版物及相关学科的发展,是目录学无法包罗的。因此,广义目录学的范围在逐步缩小,出版印刷、造纸已成为专门的学问,目录学便成为专门描述图书的学问。

1967年休梅克在《目录学》(《library Trends》1967. Vo1. 15. N0. 3)一文中说:"目录学,两个主要的区分就是图书形式的研究(分析目录学)和图书内容的研究(列举或体系目录学)。"

1968年《图书馆学与情报学百科全书》指出:"目录学是关于书的学问。"

1977年《不列颠百科全书》指出:"目录学是描述图书的技术或科学。""现在,一般用作两种意义,其含义有很大差异:(1)按照一定体系排列的图书目录。在这种意义上就成为提示性书目、系统书目或描述性书目;(2)图书研究的材料,就是说研究图书用何构成和形式方法等,在这种意义上,一般称之为评论性目录学"。

1977年《美国百科全书》指出"Bibliography这个词来表示记录出版物的科学或技术,而在用来表示这种技术所产生的特定产物时,则又称为书目。作为一门科学,目录学是这样一种知识的集合体,这种知识是专用于从各个方面处理、研究书籍,书籍既可以视为物质实体,又可以视为意识载体。作为一种技术,目录学包括图书资料的确定、组织和揭示的各种方法技术。作为这种技术的特定产物,一部书目就视为某种特定目的而系统列出一批图书的书单。"该书认为目录学有两大部分组成:分析目录学应用详细的调查研究方法以求出有关著者、出版、稿本出处的证据;系统目录学为了编制系统的书籍目录则更依赖于综合性的研究方法。

2. 目录学是编制图书目录的学问,目录学的研究对象是图书目录。

早在20世纪初期,历史学家朗格卢瓦就断言:"目录学是有关图书的科学的一个特殊部分，它的对象是目录，它的任务是提供一种尽快地、尽可能地获取有关参考文献来源的手段。”1934年，巴黎历史综合中心也试图给目录学下定义，使目录学成为图书学的一个分支。

1956年，法国目录学家马尔克雷的《目录学》认为“目录学是要搜集、著录和分类印刷出版的文献，为脑力劳动创造工具，这些工具可以称之为文献目录或者书目。”他认为尽管目录学与许多学科相联系，但它是一门具体的、实实在在的科学。目录学是书海之舟，是读者驾驶整个印刷品世界的简单方法。

3. 目录学是研究文献传递的科学。

1932年格雷格说：“著书评论的根本在于传递问题，目录学能使我们对付这一问题。”又说：“图书是著述借以传递的材料；所以目录学、图书研究基本上是著述文献传递的科学。”（《The Library》4th（1932－3））这里，他更新了1892年哥品各关于“目录学是著述调查研究的初步”的陈旧说法。1945年，格雷格在《目录学回顾》一书中说：“我将把‘目录学’定义为作为材料史的图书研究”。他认为目录学不应包罗万象。

1965年，希伯德在《物质和参考书目学》一文中建议用“参考书目学”包括“知识目录学”的旧概念和列举式或主题书目。他说，参考书目“开始于简单的体系编排，进而可以检索新资料，并出现各种分类目录表”。重点在于编制传递思想和情报的工具。他还提出了用“物质目录学”这一概念去包括鲍尔斯所提到的分析、描述或文本目录学。这个术语突出了传递信息工具所具有的物质的、材料的、实体的特征。

1982年斯托克斯在《目录学的作用》一书中也说：“目录学的作用过去一直是，今后永远是研究‘借以传递文献的材料手段’。”

西方目录学就图书的抄写这个简单概念到关于图书无所不包的复杂概念，是西方目录学活动的必然反映，20世纪以来，才形成目录学的基本内容结构。从广义上看，它是描述图书的科学；从狭义上看，它是编制图书目录的科学。随着现代印刷技术进步和文献爆炸性增长，新技术、新方法不断运用，文献信息交流更为重要。而目录学记录图书、传递知识信息的功能并没有消失。正如休梅克60年代就指出的:“目录学并没有消亡或衰落,机器和新方法也不是置目录学于死地的。随之发生的变化虽然很大,但思想仍通过一定形式表现出来,并且将通过书目控制这些思想及其形式。活字印刷的发明曾改变了编制图书目录的方法和研究他们的形式,我们所熟知的目录学在当时就不存在。或许下一个世纪就有一些新的名称来代替它,但所要研究的内容将是同样的。”斯托克斯曾阐述了目录学的各个方面,即是列举的、描述的、分析的、评论的、文本的、物质的和历史的目录学。它说:“目录学的功用,正如过去所发展变化一样,将来也会发展变化,但是它不会被新技术而彻底改变。”

参考文献:

1 Stokes, Roy. The Function of Bibliography 2nd. ed. England: Gower House. 1982

2 Woledge, G. Historical Studies in Documentation “Bibliography” and “Documentation”: words and ideas. Journal of Documentation, 1983, 39(4)

3 Shoemaker, Richard H. Bibliography (Genral). Library Trends, 1967, 15(3)

原载于《图书情报知识》,1985 年第 1 期

目录学领域的心理学研究

在新中国目录学发展的四十二年里,目录学的变革最引人注目的是最近十余年,而它的"序曲"则是从1979年到1982年武汉大学、北京大学合编《目录学概论》的诞生开始的。作为新中国第一部目录学教科书,它继往开来,融学术性、知识性为一体,它超出当时书目工作水平的先进性确立了它的历史地位;它的价值不仅在于它本身的新思想及新构造,更重要的在于它对十年来中国目录学的影响。

1980年彭斐章、谢灼华两位先生《关于目录学研究的几个问题》发表以后,目录学界对于回顾总结一定时期目录学成就的浓厚兴趣促使"目录学评价"的开展,而评价的进一步深入应该是思考新问题、预测发展趋势、掌握学科导向。因此,目录学评价和预测构成了目录学的发展研究。今天,藉纪念《目录学概论》出版十周年之机,本文提出目录学中心理学的问题,不仅期望获得对过去目录学的透视和解释,而且期望推陈出新,把《目录学概论》奠基以来的十年目录学推向新的时代。

一、目录学的心理学现象

一个多世纪以来心理学的发展不仅使自身得以丰满,而且它的应用使许多学科获得了新鲜血液。如果在十年前把心理学与目录学联系起来,一定会引起非议。如果没有《目录学概论》所强调的目录学与其他学科相结合以及在这种思想指导下数学、控制论等学科引入目录学的尝试,便不会有这样的思考。目录学是否和心理学发生过历史的联系(如心理学书目)并不特别重要,重要的是从心理学的角度考察目录学领域,寻找内在的心理学现象。

科学之发展是由于社会的需要，目录学也不例外。目录学的社会需要突出地表现在两个方面。首先是伴随语言文字发展的文献的增长，实质是知识和信息的增长，它在作用于社会发展的同时，给人们的利用带来了“孤舟泳海、弱羽凭天”般的困难。因此在文献信息增长和人们利用需要的前提下产生了目录学并推动着它的发展。这里，文献信息的发展再也不是“圣哲之能事，帝王之达典”时代被人们的博闻强记所征服，而是不断超出人大脑记忆、阅读和掌握知识信息的能力，带来从学问家的心理压力逐渐发展为整个社会的心理压力。正是这种压力不断增加书目情报工作者的心理压力，促使目录学思想的更新和目录学方法的变革以适应社会。社会文献增长压力导致造纸术之后书目的学术性和大型化趋势，印刷术之后私人藏书目录的盛行和专题书目的发展。从17世纪文学家巴纳比·里奇把“图书称霸”称为当时的病态之一，到当今社会所疾首的“知识爆炸”问题，都是社会需要的心理表现，这种心理的发展就使目录学的书目控制从昔日的梦想和尝试到今天成为世界书目情报界共同努力的目标。从这个角度讲，社会对文献增长的心理表现对目录学的发展有推动作用。

目录学的社会需要也确立了目录学领域的主体和客体，它表现在两个层次上。目录学实践是最早形成的一个层次，社会需要的文献增长方面已决定了其客体是文献信息，在满足人们文献需要过程中逐渐形成了以纲纪群籍为己任的书目情报工作者，成为实践的主体。这一层次主客体的联系是具体的和现实的。以目录学实践为源泉的目录学理论站在更高一个层次，它是书目情报工作在人脑中的反映，经过了目录学家的感知觉、注意、记忆、思维等过程，把对目录学实践的感性认识上升到理性认识。目录学家和目录学实践主客体的联系在这一层次上是抽象的和理性的。由于这两个层次主体的确定，在他们的活动中必然受到心理、意识等主观因素的支配。在目录学中，主体的心理活动就它对客观的认识对象和行动的对象来说是主观的，但就心理活动本身来说，尤其在它本身作为自己和别人的认识对象和行动对象时，它就和其他事物一样是客观的，既可以被认识，也可以被变革和接受影响。

长期以来，由于只看到主体的心理活动主观的一面，目录学理论和实践的着眼点都落在了客观的活动（书目情报工作）和客观的事物（文献）上。目录学家忽视了自身的研究，特别是心理活动的研究，像把目录学史写成书目发展史，甚至割裂了时代性，但从实质上看，主体思想的转变是客观存在的，目录学三次革命总是在科学革命、技术革命乃至社会变革的基础上发生的，那么，这些革命和转向不就是主体思想的革命和主观意识的转变吗？

应该看到，外国目录学家早已开始了对读者的研究或情报用户的研究。俄国目录学家弗拉基斯拉夫列夫认为图书的问题实质是读者问题，目录学家鲁巴金建立了阅读心理学。印度图书馆学家阮冈纳赞《图书馆学五定律》确立了读者在图书馆中的中心地位，并提出“图书馆工作人员与读者、与心理学”问题，强调“馆员必须成为一个心理学家”。在西方，情报用户需求研究、书目指导及其研究的迅速发展也反映了对书目情报用户的兴趣。我国在树立读者第一的指导思想后，开展了读者及其心理的研究，形成了读者学、读者心理学和情报心理学。1990 年问世的《书目情报需求与服务研究》是《目录学概论》以来最重大的理论成果，它的意义就在于进行了书目情报工作的实质性研究，把传统的书目文献编纂扩大到书目情报服务的范畴，为书目情报用户的心理研究奠定了基础。在理论上，不同时代的目录学家也表现出不同的阶级观点、社会态度、思维方法和研究动态。无论章学诚对郑樵的研究还是姚名达对章学诚的研究，都没有从社会背景、从研究意图入手。新中国成立以后虽然对某些目录学家进行了专门研究，但直到近十年才有对于历代目录学家思想的整体研究。现代目录学的四代划分是有心理学根据的，具有时代的某些特征。第一代目录学家面对中西文化交融，在新旧协调、中西结合上作了努力。第二代目录学家跨入新的社会制度和文化环境，解决了目录学的指导思想问题。以彭斐章、朱天俊、谢灼华为代表的第三代目录学家为适应科技的新形势、丰富目录学的内容开始了目录学整体化研究。这一代的代表作《目录学概论》不仅继承并发展了上一代的思想，而且培养启迪了新的一代，影响着他们的思维方法和创造心理。

当我们用心理学眼光看目录学的时候,我们终于明确了目录学"人"的研究的重要性,更确切地说是发现了目录学的心理学现象。

二、书目情报交流心理过程的分析

目录学中所表现的心理现象可以称之为"书目情报交流心理",这一术语区别了目录学领域人和物两大要素,并把书目情报工作者(包括目录学家)和书目情报用户联系起来,而特别强调整体和个体的统一,即在整个书目情报交流中,某一层次被视为个体,而在整个层次中,某一类型被视为个体。

书目情报交流心理主要是书目情报传递者与接收者围绕文献信息所发生的支配其行为的心理活动。从内容上看,在交流过程中,交流双方都存在认知过程和意识过程,也都与个人的能力、气质、性格相联系。就书目情报工作者而言,没有感知无法识别文献;缺乏注意就很容易出现书目工具如索引的排列错误、书目情报检索中的漏检、误捡,给读者解答咨询或定题服务,需要运用记忆和联想,运用所掌握的书目知识,选择书目工具。书目情报工作者的书目选题与动机相联系,他在工作中表现出的情绪和意志对于工作效率、服务效果有明显的影响,叶圣陶先生业余时间与母亲、妻子、亲友一起编《十三经索引》时"寒夜一灯,指僵若失,夏炎罢扇,汗湿衣衫,顾皆为之弗倦"就是一例。《目录学》中讲书目工作者应有的政治素质、知识和智力三个方面包含着对个人心理特征的要求。至于书目情报用户,他在检索、利用书目文献乃至于进一步阅读的过程中更表现出明显的需要、兴趣与动机。

建立书目情报交流心理理论,需要明确四个相互联系的概念。

"书目情报意识":它具有一般情报意识的特征,但更强调对书目情报的自觉反映。美国 Parry 的研究报告表明了大学生的书目情报意识。我国的一些问卷调查经常把"不会使用"和"不知道"检索工具混为一谈,前者不能反映书目情报意识的有无,后者虽然反映缺乏书目情报意识,但不能反映情报意识的有无。从定性材料看,社会科学某些领域的专家有较强的书目情报意识,但情报意识较薄弱,自然科学某些专家情报意识较强,但不知道目录学的知识。一般来说,具有情报意识会刺激书目情报意识并转化为需求,具有书目情报意识就已经成为潜在的书目情报用户。

"书目情报需求":读者需求或阅读需求主要是围绕一次文献进行的,情报需求是更大一个范畴,是包括了对于大脑储存和体外储存知识的向往和追求。书目情报需求是这个范畴中的一种为获取文献信息的间接的需求,包括对于书目情报的需求和对书目情报的要求。十年前书目情报工作者探索的是如何(广快精准)满足(服务)读者的书目情报要求,今天人们才感到探讨读者有什么样的需要和要求更为必要,有溯源归因之妙。

"书目情报行为":行为主义主张心理学是研究动物和人类行为的自然科学,忽视了意识与行为的辩证关系而走向衰落。心理学研究结果表明动机是行为的原因,人的需要产生动机(内部心理活动),动机产生行动(外部行为),它们是密切相关的。书目情报用户要求的表达既是书目情报需求的终结,又是书目情报行为的前奏。在书目情报行为中,用户获得具体的书目情报。书目情报的需求得到满足之后,一般会产生新的需要(阅读的需要)。书目情报行为是非常复杂的,国内外关于情报用户需求的研究大多反映了书目情报行为。郑建明作过读者利用科技书目情报行为的专题研究。彭斐章教授承担的高校社科博士点基金项目"图书情报需求分析与读者服务效率研究"对700名情报用户的问卷或跟踪调查,获得了用户书目情报行为的大量数据,这些数据的分析显示了书目情报服务的重要性和书目情报需求研究的必要性。

"书目情报人际关系":在书目情报工作中,书目情报工作者之间、书目情报用户之间、书目情报工作者与书目情报用户之间经常发生联系,表现为目录学组织、书目情报网络、集中编目、联合编目、专家书目、书目参考咨询、书目指导、读者调查等形式,通过个人或团体、单向或双向的交往,对书目情报工作的管理、书目情报服务起协调作用,目的是建立肯定的、积极的人际关系,这是书目情报交流的基础。传统书目工作由于人们的保守封闭心理，其人际交往非常有限，通常是在少数书目工作者之间进行，许多人编目动机并不是为了社会的利用，其书藏而不用，其书目秘而不宣，因而难以表现与利用者的关系。直到20世纪初，书目组织的出现、卡片目录的发展，书目工作中人际交往愈来愈频繁。特别是十年前中国图书馆学会目录学分委员会的成立，直接推动着书目情报人际交往发展和人际关系的建立。

由这四个方面的联系不难看出书目情报交流中从思维到动机到行为的发展过程，这个过程中的思维过程、动机过程就是书目情报交流心理的主要过程。这些过程又是与情感、态度、意志，并与个人的能力、气质、性格相互联系、影响。

事实上，由于书目情报交流心理过程的复杂性使我们不能把书目情报工作者和书目情报用户的心理活动孤立起来。交流本身既包括了个别的心理活动，也包括了相互影响的心理活动。这一复杂过程要受到很多因素的影响，书目情报环境就是一个很重要的影响因素，它包括外部环境（社会环境）和内部环境（文献情报交流环境），后者又包括书目情报机构的外部环境和内部环境。社会环境中政治因素影响着书目情报工作者的书目选题、研究指导思想，如古代的敕编书目、维新派的目录学都是政治的反映；还影响着用户的书目情报需求，如西方中世纪对于宗教书目情报的需求，我国五四运动后对于马克思主义书目情报的需要。科学文化对于书目情报交流心理的影响促使学派的建立、新方法的运用、新学科的产生，联系着书目情报交流双方的文化心态，如对待古典文化和对待西方文化的心态直接影响着目录学家对于古典目录学和西方目录学的认识。《目录学概论》也说过"我国古代有不少优秀的目录学家，他们的目录学思想都带有当时社会学术思想的特点。"文献情报生产也是一个重要因素，它增加文献存贮与利用的难度，影响着书目情报工作不断改革并刺激用户的需求。还有经济因素和技术因素导致计算机书目情报系统对书目情报交流双方的吸引。图书情报档案事业作为书目情报机构的外部环境影响书目情报意识、书目情报需要与情报需要的联系以及整体效益的发挥。至于书目情报机构内部环境要用数量与质量、分布与结构等指标衡量，它影响着书目情报工作者对工作的兴趣、热情、自信心等等，影响着用户对书目情报机构的形象认识、态度、偏见，产生接近或排斥、满意或反感等心理。而这些环境因素对书目情报交流心理的影响往往是连锁反应。像我国书目情报交流心理50年代受到苏联、80年代受到西方的影响，就包含着书目情报机构、图书情报事业、出版、文化事业，一直受到政治经济的影响。

书目情报交流心理还要受到语言的影响。一是民族语言的影响，二是书目情报交际语言的影响，三是书目情报检索语言的影响。

个人因素无论是书目情报工作者还是书目情报用户对书目情报交流心理有较大的影响，其职业、资格、职位、年龄以及经验、态度、形象、交往等可以阻碍或者促进书目情报交流，其能力、气质、性格与此相关。目录学史上的向歆父子、赵用贤赵琦美父子、阮孝绪与刘杳、释僧佑与刘勰、晁公武与井度、钱谦益与黄虞稷、朱彝尊与钱曾、章学诚与周永年、张之洞与缪荃孙、孙德谦与张尔田等等，他们的交往和关系与目录学思想的形成不是没有联系的。明武人高儒、陈第对藏书和目录的兴趣、章学诚与考订派的矛盾、杜定友海外归来写《校雠新义》都有其心理上的原因，值得我们深入地研究。

三、书目情报交流心理研究的方法论

《目录学概论》首次提出了关于目录学数学化趋向和目录学研究方法的问题。十年来我国开展的书目控制论、书目计量学、比较目录学的研究及其他方法的运用，都是在此书的启迪指引下进行的。事实证明，研究方法论特别是新方法的运用对于目录学的发展有着突出的意义。

运用心理学理论可以解释书目情报交流的某些现象。心理学的一般心理过程和个性心理特征对书目情报交流双方有普遍适用的价值。对其中某一个方面的重点研究也不可少，如专门研究书目情报意识或编目动机或书目情报工作者的能力。运用社会心理学的社会动机理论可以说明书目情报需求中动机的复杂

性及与需要的关系，马斯洛的需要层次论可以作为书目情报需要的理论依据之一。用人际交往理论分析书目情报人际关系，用团体心理理论进行书目情报工作者和用户的分类研究，用行为归因理论研究目录学家的思想。运用教育心理学可以研究书目指导、书目推荐服务过程中的心理。运用青年心理学来研究青年学生的书目情报需求。运用管理心理学研究书目情报工作管理，如"双因素理论"、"期望理论"等。运用创造心理学研究科研人员的 SDI 服务。认知心理学的信息加工理论用于计算机的一种操作机制的说明及由此发展起来的人工智能研究对于书目情报自动化的研究是有益的。

一百多年前冯特建立的心理学实验室成为心理学独立的标志。虽然实验心理学派不复存在，但实验法成为近代心理学的主要方法并被现代心理学继承和发展。心理学不仅运用了科学通用的观察法，而且建立了心理学特有的自我观察法，各种心理学派又有其专门的方法，有不少方法是目录学家应当运用的。近年来对于书目情报行为的研究已经运用了问卷调查法和跟踪观察法，还应当采用访谈法。了解社会对书目情报工作的评价，采用实验法研究不同用户对书目情报的反应包括对书目情报的感知、吸收和评价。还可以采用更具体的方法，例如用李克特量表法比较准确地反映用户对编制分类主题目录的态度或用户接受书目指导的态度；用人际关系测量法考察大型书目情报机构的人际关系，等等，都可以看做是运用心理学方法的思路。

如同心理学要运用许多学科的方法，对书目情报交流心理的研究也要运用包括心理学在内的各种方法，特别是社会学、社会心理学、管理科学、逻辑学的方法。在研究中要避免用心理学解释目录学一切现象，把目录学拔得过高，陷入形而上学、唯心论的泥沼；也要避免对心理学的运用浅尝辄止，重实践轻理论，重客体轻主体，重行为轻心理，把目录学看成肤浅的实用主义。只有用辩证唯物主义和历史唯物主义为指导，才能把各种方法有机地结合起来，避免目录学研究中的理性主义和经验主义，这就是书目情报交流心理研究的方法论。

应该说，目录学的心理学研究刚露端倪，对于书目情报交流心理规律的揭示有待于进一步地研究，深信新的时代目录学家们将会有新的建树和新的突破。

参考文献：

1 彭斐章. 书目情报需求与服务研究. 武昌：武汉大学出版社，1990

2 荆其诚. 现代心理学发展趋势. 北京：人民出版社，1990

3 潘菽. 潘菽心理学文选. 南京：江苏教育出版社，1987

4 矫佩民等译. 八十年代社会心理学. 北京：三联书店，1988

5 Charles K. West. The Social and Psychological Distortion of Information. Chicago：Nelson－Hall Publishers，1981

6 Klaus Welter. The Measurement of Verbal Information in Psychology and Education. New York：Springer－Verlag Berlin Heideberg. 1973

7 Margaret Slater. Research Methods in Library and Information Studies. London：The Library Association，1990

原载于《图书馆》，1992 年第 1 期

关于目录学文化研究的思考

深层次的目录学研究是20世纪目录学发展的特征。近年来,目录学有了较大的转向,或者说目录学研究已进入第三期。本文将在材料积累、材料解释的基础上,从哲学、社会学、心理学等各个角度进行深入探讨,把学科知识元素的组合引向学科体系的完善。目录学文化研究直接关系着对目录学的本质认识和发展认识,在学科建设中占有重要地位。

文化的目录学观

探讨目录学与文化的内在联系,必须以文化的目录学观为出发点。20世纪关于文化的讨论及由此发展起来的文化学,经过历史的条理、哲学的思辨和心理的透视拓宽了文化研究的视野。而作为观念形态的文化界定真正把握了文化的内在特质,目录学就是与这一意义的文化发生着密切的联系。

目录学有着悠久的历史,从它产生的那天起就与文化发生了关系。可以从两个方面来证明:第一,书目和目录学为什么分别在殷商和先秦时期就产生了呢?过去归结为“人们利用文献的需要”。这是肤浅的认识。进一步分析人们利用文献的原因,实质是文化的需要。书目和目录学都是文化发展到一定阶段的产物。目录学的发展已经证明:语言文字——文献——书目——目录学的产生过程不是脱离文化背景而孤立存在的,没有文化的推动,就不可能有目录学的发展。第二,从目录学的目的看,由于书目渗透到各个文化领域,目录学在相当长的时期里依附在史学之中,为学术研究提供史料,并成为文化研究的重要工具。许多学者正是运用目录学方法整理文献,通过书目一展文化史的长卷,形成我国文化导读的传统。被列入《中国文化名著精要辞典》的

《书目答问》,岂止"令初学者易买易读,不致迷惘眩惑",而是举荐经、史、子、集、丛图书,进行文化研究的目录学的名著。20 世纪初,研究国学促成开国学书目之风,以胡适的《一个最低限度的国学书目》和梁启超的《国学入门书要目及其读书法》最为著名。当时的选书之争代表了学者们不同的文化思想,对于传统文化的研究有一定的影响。后来,著名文化史学家蔡尚思总结中国文化的历史经验,著《中国文化史要论(人物、图书)》,侧重学术文化史及其线索,强调"一个国家的学术文化,离不开历代的主要图书,我们可以从此二者看出学术文化的基本内容",并通过列举学科、撰写类序、列举人物、辨考学派、列举图书、提要勾铉,把人物、图书与文化有机地结合起来,成为从目录学角度总结文化的典范。

以目录学为工具研究文化有三种方式:以时间为系列举人物及其名著,表现文化的历史发展与时代性;以空间为元集中民族或地区文献,展示文化的民族性与地域性;以专题为纲揭示图书及其思想,反映文化的分野与领域。然而,这些方式不过是打开文化研究宝库的钥匙和指南,或者说是透视文化的窗口。真正的目的是利用目录学所揭示的文献去总结文化的某些规律,将浩瀚的学术文献系统化,使博大的学术文化文献化,如同梁启超将广义的史学家称作文献学。[1] 目录学研究书目,书目记录文献。因此,从目录学角度研究文化的落脚点是文献。14 世纪的里查德·伯里所述关于傲慢的塔尔金的记载,[2] 无非要说明文献是人类的无价财富。哲学家波普所作的假设机器、工具毁坏或主观知识一起毁坏这两个思想实验,更好地说明了知识文献在文化进程中的价值。图书馆学家谢拉说:"没有交流就没有社会,没有一定形式的文字记载和保存文字记载的方式,便没有持续的文化",[3] 其"社会认识论"把文化看做是一个社会知识和信仰的总和,由物质设备、学术成就和社会组织三个方面维持继续着。这就说明,一方面,文献是文化的结晶,没有一定程度的文化不可能有文献;另一方面,文化物化于文献,没有充分的文献就没有发达的文化。而目录学正是以这二者为前提,研究揭示报导一定数量和质量的文献与社会特定需求之间的矛盾关系,在文化的目录学体系"文献——书目——需求者"中起着中介作用。

两种目录学的文化观

古典目录学和现代目录学与传统文化、现代文化相对应。显而易见,两种文化的差异导致两种目录学的区别。需要明确的是,是文化孕育了目录学?还是文化影响着目录学呢?这两种情况分别就产生和发展而言都是存在的。

传统文化是以封建社会文化为主体的观念形态,它不仅包含各种程式化了的理论形态,而且包括风俗习惯、生活方式、心理特征、审美情趣、价值观念等非理论形态。古典目录学在传统文化中与这两种形态都有联系。目录学的理论特征使之在本质上更接近于理论形态,或者说反映理论形态。而由于古典目录学研究离不开古代目录学的思想,使目录学领域的活动间接反映了非理论化的形态。

古典目录学一千多年历史发展的主流是什么?由于它与校雠学、版本学历史上的血缘关系,学科之间长期没有明确的界限。究其根本,文献是它们发生的源泉和共同的研究客体。从孔子整理六艺,为诗、书作序,到汉向、歆父子的校雠目录活动,同时产生了校雠学、目录学和版本学。后世所谓目录学校雠学之争重流而不溯源,因名而不求实。如果说校雠学包括目录、版本、校勘三部分,那么这里的校雠学其实就是古典文献学。校勘、版本成专门之学,分别研究文献的内在特征(语言文字)和外在特征(版本)。目录学则兼收校勘和版本成果,记录文献内容与形式,是"文献积累"的学问。

从传统文化看,书目不仅是文献的记录,而且是文化的记录。在我国学术文化史上有五部书目最受推崇。《七略》,范文澜说它"综合了西周以来主要是战国的文化遗产,……是一部完整的巨著。它不只是目录学、校勘学的开端,更重要的还在于它是一部极其珍贵的古代文化史"。[4]《汉书艺文志》,金榜称之为"学问之眉目,著述之门户",日本学者金谷治称为"作为体系化的哲学著作"。《隋书经籍志》,顾颉刚说它是《隋书》中最有价值的一志。《四库全书总目》,梁启超说它是"汉学思想的结晶体"。[5]

《书目答问》,被誉为读古书、治旧学的"摸门径"之作。[6] 这些书目的文化史价值首先在于它所积累的文献成为文化史料,书目在文化进程中所发挥的作用不单是文献积累,而是文化积累。

官藏目录、私家书目和史志目录是古典目录学的三大流别。历代官私藏书目录反映藏书之盛,与藏书楼共同体现着古代文化的变迁。在文献积累中,官藏目录求全,私家书目求精,相互补充,有益学术文化。特别是史志目录,因出自史家之手,附于史书之中,其地位最高,真正使目录学成为学术文化的组成部分,历代正史艺文志及补史艺文志就是一部完整的我国文化史长卷。

讲古典目录学的文化积累特别是书目的文化史价值都只能说是表层次的文化观,即文化的物质方面,具体表现为目录学中的文献。而深层次的文化观应该是文化的精神方面,指传统文化物质的——制度的——心理的三层面中后两个层面,目录学在这两个层面中有无根基?我们可以从两个方面来看。

首先,中国传统文化的核心是中国古代哲学。自汉代儒学独尊以后,儒学思想长期占统治地位,哲学几成儒家奴婢,从此确立了目录学的儒家哲学基础。历代书目未有经书不列于首,从五经、九经到十三经,不过是经学的丰富与完善,儒家文化在古典目录学中的地位从不动摇。经学作目录学的指导思想和理论基础,而目录学为治经工具并阐发经学要旨。从儒家学派校定六经、司马迁作《儒林列传》到向、歆父子通过目录学传播古文经,在一定程度上推动了汉代郑学的形成。王充《论衡》说"六略之录,万三千篇,虽不尽见,指趣可知"。在我国古典目录学文献中,关于学术文化不乏独到精辟的思想,艺文志中的"诸子出于王官论"就是古史研究的一大课题。所以,后人"览录而知旨,观目而悉词,经愤之精术尽探,贤哲之睿思咸识,不见古人之面,而见古人之心"。[7]

其次,在传统文化中,学术文化占有相当地位。虽然古代学者无不博通经史,但学术史未成专门。只有古典目录学以学术史为已任,体现"辨章学术、考镜源流"之精神。目录学的学术史思想主要表现于学术分类、叙录和类序之中。从六分法到四分法的演变,就是古代学术文化史纲,"类例既分,学术自明"(郑樵语)。

叙录"用以考一人之源流，性质与列传相近"（姚名达语）。书目中总序、大小序叙一代一学一派之源流，"辨章学术之得失也"。"盖目录之学，莫难于叙录，而小序则尤难之难者，章学诚所谓'非深明于道术精微，群言得失之故者，不足与此'盖指此也"（刘纪泽语）。正因为此，自古目录书列于史部之中，目录学因兼学术之中而成为学中第一紧要事。张尔田说"目录之学，其重在周知一代之学术，及一家一书之宗趣，事乃与史相纬"。[8]来新夏总结为"古典目录学领域，在长期进程中，由于有一大批著名学者的参与，曾编制了大量的各类型目录，使中国文化载籍得到比较系统的按类记录，增厚了中国文化的积累。并在长期实践工作中探讨了不同的分类体系，提出了有一定指导意义的理论。这不仅丰富了中华民族文化遗产的宝库，也为世界文化史增添了光辉"。[9]

现代文化是伴随着封建文化的衰落及西方文化的引入，在中西文化交融、新旧思想斗争中形成的。与此相适应，现代目录学也是在古典目录学与西洋目录学的矛盾冲突中产生的。现代目录学奠基者姚名达在新、旧两极分化之中，既没有抛弃古典目录学，而是作历史的总结；也没有照搬西洋目录学，而是批评新目录学派效法西方之失。他将古典目录学与西洋目录学比较，认为中国古代目录学最大特点为重分类而轻编目，有解题而无引得。在此基础上提出现代目录学思想：提倡主题目录，反对十进分类；主张精撰解题，不赞成详列篇目；主张插架目录与寻书目录分开，前者依分类，后者依主题，使目录学成为人人所共知的最通俗的知识。这种思想与当时文化上保守与西化对抗联系起来，代表了进步的一面。

古典目录学在传统文化中重视文献积累，现代目录学在现代文化中则重视文献开发，通过揭示与报导文献信息，满足人们的信息与文献需求。特别是在新中国成立以后，以马克思主义为指导思想，建立目录学的新体系；目录学更强调科学系统地揭示文献，充分有效地报导文献，为社会主义物质文明和精神文明建设服务。在信息化社会，科学研究需求成为现代目录学发展的动力，新方法、新技术的引进带来目录学领域的革命，现代目录学与情报学紧密配合，在科学交流中发挥着重要的作用。

新文化孕育新目录学,新目录学需要新文化观。现代目录学继承和发展古典目录学优良传统,克服古典目录学的保守、封建思想,将目录学的重点从文献整理、为读书治学服务转向文献检索、为科研生产服务,使目录学从学术文化的目录学过渡到知识文献的目录学。

目录学发展的文化观

目录学的发展有内在的规律性和外在的条件,文化是一个重要的影响因素。

文化发生学上有一源说和多源说。唯物主义文化观从社会发展的历史出发,证明文化具有民族性。从我国目录学与外国目录学的比较看,民族和地区的差异使目录学具有鲜明的民族特征。中国目录学在"大一统"的文化影响下,阶段性不明显,缺乏创新精神。各时代的目录学都不脱离校雠,班固、郑樵、章学诚莫不推崇向、歆,重流略之学。而西方目录学在偏至、对立、明晰的文化中呈现出明显的阶段性:如中世纪宗教文化形成基督教目录学时代。在中国目录学中,虽然儒学占统治地位,但目录学家并不排斥道、佛图书,书目中有道、佛另列,从魏《汉录》开始有专门释道目录。此后,佛经目录、道经目录与经学目录共同发展,这种状况是儒、道、佛文化长期发展的结果。

我国多民族的特点形成多民族的文化。而民族文化的复杂性在目录学上表现为处理民族文献的不同方法。汉文献、蒙古文献、满族文献及其目录学得到长足的发展。随着各民族文化思想的交融,民族文化渗透到文献和目录学中,这就为今天的地区或民族目录学积累了物质基础。如关于藏族目录学的研究是藏族文化和目录学相结合的产物。

无论是国家文化还是民族文化都不是孤立地发展,必然要与其他民族文化发生联系。在中国历史上,中国文化有输出也有输入,外来文化对中国传统文化产生过两次重大影响。汉代后传入的印度佛教对中国社会的政治、经济、伦理、哲学、文学、艺术以及社会风俗的影响都极为深刻。对目录学的影响,主要表现在佛经的大量翻译、整理和传播。"民间佛经,多于六经数十百倍",直接产生了佛经目录学作为目录学的一大流派，也引起了人们对佛经著录的兴趣，佛经目录的不少方法如总经序等影响着其他类型的书目。据姚名达统计，历代佛经目录78种，但佛经在古代书目三体中并未占首要地位，这与中国文化对外来文化的吸收态度是相吻合的。明末清初传入的欧洲西学对中国文化也有过短时间的影响。利玛窦等约500名耶稣会传教士先后来华，不仅带来许多科学仪器和制品，而且在华著译出版了约120种科技著作，它改变了传统文献的类型与构成，成为我国新的书目文献源。直到清末形成译书事业，在西学输入中，翻译目录出现，如英国傅兰雅所著《译书事略》中三种目录(1878年)、梁启超在《西书提要》基础上编《西学书目表》(1896年)等等。这些目录中的文献及其分类在一定程度上改变了中国传统的"经、史、子、集"知识结构。

文化交流对目录学的影响主要表现于书目工作对象——图书文献的影响，而图书文献的发展又依赖于文字、造纸术和印刷术的发展。每一次技术革命，不仅给文化以深刻的影响，由此引起文献中知识、文字、记录材料、记录方式四个要素的变化；而且为目录学提供了变革的时机和条件，新的方法不断取代旧的方法。也正由于文化交流促使我国目录学不断借鉴外国的先进技术方法，如卡片目录、关键词索引和文摘技术，一方面改变了传统目录学的结构，另一方面又促进目录学的世界化和现代化。

文化是影响目录学的主要社会环境。因为中国文化直接与经济、政治相联系，从根本上说，时代与时代的区别在于社会经济与政治。这样，在目录学发展的文化观中还要注意经济、政治对目录学的影响。历代禁书与焚书虽是文化史上的现象，但总是政治斗争的结果，它对目录学的影响不仅仅在于图书"五厄论"、"十厄论"，影响书目收录文献的数量和范围；而且影响着书目的收录标准和评述标准。中国长期的封建政治、中央集权制导致馆藏书目的发展：招撰书目、政府组织、集中编目、御览钦定、寓禁于征等等。特别是目录学思想和目录学方法受到封建政治的束缚，书目提要大肆宣扬封建思想，为封建政治服务。

纵观中国古代目录学，民族特色也就是儒家哲学、封建政治及其学术文化的特色。社会心理与目录学家的思想、学术思想体系与目录学理论、文化成果与目录学著作、经济结构、社会制度与目录学方法等都发生着因果关系。既然目录学的社会环境以文化环境最为重要,那么,研究目录学史必须以文化史为依据。

过去研究目录学史,以姚名达整理最早、专论最深。他认为中国目录学史,时代之精神殆无特别之差异,深知中国目录学整体推进的特征。他不用断代法,并不是否定时代的意义。后人多用历史发展的顺序叙述目录学,分代不足以反映目录学的发展特征,只有分期才能展示目录学的阶段性。然而,迄今关于目录学史的分期众说不一。余嘉锡《目录学发微》将古典目录学分为三个阶段:周至三国、晋至隋、唐至清。汪国垣《目录学研究》分为唐以前、唐宋元明两个阶段。这两种划分都以唐为分界线,是因为《隋书经籍志》的地位。其实唐目录学承前启后更重,这两种划分比较简单,缺乏依据。所以王重民《普通目录学》根据目录学的重大著作,将古代目录学分为三个阶段:从远古到公元前 1 世纪末《七略》完成;从公元 1 世纪《七略》以后到第 7 世纪《隋书经籍志》;从第 7 世纪到 1840 年。吕绍虞《中国目录学史稿》对唐以后再做细分,划分四个阶段:殷商至汉、魏至隋末、唐至元末、明至鸦片战争。这两种划分较多地结合了历史的变化,且唐以前划分大致相仿。以上四家,余、汪氏分期后同前不同,而王、吕氏划分前同后不同。

我们认为,目录学的发展分期参考历史分期不如以文化史分期为根据更为科学。但是关于文化史的分期也很不统一,有三分、四分、五分甚至十分法,这些划分体现出一些重要文化特征:汉代是我国文化史上的第一里程碑,代表着儒学的统一,中国文化的定型;唐代文化是魏晋以来佛教发展的顶峰,代表着佛学时代;宋明文化儒佛混合、理学兴盛,是中国文化的强化期;清代文化,朴学发达,既是封建文化的总结,又是文化转型的开始。在我国文献学史上,目录学、版本学、校勘学同始于汉、兴于宋、而盛于清。就目录学而言,汉有向、歆与《别录》、《七略》,班固与《汉书艺文志》;宋有郑樵与《通志·校雠略》;清有《四库全书总目》、章学诚与《校雠通义》,都是中国目录学史上的大家与杰作。所以《目录学概论》和《古典目录学》二书把古典目录学分为春秋到汉、魏晋南北朝、隋唐五代、宋元、明清五个时期，是以文化史分期为依据的。

正像传统文化与现代文化的关系一样，目录学的文化观要求我们正确认识古典目录学与现代目录学的联系。几年来目录学领域中肯定和否定古典目录学的两种倾向，都根源于文化学界关于传统文化与现代文化的讨论。经过对传统文化的重新认识，从文化的角度看目录学要注意三个方面：首先，是如何对待传统目录学。按鲁迅对待文化遗产“占有、挑选”的态度，[10]对传统目录学要进行科学的认识，区分精华与糟粕；对古典目录学的全部肯定或彻底否定，以及目录学全盘西化的思想都是极端片面和错误的。其次，是现代目录学如何批判地继承古典目录学。现代目录学是古典目录学的延续，有相契合的一面，它已汲取了古典目录学中揭示文献的方法和专家编目的优良传统。但是现代目录学要发展，又有与传统观念、传统方法相冲突的一面，它必须靠近现代文化，靠近学科前沿，增强其生命力。再次，古典目录学在近代已经终结，而古典目录学研究还需要不断地发展，构成目录学史的组成部分。

目录学是关于文献的文化现象

目录学文化观的最高境界是对目录学本质的认识。透过古典目录学与现代目录学的两种文化观，特别是目录学嬗变中文化的作用，我们看到文化与目录学的外部联系。那么，这种联系有什么样的内在结构呢？

文化结构是对“文化”概念外延的认识，在物质的、制度的和心理的三个层面组成的文化结构中，文献属于前两个层次，从文献形式看属第一层面，但从文献内容看属第二层面。书目亦然，书目的形式是物质的，而书目的内容是制度的。实际上，书目是文献的一个特殊类型（二次文献），在形式上没有本质的区别，只是内容不同，文献的内容是知识，而书目的内容是关于知识的知识。从这个角度看，目录学主要是制度的文化现象，表现为目录学文化的一个层面“书目——文献——知识”。

金克木运用符号学原理解说文化，说“社会文化现象中可以把物、事、书三样当作指示意义的符号……。书中的文字是符号，文字连贯成语言仍是符号，语言所说的事件还是符号，因为其中意义都是不可直接见闻的，是借文字语言而传达的”。[11]按照这种观点，目录学研究的客体是文献符号，可作为文化的一种符号系统。

章学诚说过“《易》曰：形而上者谓之道，形而下者谓之器。道不离器，犹影不离形”。这一哲学思想产生了“六经皆史”“六经皆器”的新学术观点，深刻反映了学术思想（道）与文献（政典、掌故、器）的关系，“如旨酒之不离乎糟粕，嘉禾之不离乎粪土”。[12]用“道不离器”思想解释文化，可见物质与制度两个层面的辩证关系，也体现学术文化的地位。长期以来，我国目录学兼学术文化之史。白寿彝把古代学术史专著分为目录、传记、目录传记等混合三种形式。现代目录学虽不直接关系学术文化，但它以“器”传“道”，在文化结构中起着沟通的作用。因此，目录学是物质与制度相结合的文化，核心是符号和知识组成的书目信息系统。

社会心理是文化的实质性部分和最高层次。这一层次中的思维方式、价值观念、道德规范、宗教观念直接影响着目录学研究中的主体，并作用于客体。更重要的是由于群体是书目信息的潜在用户，他们的思维方式、价值观等社会现象无不影响着书目情报意识、需求与行为。我们既要从心理学角度研究目录学中群体行为的根源和变化及与具体时代社会心理的关系，如古代目录工作中的整体观念、重义轻利观念，目录学家的经学态度、保守封闭心理与古典目录学的方法陈旧，以及现代目录学中信息观念与用户需要层次、开放观念与书目情报服务等。从主体的心理角度看，目录学是间接的心理文化现象，形成目录学文化的另一个层面“书目情报服务——文献需求——知识需求”。

文化学中文化类型区别于不同社会群体或民族的文化。根据对文化结构的分析，目录学既是文化现象之一，不同民族的目录学应属于不同的文化类型。我国传统文化的类型主要是伦理政治型，所以传统目录学性质是政治文化的目录学。这种目录学表现的许多特征与中国文化的特征相关。如重道轻器的特征决定着目录学重提要、重类例、重小序，轻著录、轻“簿录”；经世致用的特征决定着目录学多实践、多书目，少理论；崇古重老的特征决定着目录学多继承、少创新，重古本、善本、孤本，轻新本。过去人们把“辨章学术、考镜源流”作为中国目录学的精神和优良传统，并未全面概括中国目录学。我们认为中国目录学的精神离不开中国文化的基本精神，特别是求是、务实的精神，无论是官藏、私藏与史学派、校勘派与版本派，还是理念派与考订派，都具有这一精神。从古代的“文献整理”到今天的“文献开发”，从古代的文化积累、辨章学术到今天的文化导读、科研指南，都是关于文献的文化现象。

总之，目录学文化研究关系到对古典目录学评价及其研究领域的深化，关系到现代目录学的开拓和发展方向，特别是关系到目录学存在的价值体系与本质的认识。通过以上的讨论，可以归纳以下的问题：

1. 文化是目录学研究的基础，从文化学的角度研究目录学，能够解释目录学领域中的矛盾现象，总结书目工作的运动规律。中国传统思维方式与目录学理论、儒道佛对中国目录学的影响、社会心理与书目信息需求是重要的研究课题。因此，要把文化学作为目录学研究的方法论。

2. 文化比较是目录学发展研究的手段。传统文化与现代文化的比较直接影响着古典目录学与现代目录学的比较，由此产生的两种目录学文化观揭示出目录学发展的整体化、阶段性规律，在此基础上进行中外目录学文化环境比较是总结世界目录学规律的依据。

3. 文化的发展战略是一项系统工程，目录学作为一种文化现象在这项工程中担负着整理和开发文献，进行书目信息交流的重要任务，是文献信息交流的中介。随着文化的现代化，现代目录学不断改革与创新，具有现代文化意识的目录学家运用科学的方法和现代化手段揭示报导文献信息，为现代化建设服务。书目工作的自动化、书目服务的信息化、目录学理论的系统化是目录学现代化的标志。在现代化的文化背景下，目录学理论和实践将全面地发展。

参考文献：

1,5　梁启超. 中国近三百年学术史. 中国书店,1985 年影印本:85,22

2　伯里. 热爱图书. 见:外国图书馆学名著选读. 北京:北京大学出版社,1988:214

3　谢拉. 图书馆学基本原理. 见:外国图书馆学名著选读. 北京:北京大学出版社,1988:302

4　范文澜. 中国通史简编. 修订本第二编. 人民出版社,1964 年第 4 版:126

6　鲁迅. 读书杂谈. 见:鲁迅全集. 第三卷. 人民文学出版社,1981:441

7　毋煚. 古今书录序. 见:旧唐书. 卷 46. 第六册. 北京:中华书局,1975:1965

8　张尔田. 校雠学纂微序. 见:张舜徽选编. 文献学论著辑要. 西安:陕西人民出版社,1985:21

9　来新夏. 古典目录学. 北京:中华书局,1991:301

10　鲁迅. 拿来主义. 见:鲁迅全集. 第 6 卷. 北京:人民文学出版社,1981:39

11　金克木. 文化的解说. 生活·读书·新知三联书店,1988:15

12　章学诚. 答客问中. 见:文史通义校注. 中华书局,1985:477

原载于《武汉大学学报(社会科学版)》,1993 年 2 期

略论目录学分支学科的建设

科学学认为,当代科学向微分化和积分化方向发展。作为科学的目录学,其微分化表现在目录学领域各个课题的深入发展,其积分化表现在目录学与其他学科的广泛渗透。目录学的这种微分化和积分化趋势促成目录学各分支学科的产生。

目录学的分支学科有三大类型:

其一是专科文献目录学,是研究某一学科文献及书目发展规律的分支学科,目的是更有效地、更有针对性地揭示报导和利用某学科的文献信息。专科文献目录学有两大分支:社会科学文献目录学包括马列著作目录学、哲学文献目录学、文学文献目录学、历史文献目录学、经济文献目录学等,其中的文学文献目录学和历史文献目录学早已成熟,有较高水平的专著和论文,如郑鹤声的《中国史部目录学》、陈秉才和王锦贵的《中国历史书籍目录学》、谢灼华的《中国文学目录学》,在图书馆学专业教育中这两门课程也独树一帜、日趋重视。自然科学文献目录学包括医学文献目录学、化学文献目录学、农学文献目录学等,其中医学文献目录学初具规模、有较多的研究。

其二是目录学与其他学科渗透交叉或应用形成的分支学科。传统的目录学与校雠学、版本学交叉形成校雠目录学和版本目录学,蒋伯潜的《校雠目录学纂要》是这方面重要的理论著作。现代目录学应用数学和统计学的方法产生了书目计量学,应用控制论的方法产生了书目控制论,应用比较的方法产生了比较目录学,这些交叉性分支学科和应用性分支学科是目录学现实的研究需要和历史的必然发展。

其三是目录学领域内容和方法的突破形成的分支学科。例如,文摘和索引是目录学的重要内容和方法,早在 20 世纪初,就有索引的专著出现,50 年代开始了对文摘的研究。此后,文摘和索引的研究在目录学研究中占有重要地位。80 年代人们提出索引学[1]和文摘学,这种从经验积累到理论总结到形成学科的过程符合科学的发展规律。

几年来对于分支学科的研究,人们的注意力从专科目录学转移到交叉应用性分支学科和内容方法突破性学科。其重要分支学科列举分析如下:

一、档案目录学

档案目录学起源于20 世纪30 年代。1936 年,在中国图书博物馆成立会上单士元宣读了《档案释名发凡》一文,提出建立档案目录学的设想。他认为:"我国图书目录之学渊源有自,而档案目录学则未之前闻。盖档案之名晚出,过去亦无有,如明清两代留下的上千万件的历史档案,则无档案目录学之科,亦自有故。近世已有大量档案,似应在目录学中列为一格。"但长期以来档案目录学只存其名,却无人研究,直到1984 年许瓔提出建立档案目录学,论证了建立档案目录学的必要性和可能性。

档案目录学是研究档案目录工作规律的学科。它研究档案目录学的基本理论,档案目录学与其他学科的关系,档案目录的编制和利用以及档案目录的发展过程等。其目的是解决档案文献增长和社会对档案文献需求之间的矛盾,通过科学地揭示档案,为党政机关、文史科技界有效地提供档案目录信息指导档案工作。

建立档案目录学,首先,必须以马列主义、毛泽东思想为指导原则,总结有中国特色的档案目录经验;其次,加强科技档案目录的研究;第三,运用电子计算机、光电缩微技术和其他现代化手段,取得档案目录方法技术的突破;第四,加强国家档案馆和地方机关历史档案馆、科技档案馆书目工作的统一管理,建立档案目录中心,促进档案目录的标准化和现代化。

二、书目计量学

书目计量学亦称统计目录学或文献计量学。1922 年英国普利查德提出“书目计量学”以代替“统计目录学”。1984 年《哈罗德图书馆员词汇》指出:“书目计量学是应用数学和统计方法研究图书和其他媒介之间以及图书馆系统间的作用。”西方学者普遍认为:书目计量学的研究范围包括两大课题:一是研究文献之间的关系即引文研究,二是研究对一篇文献的描述即描述研究。布拉福德分布、洛特卡分布以及齐普夫分布是书目计量学的基本定律。

自 1977 年马龙壁撰文介绍书目计量学后我国开始翻译西方书目计量学文献,总结欧美各国的研究状况。尼古拉斯和里奇的《文献与书目计量学》、希尔普的《书目计量学和引文分析概要》、奥康纳和夫斯的《经验定律、理论构成和书目计量学》等文献对我国的研究有很大影响,在介绍书目计量学定律的基础上,不少人运用这些定律,总结我国各科文献的老化、增长和分布规律以及各科引文的研究。1984 年邱均平编著了《文献计量学》教材,标志我国书目计量学研究进入新的阶段。值得注意的是当前书目计量学的研究应当以计算机为辅助手段,提高引文分析和描述研究的信度、效度,把研究成果运用于图书情报工作,使书目计量学理论和应用同步发展。

三、书目控制论

自 1949 年伊根和谢拉提出“书目控制论”后,经过唐斯、詹金斯、斯太尔斯、威尔逊等目录学家的努力,建立了书目控制的理论并开展了 UBC 和 NBC 的工作。出版了古德曼《图书馆资料书目控制》、戴芬森的《书目控制》等一批专著。80 年代初,国外书目控制论文献翻译介绍到中国来,有人称之为书目管理,也有人称之为文献控制。

所谓书目控制论,就是控制论运用于书目工作的一种理论和方法,目的是探讨书目工作规律,进行书目工作组织协调活动。目前,我国对书目控制还没有深入的研究,也缺乏书目工作的组织。我认为研究书目控制论,首先要加强书目控制论的理论研究,总结书目工作管理的规律;其次,要加强各类型出版物的控制研究,如政府出版物的书目控制;第三要加强国家书目的控制研究，建立我国书目控制的模式和体系，在此基础上进行国际书目控制的探讨。

四、比较目录学

30年代，程伯群把比较目录学作为比较图书馆学的一个组成部分。70年代末，伴随着比较图书馆学的兴盛，目录学界开始了比较目录学的研究。

比较目录学，就是比较不同国家和不同文化环境的目录学理论与实践，探讨目录学发展与交流影响规律的分支学科。目的是总结各国各地区目录学的异同点，为各国目录学实践提供经验与教训的借鉴。毫无疑问，加强比较目录学研究，对于发展我国目录学理论，借鉴外国的先进技术方法有着重要的现实意义。

进行比较目录学研究，第一，要加强比较目录学体系结构的建设。比较目录学有两种结构形式，一种是时空结构，分为纵向比较（历史的比较）和横向比较（地区的比较）；另一种是主题结构，可分为国家书目、专题书目、文学书目等的比较。目前的研究只是停留在定义、意义、研究方法少数问题的研究上面，还需要进行宏观的研究。第二，加强比较目录学的微观研究，前几年有人进行中、美、法、英诸国国家书目的比较是很有价值的，只是这方面的文章太少。因此，要广泛收集各国目录学资料，运用定性比较和定量比较的方法深入地进行各个课题比较。第三，要客观地分析比较各国目录学，加强中国与外国目录学的比较，使比较目录学为现代书目工作提供理论和方法的指导。

五、索引学

1984年3月朱杰人在《文汇报》发表《重视索引之学》。索引学的提出标志着我国索引的研究有新水平。早在30年代，一度形成过索引运动。钱亚新的《索引和索引法》、洪业的《引得说》是当时重要的理论著作。1983年出版的潘树广《古籍索引概论》是建国后重要的理论著作，理论和实践的深入研究促使索引学的诞生。

索引学以索引为研究对象，研究索引历史、类别、编制与利用诸方面的学科。索引学作为目录学的分支,能够探讨索引的工作规律,推动书目索引的发展。我认为,当前进行索引学的研究,最重要的是对索引工作经验的总结,建立索引学的理论,同时还要进行计算机自编索引的深入研究。

六、文摘学

我国对文摘的研究起步较晚,但发展很快。80 年代"文摘学"提出后引起一场争论,直到 1986 年,钱亚新发表《文摘学论要》,[2] 详细阐述文摘的意义、性能、发展、类型、编写刊物整理、检索、利用和未来诸方面,使文摘学真正建立起来。

作为目录学分支的文摘学,其内容应包括:(一)文摘学的定义、对象、任务和意义,文摘学的基本规律,文摘学与索引学及其他学科的关系,这些基本理论问题需要认真的探讨。(二)文摘的概念、要素、特点、作用和类型,文摘的编制方法和检索方法。例如,文摘定义说法不一,术语也不标准,有时指文献揭示方法,有时指检索工具,在计算机编制文摘方面,还需要进行机编摘要的自动化研究。(三)文摘工作的组织,对于文摘员、文摘编制规划的安排、文摘工作标准化、文摘刊物体系等方面都需要进行理论上的总结。(四)文摘工作的历史发展,要研究文摘发展各阶段的特点,总结产生发展规律,在此基础上进行文摘的未来预测。

以上是近年来颇受重视的目录学六大分支,此外,1984 年胡道静提出了广谱目录学,阐明了目录学与历史研究的关系,葛民提出了读者目录学,认为"读者目录学作为一门以读者为主要对象,专门向读者宣传和辅导目录知识的普及性学科,是目录学的一门分支学科。"1986 年钱振新提出文化目录学,认为文化目录学即是将目录学放在文化背景下,或文化系统中来重新确定其理论结构及相应的一系列问题。这些分支学科的提出表明:目录学研究已突破传统目录学的狭小范围,不断开拓新的领域,增添新的内容。但是,这些分支学科还不成熟,许多关键性问题有待解决。

关于目录学分支学科的建设,我认为要注意四个方面:

1. 掌握分支学科的建设条件,不能为标新立异,将一些名词贴上“学”的标签。如果没有独特的研究对象、研究内容;没有坚实的科学基础,那么就不能称之为学。对于那些不成熟的内容,可先作为课题研究,待时机成熟时再作分支学科。例如文化目录学可以作“文化与书目”专题开展研究。

2. 掌握分支学科的发展规律,不能限制新学科的发展,近几年“学”字泛滥,“鱼目混珠”,结果使许多人不敢提学,应当纠正这种偏激现象,提倡在全面深入研究的基础上大胆创新使分支学科合理地、稳步地发展。

3. 掌握分支学科的研究方法。研究分支学科,既要进行经验的归纳,也要进行理论模式的演绎,既要采用定性分析的方法,也要采用定量分析的方法。在研究中,要贯彻“百花齐放,百家争鸣”的方针,只有争鸣,才能推动分支学科从萌芽走向成熟。

4. 开展分支学科的总体研究。一方面,我们要对已有的学科分支进行总体研究,重视薄弱学科的研究,使各门分支学科平衡发展,例如专科文献目录学发展极不平衡,许多学科空白需要填补。另一方面,我们要进行分支学科的未来预测,重视即将出现的新学科,有组织有计划有步骤地开展研究。因此,要制定目录学分支学科的长远规划和近期规划,确定重点课题,组织专家研究。

目录学分支学科要运用目录学的一般理论和方法,贯彻目录学的指导原则。分支学科的发展将为目录学提供实践经验,丰富目录学理论,因此,希望目录学界关心重视分支学科的建设,为建立完善的目录学体系创造条件。

参考文献:

1　王宗义. 浅议目录学、索引学的发展趋向. 图书馆学通讯,1988(1)

2　钱亚新. 文摘学论要. 福建省图书馆学会通讯,1986(2)

原载于《河南图书馆学刊》,1988 年第 1 期

学术分类、图书分类与书目分类

分类是一种方法,将这种方法运用到某一领域、某一事物的研究中,就形成各种分类。如学术分类、图书分类、书目分类和其他具体事物的分类。分类是科学研究中最常用的一种方法。图书馆界把图书分类当作一门科学进行了大量的研究和探索,取得了理论和方法上的进展。但是,在一些教材和论文中,并未阐述学术分类、图书分类与书目分类的关系,相反,一些同志把书目分类看做是图书分类,混淆了图书馆学中的"分类"与目录学中的"分类"两个不同的概念,因而造成一些不恰当的提法,如称郑樵为图书分类学家,称《七略》、《通志·艺文略》为图书分类法等,这不是从实际出发,用科学的态度进行研究的。因而笔者针对这一是非问题,对学术分类、图书分类与书目分类的联系与区别,进行了研究和探讨,以引起目录学界、图书馆学界对书目分类的重视。

一、图书分类与书目分类

今天,一些人不是忽视书目分类,就是混淆书目分类和图书分类,这是不正确的。

何谓书目分类?书目分类就是根据书目中所收图书的内容和数量多寡,集中同类图书,合理地、适当地组成书目中的分类体系,这与书目类型的划分是不同的概念。由于书目分类对书目的依赖性,所以它与图书分类、学术分类都是有区别的。

为什么说书目分类不同于图书分类?这里以刘歆《七略》和郑樵《通志·艺文略》为例说明之。

《七略》是一部目录,而不是一个脱离具体图书的分类表。从《七略》的成书情况看:汉代经过汉初、武帝、成帝三次大的求书活动，集中了当时各种书籍，但经过秦焚书以后，图书散亡不计其数，就是再三收集也不可能把民间书籍收集完整，因而《七略》中所收的书不可能也没有包括当时所有的图书，《七略》中分类也就受到收书的限制。在整理图书之初，刘向、任宏、尹咸、李柱国等进行了分工，刘向成《别录》并未分类，直到刘歆将《别录》的内容分类编排，才有六类三十八种详细分类表。《七略》是先将图书辄为一录，然后设置分类表；而图书分类，往往是先编制分类表，而后区分图书。从《七略》分类内容看，《七略》六类是受到所收书的多寡的限制，分为：辑略、六艺略、诸子略、诗赋略、兵书略、数术略、方技略。当时未收图书也就不属于它的分类之下，而图书分类则不受书目收书限制，图书分类适用于区分一切图书。

不可否认，《七略》分类在历史上的地位及对后来图书分类的影响，《七略》分类法出现不是偶然的，它是在以前学术分类、图书分类思想影响下创立的。《七略》中的六艺略，可以说是孔子的“六艺”为基本的。然而，《七略》分类终究是书目分类，把它说成是我国第一部图书分类法，[1]无非是要说明中国图书分类历史悠久。比西方的《万象图书分类法》要早得多。不过，也有同志认识到，严格说来，《七略》并不能称之为真正的分类法。中国的图书分类法直到近现代才盛行。

郑樵是宋代著名的历史学家、目录学家，他的《通志·艺文略》是一部通志目录，记百代之有无。他将所收图书分为十二类、百家、四百二十二种。有人因此说《艺文略》是图书分类，封郑樵为图书分类学家，却不知郑樵的分类也是受到所收图书的限制的。郑樵一反《七略》四部法之常规，独创十二分法，反映了他的批判精神。他指的类例，不是指的一般图书分类，而是指书目分类。宋代藏书盛行，且多用四分法，由于当时的书目分类多是根据藏书分类而来，使书目分类与图书分类基本一致，只是当时藏书的排列划分详细得多。实际上，郑樵的书目分类不是根据藏书，他的十二分法只能适用于他的书目，用它来区分当时图书是不适用的。

中国的图书分类在孔子时早有萌芽，自《七略》的书目分类产生以后，经过历代的沿袭和变革，书目分类获得了发展，而图书分类却很少有进展，没有一部图书分类法出现。而在西方，1545年康拉德·格斯纳《万象图书分类法》堪称世界第一部图书分类法。其后，独立的分类表踊跃出现，如 Edward 分类法、Sonnenschein 分类法等。我们应当承认，中国古代的图书分类比西方落后，但书目分类却走在西方的前面。

中国的书目分类从六分法到四分法的发展，之所以出现众多的书目分类法，主要是由于书目的需要，古代书目有官家书目、私家书目、史家书目、金石目录、宗教目录多种。各种目录有着自己的收书范围。其收书内容各异，不可能用统一的分类法去分类，只能是根据各个书目的需要分类，如宗教目录分类就必须根据所收宗教图书的特点编制。有些书目收宗教图书，必设相关之类，如《七录》另附有道、佛二录；而有些书目却不收宗教书，书目中就不设宗教类。这就明显地表现了与图书分类的区别。图书分类必须是有是一书，设是一类。我国的历代藏书机构都是注重编目的，每次大的整理图书，必须有目录，除极少数按千字文编排外，均是分类编排。古代对藏书在架上排列不大重视，就是分类也只是粗略划分。

与中国不同，西方较早地进入资本主义，图书馆也从封闭式迅速转向开放式而为大众服务。为了适应图书馆分书的需要，产生了不少图书分类法，而中国长期处于封建社会，藏书楼重“藏”而不重“用”，没有按类索书的强烈要求，藏书家凭着对馆藏的熟悉取书。所以，图书分类被书目分类所取代。直到近代图书馆的兴起，四库分类法不能适应时代的需要，杜威的十进分类法被介绍到中国后，仿杜、改杜者有三十种之多，自此，中国才有了真正的图书分类法，而书目分类却仍然沿着自己的道路前进，《四库全书总目》集古代书目分类之大成，其后由于书目内容的改变，出现了“经、史、子、集、丛”五部分类，《西学书目表》和《日本书目志》在书目分类上有了新的突破。1904年出版的《古越藏书楼书目》开创了我国近代图书馆目录分类的先例。可以说，到了近代才扭转古代偏重书目分类的局面，使图书分类与书目分类得到了平衡发展。

西方偏重于图书分类，书目分类得不到重视。早在公元2世纪克劳德·加伦(Claude Galen)《个人著述目录》是按主题顺序编制的,[2]这是书目分类的先导。其后,直接用分类编排的极少。16世纪的《法国文库》虽按教名字顺排列,但文后附有分类索引和姓名字顺索引,《英国印刷图书目录》分为三部分:神学、精密科学和音乐[3],1935年美国布里斯出版了《书目用图书分类法》,试图既适应图书排架的需要,又供标题目录、联合目录及其他特种书目使用。当然,把书目分类和图书分类统一起来分类是困难的,但是,书目分类必须与图书分类一样,受到应有的重视。

图书分类和书目分类在分类发展史上就表现了区别,只是由于人们的错误认识,才使二者混淆起来。实际上,图书分类与书目分类既相互联系又相互区别。

图书分类与书目分类的联系表现在:图书分类和书目分类都是以书作为分类对象的,其分类都是以图书的学科属性为根据,是各门知识的体现,分类时都必须照顾图书的特点。

图书分类与书目分类的区别表现在:

(1)分类对象虽都是书,但图书分类所分的图书是指所有的图书,不受时间限制,而书目分类所分的图书是指书目中所收的图书,受到书目内容范围的限制,这是区别的根本点。

(2)书目分类必须依赖于具体书目,不同书目有着自己的分类体系,没有书目,书目分类就得不到应用,而图书分类有着独立的分类表系统,它适用于对任何图书的分类。

(3)图书分类反映在藏书排架和藏书目录上,而书目分类不仅仅限于图书馆目录分类,还反映在各种专科目录、特种图书目录上。

(4)图书分类是图书馆学的研究内容,而书目分类则是目录学不可缺少的组成部分。

(5)图书分类以图书内容为主要标准,还采用一些辅助标准,设置地区、时代等辅助表,而书目分类则没有辅助表,只有主表和书目后附的索引。

(6)图书分类力求详尽、完善,而书目分类类目较粗,类目设置灵活性大。图书分类法有着稳定性,类目较固定,而书目分类则可以随时修改增加新类目。

(7)图书分类离不开分类号,而书目分类可用分类号,也可以不用分类号,直接用类名表示。

(8)图书分类可以设置空类目,考虑到未来图书的发展,而书目分类则不设空类目,据现有图书设类。

二、学术分类与书目分类

中国的学术最讲渊源流别,各时代都有自己的学术体系。《宋元学案》、《明儒学案》、《清儒学案》,就是学术分类的典范。我国古代的学术分类思想,不仅影响到图书分类,也影响到书目分类。

我国的目录学以"辨章学术、考镜源流"为主体,反映在书目分类上,强调"类例"。由此起到学术史的作用,因此使得书目分类与学术分类极为密切。汉代《七略》是当时学术思想的体现,它的分类被班固运用到《汉书·艺文志》中。魏晋时佛教盛行,在书目分类中就有反映,史学扩大,书目中史书独立一类为史部。四部法的发展,一直与封建社会的学术思想相吻合,当时的书目编制都是以各时代的学术分类为基础的,学术发展了,书目分类也随着发展。所以说,书目分类以学术分类为基础。

书目分类与学术分类有着密切的联系,但两者是有区别的:

其一,从对象看,学术分类的对象是人类社会的知识,而书目分类的对象则是书目中的图书。

其二,学术分类揭示物质运动的固有形式和次序,而书目分类则是为了把书目中的图书组织起来,以便检索利用。

其三,学术分类的内容是纯粹的知识内容,而书目分类必须照顾到书目中图书的特点,书目中未收某类图书,就不设某类。另外,书目分类还要按书目中所收图书的多寡来安排类目,以突出某类图书,因此类目灵活性大。

其四,学术分类能够反映学科之间纵横交错的关系,而书目分类则是单线排列,只能反映学科的隶属关系、相关关系,而不能全面反映学科的分化交叉。学术分类说明学科之间固有的内在联系,而书目分类只能是人为的图书之间的联系。

现代科学的发展日新月异,边缘学科、交叉学科、横断学科不

断出现,传统的分类方法已经受到了阻碍,那么,书目分类如何适应科学发展的需要呢?我认为有如下几点值得注意:

(1)书目分类不能脱离学术分类,新的学科出现了,在书目中对这类图书应该独立成类,不能把书目中的新学科图书依附于某一类中,《全国新书目》在各期中能够及时设新类,反映新书,大多数书目索引的分类都注意到增删类目。我们应该发挥书目分类灵活设置类目的优点,及时地反映新学科图书,不能过分地强调书目中各类图书的比例。

(2)应该编制供各种书目选择的书目分类表,这种分类表不能被分类号码所限制和固定下来,它必须是灵活的各个类目的有机排列,可以临时调动和增加类目。有反映新学科的余地,编制分类表可以多样化,如编制供专科目录使用的各种专科分类表,供综合性目录使用的综合分类表,供古籍目录、期刊目录、报纸目录、丛书目录、方志目录、少儿读物目录、乐谱目录、盲文图书目录、磁带目录使用的各个专门分类表。这样,就可以加快编制分类目录的速度,提高分类目录的质量。

(3)应该开展对书目分类的研究,我国研究古代书目分类的著作、论文不少,对一些重要书目的分类方法作过评价,对古代书目分类的发展阶段也作过描述。然而,今天却少有人重视书目分类,认为一些书目的分类都是临时组合罢了。我认为,应该对书目分类进行全面的研究,不仅仅是书目分类史,更重要的是书目分类如何适应现代科学、现代图书的发展,如何适应书目工作的需要,这是迫切需要解决的问题。

综上所述,书目分类与学术分类、图书分类是相互联系的,同源于古代的分类思想,在分类的本质上是一致的,都是将各种事物分别同异,表现事物(学术、图书)之间应有的联系与区别。学术分类、图书分类是书目分类的基础,但是,书目分类与学术分类,与图书分类都是有区别的,书目分类有着自己本身的分类对象和分类特点,只有掌握书目分类与学术分类、图书分类的关系,才能认识到研究书目分类的必要性,并完善今天的书目分类。

参考文献:

1 白国应.刘向、刘歆与我国第一部图书分类法——《七略》.山西图书馆

学刊,1982(3)

2 武汉大学,北京大学《目录学概论》编写组. 目录学概论. 北京:中华书局,1982:90

3 路易丝·诺埃尔·马尔克雷著;肖东发译. 十六世纪目录学. 吉林省图书馆学会会刊,1981(2,3)

原载于《图书馆工作与研究》,1984 年第 1 期

关于历史文献目录学的研究

历史文献目录学是研究历史书籍及其目录产生与发展规律的一门专科目录学，目的在于揭示历史书籍及其目录历史发展概貌，力求“辨章学术，考镜源流”，为读史书治史学示门径。

一、关于我国历史文献目录学的发展与研究

历史文献目录学，旧称史部目录学。1928 年郑鹤声先生在南京中央大学讲授《中国史部目录学》，其讲稿于 1933 年出版，这是我国研究历史文献目录的第一部系统著作。郑鹤声先生在书中说“目录学者，读书之门径，而史部目录学，则又读史之门径也”。阐述了史部目录作用，书中对于史书与史目及其分类的发展阐述十分详尽。五四以后，我国高等学校历史系，相当普遍地开设了史部目录学这门课程，内容讲的是史书的分类和著作的介绍。新中国成立后，有不少大学曾开设过“史料学”、“史籍介绍”等课程，向学生介绍目录学等方面的知识。如著名教育家、史学家郑天挺在 50 年代中期开设“史料学”课程，系统讲授古文字学、目录学、版本学等十几种辅助学科的基本内容。陈垣先生曾讲授过《书目答问》和《中国佛教史料概论》。1963 年，柴德赓曾给北大历史系开出《史料与史学》一课，并提出为了掌握历史文献，“应该设置一些专门学科，像史料学、史学史、目录学这一类功课”。目前，有许多学校对于史籍举要这门课极为重视，这方面书籍有张舜徽《中国古代史籍举要》、《中国历史要籍介绍及选读》（高振铎、张家瑶主编），班书阁的《中国历史要籍介绍及选读》等。

除历史系开设目录学、史籍介绍课程外，北京大学图书馆学系开设了《中国历史书籍目录学》课程，不仅系统地介绍了历史书籍与目录的内容，而且总结了历史书籍与目录产生与发展的规

律。1956年11月王重民教授编《历史书籍目录学》讲授提纲，1980年陈秉才等编写了《中国历史书籍目录学讲义》（初稿〉和《中国历史书籍目录学参考资料》。

近年来对于历史文献目录学的研究主要在于对历史书目的评述，如卢中岳《简评近年来出版的三部史学目录》；对史部分类发展的探索，如黄志平的《试论史部在目录学的形成和发展》；以及对历史文献目录学的理论探讨，如陈慧杰《历史文献目录学的对象、内容及其任务》，但仅这三方面的文章也寥寥无几。

当前，如何开展历史文献目录学的研究，我认为应该注意以下方面：

1. 历史文献目录学研究与教学的目的在于运用这方面知识。应该把理论与实践结合起来，在理论指导下，有计划、有重点地编辑历史文献目录，建立合理的历史文献目录检索体系。目前历史书目的编制散乱，没有协调与合作，也没有注意轻重缓急，因此造成重复、遗漏现象很多，不利于历史研究。如果将图书馆、历史研究单位和个人组织起来，分工合作，有计划地编制目录，并设训练班讲授这方面的知识，会大大地推动历史文献目录工作，同时，也可以在实践中不断总结经验，探索出新的编排检索方法与分类体系。

2. 目前的历史文献目录学介绍的多，探讨的少；研究古代的多，研究现代的少；研究具体实际问题的少。如对于史籍分类，往往是局限于古代史部的形成与发展，而不是发现和解决当前史部分类工作中出现的矛盾。我认为应该为各种类型的书目索引编制史书分类表，开展对历史书目检索体系的探讨，达到“广、快、精、准”检索的目的。

3. 历史文献目录学不是孤立的一门学科，因此，我们也不能孤立地去研究它，而必须把它与具体有关学科结合起来进行研究，从而丰富历史文献目录学的内容，使之真正成为历史研究的辅助工具。

二、关于历史文献学与历史文献目录学

历史文献学是一门新兴学科，是近年来史学界白寿彝等同志

倡导的。1981年《史学史研究》发表了白寿彝同志的《谈历史文献学》,为历史文献学的建立奠定了基础。历史文献学是什么?白寿彝说:"历史文献学是指关于历史文献的专业知识和研究历史文献的方法。"研究历史必须研究历史文献,要研究文献,就要建立历史文献学这门科学,其目的在于帮助我们搜集、分析并正确地运用历史文献,使历史工作在文献方面具有良好的条件。

那么历史文献学与历史文献目录学的关系是怎样的呢?白寿彝同志在《谈历史文献学》一文中说历史文献"可以包含这样的几个内容:一、目录学、二、版本学、三、校勘学、四、辑佚学、五、辨伪学,另外,还包括有古汉语、古民族语文、甲骨文字、金石文字、年代学、历史地理学等等"。这里说的目录学,实际上指的是历史文献目录学,他说"目录学是掌握历史文献的入门学问"。"一个研究工作者,必须懂得他这一门学科的目录学,一个历史工作者必须懂得史籍的目录学"。后来白寿彝主编的《史学概论》,把历史文献目录学作为历史文献学的组成部分,从而确定了历史文献目录学在史学中的地位。

我们知道,任何一门专科目录学都是目录学和其他具体科学相结合的产物。历史文献目录学就是目录学和历史学相结合的产物。过去,我们研究历史文献目录学,把它作为目录学的组成部分研究,而忽视了另一方面,即它是不能脱离历史学的,它是历史学的组成部分,研究它的最终目的不是编制书目,而是为史学服务。脱离这一目的去研究历史文献目录学,就等于失去了方向。在历史学中,与目录学紧密相关的有史学史、史料学等,但它们之间是有区别的,自从历史文献学创立以来,历史文献目录学才找到自己真正的归宿。

明确这一点,我们的研究应该使历史文献目录学既符合目录学的要求,又适应历史文献学的需要。这种结合,可以从以下几方面考虑:

1. 历史文献目录学的对象是历史文献。对于文献,可以从文献的各个角度来进行研究。版本学是从文献的印刷流传形式进行研究的,校勘学是从文字语言角度研究文献的,而历史文献目录学则是关于历史文献内容和形式的综合描述,这种描述的成果就是历史书目。因此我们要研究这种描述的过程与成果，总结规律，提供关于文献的目录学知识。历史文献学的目的是为史学服务，历史文献目录学也离不开这一目的，它的研究是通过提供文献资料达到这一目的的。

2. 研究历史文献有许多学科，历史文献目录学可以借鉴其他学科的成果。目录学和版本学在历史上就有着亲密的联系，版本学包含刻书的历史、版本流传、版本鉴定、刻书家的历史等等。今天，要提高历史书目的质量，就要利用版本研究的成果，否则历史书目仅仅是记录，而没有提供版本优劣，去伪存真。历史文献目录学与校勘学也有密切联系，校勘需要目录学知识，校勘的成果又为目录学提供了新的内容。因此，利用版本学、校勘学的成果，为史学界提供高质量的书目，是历史文献目录学的重要任务。

三、关于中外历史文献目录学的比较研究

历史文献目录学的研究要取得突破，关键在于方法的更新。而比较的方法，则是帮助我们分析异同，取长补短，借鉴外国先进经验的一种实用的方法。用比较的方法去研究历史文献目录学，会使历史文献目录学开辟出新天地。

早在30年代，郑鹤声就约略谈到西书分类情况，他在《中国史部目录学》自序中说："本书以中国为主，而兼采西说，以资参证。"今天，比较目录学的研究才刚刚开始，而对于历史文献目录学等专科目录学的比较还无人涉足。

在西方，早在16世纪就有宗教、法学等学科的目录，这些目录都是从历史的角度编制的。目录学在当时的发展归功于历史学家和文学家们的努力，但是这时期很少有专门的历史书目。而我国早在三国时就有裴松之的《史目》，其后，唐代有杨松珍的《史目》，宋有商仲茂的《十三代史目》，杜镐的《唐五代史目》、高似孙的《史略》，可见我国历史文献目录学历史要比西方悠久得多。

法国目录学家路易丝·诺埃尔·马莱克雷曾称17世纪目录学为历史学家时代。确实这时期有众多的史学家从事书目工作，编制出许多有价值的书目，如《高卢和法兰克历史学家文集》。

17 世纪的历史学者注重研究版本和宗教史、文学史。法兰西王国地理学家和历史学家安德烈·迪歇纳(1584—1640)是法国著名的目录学家,他编辑了《法兰西史学著作家》和《法国历史和地形学著作家目录——年代顺序和内容顺序》等书目。宗教历史学家威廉·凯夫 1688 年出版了《基督教历史文献》,此后又出数版,影响很大。17 世纪以后,历史书目仍不断增加。在这些书目中有关一个国家历史的书目,如《英国史书目》、《德国史资料》(F. C. Dahlmann 和 G. Waits 合编),有关某一历史时期的书目,如 1951 年出版的由 S. Pargellis 和 D. T. Medley 合编的关于 18 世纪史(1714—1789)的书目;有关历史事件的,如 P. Caron 编的《法国革命研究实用手册》,还有关于其他学科历史,关于个人研究的书目。

在西方编制历史书目有一个特点,就是书目作者多是历史方面的专家,书目是他们研究的结晶。他们十分重视历史书目在研究中的作用。历史学家夏尔·维克托·朗格卢瓦(1863—1929)1904 年就说"我们怎样才能使这些遗产被每个渴望分享它的人尽可能地完全而又容易地享用呢?这就是目录学所要解决的最基本的问题"。在中国,历史学家编制书目并不少见,清代章学诚曾著有《史籍考》一书,近现代谢国桢的《晚明史籍考》、朱希祖的《西夏史籍考》也都是著名书目。从中西历史书目的发展中可见,专家编制书目是一个共同特点。

历史的发展具有惊人的相似之处,事物之间总是在互相联系、互相影响着。中外历史目录学在各自的发展过程中,有着各自的特点,对它们进行比较,不仅知己知彼,而且便于总结规律,吸取经验。

我认为,进行历史文献目录学的研究可以从下列几个方面进行。

1. 历史文献发展与研究比较。历史文献能够反映历史科学的发展水平,比较中应注意,各国的历史文献发展与各国文化特别是与历史学研究密切相关。各国有着自己的历史文献发展特点。

2. 历史书目发展史比较。比较时应注意比较同时代各国历史书目的发展水平,总结成功的经验与落后的原因。

3. 历史书目编排方法比较。比较历史书目的分类,应该注意进行类目的比较,类名含义、范畴的分析。我国的历史书目以分类方法为多,而西方历史书目编制方法多种多样,随着计算机在书目编制中的应用,书目编制有了进展。总结国外历史文献存贮与检索的特点,对于提高我国历史书目编制速度,提高检索效率有重大作用,这是我们比较研究的重点。

比较是一种方法,目的是为我国所用,推动历史文献书目编制与研究工作的发展。

参考文献:

1 郑鹤声. 中国史部目录学. 商务印书馆,1933

2 白寿彝. 谈历史文献学. 史学史研究,1981(2)

3 白寿彝. 历史教育和史学遗产. 郑州:河南人民出版社,1983

4 白寿彝. 史学概论. 银川:宁夏人民出版社,1983

5 陈慧杰. 历史文献目录学的对象、内容及其任务. 吉林省图书馆学会会刊,1981(2)

原载于《图书馆学研究》,1985 年第 1 期

论地方文献书目

我国有丰富的地方文献。地方文献书目是揭示、报导地方文献的重要工具。研究地方文献书目的理论与实践问题，对于开展地方文献工作，为社会服务有着重要的意义。

地方文献是一种文化资源。它有两个本质特征：即地区性和资料性。地区性是指地方文献以一个地区为记述范围且反映该地特色；资料性是指地方文献内容广泛而丰富。除这两个本质特征外，还具有时代性、多样性等非本质特征。地方文献的地区性、资料性两个特征反映了地方文献的范围和内容价值，从而揭示了地方文献的内涵。地方志是地方文献的一种，从名称上看，方志体现了文献的含义；从内容上看，方志具有地方文献的本质特征。

地方文献的划分是地方文献概念的外延。我认为：杜氏三分法、于氏三分法、任氏三分法及王氏七分法各有其不足，而且，按内容划分地方文献不应作为其划分的主要标准，而应以形式划分为主要标准。按形式划分，可按著述形式和载体形式分；按内容划分，则可以按文献主题和学科内容分。还可以按编纂程度分为四个层次；第一层是原始文献，第二层是既有原始内容又有加工的文献，第三层是原始文献的加工，第四层是原始文献的二次加工。地方文献书目属第三、四层次。

考察地方文献书目，它必须具有三个要素：地方文献、编制方法、工具。根据这三个要素可以确定地方文献书目的含义：它是揭示有关一地方自然和社会各方面情况的文献，并按一定的方法编排起来的一种工具。划分地方文献书目，按地方文献、著述形式可分为二类：一类是包括多种著述形式的地方文献，另一类是只包括一种著述形式的地方文献书目，有地方志目录、家谱目录、地图目录、论著目录、年谱目录、资料汇编目录等等。按地方文献出版形式可分为:图书目录、报刊目录、图片目录、缩微目录等。按地方文献内容可分为地方文献综合目录、地方文献专题目录。按地方文献揭示程度可分为地方文献简目、地方文献考录。而地方著述书目、地方出版物目录与地方文献书目则是相互交叉的关系。

地方文献书目在各类型书目中占有重要地位。其一,它是一种复杂的书目类型;其二,它具有独特的功用;其三,它是书目控制的基础。同时,由于它所收内容涉及各学科知识,对科学研究具有重要作用。在图书馆工作中,无论是藏书建设,还是为读者提供服务,地方文献书目都是必不可少的工具。

我国对地方文献的集中记载有两大途径:一是附载于各书目中,二是专门的地方文献书目。众多的地方文献是地方文献书目产生的基本条件,利用者对地方文献的需求是地方文献书目产生的主要原因。我国地方文献书目在南北朝时就出现了,此后,方志艺文志有所发展。明代出现了专记一方著作的书目,至清代大盛,除方志艺文志外,出现了郡邑丛书目录、方志专科目录,孙诒让的《温州经籍志》是清地方文献书目的典范。至民国时期,各地建立起通志馆,设立地方文献征集处,建立地方文献学会,图书馆收地方文献,举办地方文献展览。这一时期,地方文献的搜集整理有巨大成绩,地方文献书目也因此得到发展,新的书目种类不断出现,方志目录出现了繁荣的景象。据四库全书编制本地乡贤书目成一时风气,四库分类成为这一时期地方文献书目编排的主要依据。新中国成立前,地方文献书目类型初具规模、地方著述书目包括方志艺文志、乡贤书目,地方文征是其主体,方志目录是后起的一大支流。

建国以后,由于修志工作的普遍展开,形成了地方文献书目发展的两次高潮。1949—1965 年,地方文献书目改变过去乡贤著述书目为主体的现象,成为真正揭示地方文献内容的工具。党的十一届三中全会以后,地方文献书目工作得以迅速发展。总的来看,地方文献书目的发展反映在:各地集中力量编制地方文献书目,大型联合目录不断出现,为配合地方文献展览编制地方文献书目,大量编制地方报刊索引;各地图书馆通过编制地方文献卡片目录揭示馆藏,地方文献书目编制方法不断完善,方志目录处于修订总结阶段。但也存在一些问题,如:书目的编制缺乏组织管理,地方文献书目未能向深度、广度发展,书目与实际需要的差距还较大,没有地方文献呈缴制度作为编制书目的保障等。

从地方文献书目的产生与发展看,它不仅与政治有关,而且也与经济文化的发展相适应,其发展的重要原因在于地方文献本身的发展,其揭示与报导方法则是其发展的最根本原因。

地方文献书目是揭示地方文献的主要手段。只有提高编制质量,才能充分发挥地方文献书目的作用。因此,编制方法是地方文献书目中最主要的问题。

地方文献书目,以收录原则、收录范围方面存在着理论与实际的差异。我认为收录原则是由地方文献特征决定的。地方文献书目收录文献的总原则是:收录反映本地特色的关于某一主题内容的具有历史、科学、艺术价值的地方文献。具体地说:收录原则有三:其一,根据书目的主题内容收录文献;其二,根据书目的类型收录文献;其三,根据书目的读者对象收录文献。根据这三条原则可以确定收录范围。要处理好地方文献与学科文献的关系,着重收地方性强的学科文献;处理好地方文献与民族文献的关系,着重收反映本地民族生活、民族交往等方面的文献;处理好地方文献与地方人士著作、地方出版物的关系,只收地方人士著作、地方出版物中有关本地内容的文献。对于地方戏剧文献,只能收与本地有关的部分。收录时应注意确定地区范围,掌握行政区划的变化和地名的变化。方志的收录问题是一个特色,要掌握确定方志的条件,区别方志种类与方志目录的范围,区别方志与方志资料。

在揭示方法方面,各类型地方文献有着各自的特点,书目著录必须全面准确地揭示其特征。要处理好地方文献著录的统一标准与各类型文献著录不同的矛盾。同一类型书目在著录项目、顺序上应保持一致。要处理好顺序式著录与表格式著录的矛盾,处理好简化著录的问题,处理好文献出处的问题,要大量采用分析著录,灵活地使用注释,提高撰写提要的水平。

在地方文献书目组织、编排方面,正确对待地方文献分类与地方文献书目分类的区别,编制供各类型地方文献书目选择的地方文献书目分类表,以地区、分类、年代三种方法作为其排列主线,为补充这三种方法的不足,还可编制辅助索引,提高检索效率。

针对我国地方文献书目存在的问题,应从四个方面去解决:第一,制订与实施地方文献呈缴制,用法律的形式保证编制地方文献书目有充分的资料来源。第二,制订与实施地方文献书目工作的统一规划,组织全国地方文献书目指导小组。第三,建立地方文献书目中心。第四,完善地方文献检索体系。

随着计算机编目的发展,地方文献书目必然从卡片式、书本式向计算机编目迈进,和国家书目同步发展。

未来的地方文献书目仍然是揭示报导地方文献书目情报,控制地方文献的工具。

原载于《图书情报知识》,1987年第2期

论方志艺文志

方志，是一个地区信息之总序，涉及一地人、事、物，无所不包。顾颉刚曾说："夫以方志保存史料之繁富：纪地理，则有沿革疆域，面积分野；纪政治，则有建置、职官、兵备、大事记；纪经济，则有户口、田赋、物产、关税；纪社会，则有风俗、方言、寺观、祥异；纪文献，则有人物、艺文、金石、古迹。"[1]可见，艺文志是方志中的重要内容，分析方志艺文志产生、发展及其作用，对于整理地方志是有着重要意义的。

一

方志艺文志，又称方志经籍志，也称方志文章志，旨在专记一地图书文献，是方志中的重要组成部分。

我国早期的方志，是以记地理为主的，多称为"地记"、"图经"。其间有一些人物的记载，如《越绝书》、《吴越春秋》、《华阳国志》记载了许多人物事迹，秦汉郡书实是一方人物志。但是早期方志对于艺文记载甚少，只能在人物之中，略记其著述，如《华阳国志》卷十一后贤志·陈寿传载：汉郑廑、赵谦、祝龟、王商等亦先后撰有《巴蜀耆旧传》。

早在北齐、北周时期，宋孝王《关东风俗传》有《坟籍志》，"其所录皆邺下文儒之士，雠校之司，所列书名，唯取当时撰者。"[2]这是方志艺文志产生的雏形。但此后方志中艺文未受到重视。

朱士嘉先生说："宋以前的地方志跳不出地理书范畴，到了宋代始由'地理'扩充到人文历史方面，人物志和艺文志在地方志中开始占有重要的地位。"北宋初年成书的《太平寰宇记》，详记艺文，开方志艺文志先例。王葆心说："《太平寰宇记》增以人物，又偶及艺文，于是为州县志书之滥觞。"[3]

乃至南宋,方志多记艺文。乾道《四明图经》十二卷,卷八至十一曰诗文;周应合的《景定建康志》五十卷,卷三十三至三十六为“文籍志”,著录“书籍、书版、石刻”、“诸论”、“奏议”、“露布、表状”、“诗赋、乐府”;《新安志》有诗话、进士题名等目;高似孙《剡录》卷五“书、文”收录阮裕、王羲之、谢灵运等十四人的著述及阮、王、谢王氏家谱之名目共四十二种,并各列其卷数;《云间志》分三卷,第三卷设赋、诗、墓志、记、序、说、铭、箴、祭文九类,以存艺文。可见此时方志艺文志已初具规模。

方志艺文志导源于南北朝,产生于宋代,主要有两个原因:

1. 地方文献不断增长,记载地方文献成为方志的任务。在方志产生的初期,地方文献较少,只在人物中附记一些。随着著述的增多,将地方文献散见于各志中,不能体现一地的著述成就,也不便于查找。方志既是一地全书,必要著记文献。

2. 方志中设艺文志是受正史的影响。宋代以前,方志多仿地理书,宋代方志开始了大的变革,详及人物、史事、艺文等,较接近于史书。南宋《景定建康志》就是仿纪传体史书的。正史中自《汉书》设艺文志始,各代史书多设艺文志或经籍志。不难看出,方志艺文志是仿史书艺文志而设的。所以,《四库全书总目》评论《太平寰宇记》说:“其书采摭繁富,惟取赅博,于列朝人物、艺文者,其体皆始于史。”

二

方志设艺文志,是方志走向定型的因素之一。元明时期,方志艺文志有所发展。元《延祐志》二十卷,卷十九为集古考上(文),卷二十为集古考下(诗)。清人周中孚评说:“延祐《四明志》,原书凡二十卷,今自卷九至十一久佚,故止有十七卷,…其所谓集古考者,即艺文考。”[4]元至正《四明续志》亦仿其例,设“集古”。明代永乐朝曾两次颁降修志条例,明定志书二十一类,其中就有“诗文”一类。永乐时《交陟总志》三卷设艺文类,就是根据永乐十六年(1418 年)所颁修志凡例设立的。它如明马理等《陕西通志经籍志》、薛应旗等《浙江通志艺文志》、嘉靖《仁和县志》、天启《吴兴备志》、万历《孝丰县志》、崇祯《长兴县志》都设有记艺文之志。于是，艺文志开始在方志中占有重要地位，据张常《万历续修天津三卫志跋》，胡文壁“前无所因，萃创简约，惟艺文独详。”

清代方志艺文志大盛。康熙《海宁县志》卷十三为艺文志，《灵寿县志》卷十为艺文。顺治年间《河南通志》分四十三目，有艺文一目。雍正《浙江通志》二百八十卷，五十四门，较康熙通志增十七门，其中所增经籍、碑碣二门尤详赡。嘉庆《四川通志》卷一百八十五曰经籍，光绪《畿辅通志》亦专列艺文。据李濂镗《方志艺文志汇目》进行统计，清代仅河北、山东、河南、山西、江苏、安徽、江西七省就有六百八十六种方志中有艺文志。

清代学者章学诚十分重视人物艺文。他说：“以曰人物，次曰艺文，一以征文，一以考献，皆投罗放失，谨备遗忘，尤为乘时之要务也。”[5]他的突出贡献是创立三书体，他说：“凡欲经纪一方之文献，必立三家之学，而始可通古人之遗意也。仿纪传正史之体而作志，仿律令典例之体而作掌故，仿《文选》、《文苑》之体而作文征。三书相辅而行，阙一不可；合而为一，尤不可也。”[6]“文征”的创立，是对方志艺文志的重大变革。过去方志艺文志或载诗文，或载书名，体例不一。有鉴于此，他说："艺文当详载书目，而不可类选诗文也。”[7]而别立文征，以存诗文“辑诗文，与志可互证者，别为一书”。这样，艺文志载书目，文征载诗文，体例定，则收录文献不乱。王葆心称赞说：“章氏于湖北艺文金石二者，皆自立法。斟酌于详略之间。其意良可师法。”[8]

民国时期，方志艺文志更为兴盛。民国十八年十二月，国民政府《修志事例概要》规定设“艺文”一门，说“艺文一门，须以文学与艺术并重，如书画、雕刻，及其他有关艺术各事项，均宜兼采。武术技击，可另列一门”。又说：“收编诗文词曲，无分新旧，应以有关文献及民情者为限，歌谣戏剧，亦可甄采。”还规定：“本届志书，应仿《四库全书提要》例，编列提要，以资参考。”

这一时期一部分方志受西学影响而设目，体例大变。一部分方志则未设艺文志，如 1912 年《海伦县志》、1914 年《海伦县志》等均未设艺文志。但是，这时期大部分方志承旧志之风，更有许多方志深受章氏思想的影响，如民国《龙游县志》有艺文考，又有文征作为附志。民国《犍为县志》各卷附录有关其事类之诗文，用小字，双行夹注，以清眉目，用便寻检。文事卷有诗文汇编，录邑人撰作及外籍宦游赠答文字，凡五六十家，得诗约二百首，赋一首，文十数首。

三

方志艺文志，考其名称，有称坟籍志者，如《关东风俗传》；有称诗话者，如南宋《新安志》；有称文籍志者，如《景定建康志》；有称集古者，如元《延祐志》；有称经籍者，如嘉庆《四川通志》；有称文艺者，如民国《岐山县志》"人物之盛，躬行为先，昔贤言行，有赖诗文，故次九曰文艺"。有称书籍者，如明《仁和县志》；有称诗文者，如明《交阯总志》；有称文章志者，如明《鄢陵志》；有称文略者，如明《滇略》，还有汇为一篇实艺文志而不称者，如民国唐本心纂《榴江县志》，是书八编，末附诗文记诗荟萃一篇，以代艺文。

究其内容，方志艺文志，有专记诗文的，如清张嶲等纂修的《崖州志》；有记载书序的，如乾隆《大名县志》、嘉庆《广西通志》，有只录书目不录诗文的，如民国《钟祥县志》，还有诗文与书目并载的，如民国杨恩元、赵恺等纂《续遵义府志》艺文目载目录及诗文碑铭，民国《黑龙江志稿》卷六十至六十二艺文志载目录、文征。归纳起来，方志艺文志主要有两大派。

（一）主载诗文派。宋代方志中就有载诗文的，如宋《嘉泰会稽志》二十卷，卷二十为"古诗文"。明清方志亦有不少，如明成化《山西通志》诗文目下，收集了许多金元时山西学者的文章和诗篇。清《康熙天津卫志》，专收诗文。

这一派艺文志，其体例多分为诗、文两部分，按朝代编次。如明弘治《宁夏新志》第七卷"文章"，第八卷"杂咏"；《乾隆天津县志》二十四卷，艺文志"文"二卷，"诗"二卷；《鄢陵志》文章志分"文"四目：汉魏文、宋文、元文、国朝文，"诗"四目：唐诗、宋诗、元诗、国朝诗。《崖州志》艺文志前二卷载文分：浩赠文、御祭文、疏记、杂文、书牍、志、传七目，后一卷载诗；细分为五言古、五言排律、七言古、五言律、七言律、五言绝、七言绝七目，每目按作者年代顺序排。此先"文"后"诗"。明嘉靖《宁夏新志》第七卷《文苑志·诗》,第八卷《文苑志·文》。《康熙天津卫志》四卷,卷四艺文志分诗、歌、赋、记、疏、书、传、示八目,此先诗后文。由此可见,它们大体上不外乎分诗和文,只不过前后次序不一而已。

(二)主载书目派。早在南宋时《剡录》就开创了记本地人著述书目的先例。清以来盛行。如《乾隆杭州府志》改变《康熙杭州府志》的体例,艺文门但列书目,不录诗文;民国《钟祥县志》艺文志专列书目,兼附碑目,类列乡贤遗著,这派艺文志以章学诚《和州志·艺文志》最为著名,姚名达称"它在目录学上是非常有贡献的"。[9]

这一派艺文志,深受史志目录学的影响,大多仿史志分类设目。例如清嘉庆谢启昆修本《广西通志》二O八卷,艺文略仿班固《汉书艺文志》之例,专收书目,将各种诗文分于有关条目之下,用小字双行书之,贯彻以事统文、文附于事的原则,艺文略分经部、史部、子部、集部、杂记、志乘、奏疏、诗文八目。张之洞《书目答问》称之为"晚出之善者"。章学诚说:"人物必征实事,而不以标榜为虚名,艺文谨著部目,而不以诗文充篇幅。盖人物为马史列传之遗,艺文为班刘著录之例,事必师古,而后可以法当世也。"[10]除仿史志体例外,还有分本省文献和本省人士著述的。如《光绪顺天府志》一百三十卷,其艺文志分(1)记载顺天之书,是历代有关本省的著作书目,(2)顺天人著述,是历代本省人著作的书目。在著录上,大多艺文志只录篇名、卷数、作者,简化著录的;但也有提要的,如康海《武功县志》艺文篇或录其序跋,或提要勾铉。

主载诗文派和主载书目派这二派是伴随着方志艺文志的产生而出现的。两派虽然记载的内容、采用的体例并不一致,但其目的都是为了保存文献。补方志中其他各志之不足。长期以来,这两派存在着分歧,互相批评。主诗文派反对仅列篇目,主书目派反对滥收诗文。实际上,两派各有长短,主诗文派艺文志在于精选文献,对于保存重要文献和全部面目是有贡献的,但却难反映一地历代文献状况,不便查找利用;主书目派艺文志在于通记各代之有无,全面揭示反映地方文献,提供文献线索,但又不能保存原始文献。至于主兼载书目、诗文的艺文志,似乎是取长补短,十分恰当了。但是诗文、书目众多,想集中在方志里一志中,既难于反映诗文,又难于全部反映文献。自章学诚创立文征后,这一问题才得到解决。方志中艺文志记载地方文献篇目,是地方文献书目,而文征记载原始文献,则是地方文选,两者互相配合补充。这样,国史有艺文志记一国文献,地方史志有艺文志乃记一方文献,至为合理。

四

对于"艺文志"的价值,不少方志有所说明,《光绪杭州府志》艺文志称"艺文,江海之英,湖山之灵,百家滥觞,丛华粹馨,锋尘不辟、臬螽畸蕾、蒐之集之,为述造型,斗宿煜煜,光芒匕经,述艺文志第二十八。"清《崖州志·艺文志》序云:"文以载道。其叱辟为经,所以觉世牖民者,固焕乎若日月经天、江河之行也。即学士大夫凭吊登临,著为歌咏,亦足以抒发至情,宣扬胜概焉。"这里,虽然对艺文志的作用有些夸大,但却表现了方志记载文献、表彰先贤、启迪后学的目的,章学诚则以为撰艺文予使"后人得所考据,或可为馆阁雠校取材。"[11]

具体地说,方志艺文志的作用表现在:

1. 记载乡贤文献。各个地区各个时代都有大量的文献出现,通过方志艺文志记载保存下来。历代有各种书目,有各种文选,但记一地文献最详尽者,是方志艺文志。特别重要的是,它记载了许多珍贵的手稿笔记等,今天虽然不能看到原始文献,却能从艺文志中窥其大概。不少艺文志记载了诗文,为今天研究提供了资料。过去有《全唐诗》、《宋文鉴》,但在方志中可以找到它们未收入的许多诗文。乾隆修《湘潭县志》中著录有各种乐器图、乐舞图、舞谱图,是珍贵的资料。明末清初画家、诗人肖云从的《吊邑人周孔来殉节泾县学署》的诗,在《肖汤二老遗诗合编》中未收入,而在乾隆修《芜湖县志》中保存了下来。

2. 考证文献版本。由于艺文志中对于文献作者、内容版本有详细说明,为今天的版本考证提供了线索和证据。例如燕石居藏有明阎梦夔《西行日记》未刊传抄本,该版本在方志中有记载:光绪二十三年重修《鹿邑县志·艺文志》载:"阎梦夔著有《中隐园草》一卷……《西行日记》……。许萸志云‘皆未行也。’盖亦稿本矣。……《西行日记》一卷，为许志所不载，闻写本尚存，然未见也。”又如《中国地方志联合目录》初稿《康熙天津卫志》著录“北京”、“科学”、“上海”、“复旦”、“天津、“南开”六馆藏有康熙十三年（1674）刻本，但上海图书馆、天津图书馆所藏并非原刻本。民国二十三年新校铅印本是以原刻本为底本的，其艺文门收有《尖山学田记》一文，有康熙十七年的字样，为证天津、上海所藏为康熙十七年补刻本提供了证据。

3. 提供人物资料。各地人物，见于列传的毕竟有限，大量的学术界人士则见于艺文志，艺文志多是将一人所著之书列于一处，便于查找。例如明《正德天津三卫志》编者是胡文壁，《乾隆天津县志》艺文中收录了他的《与伦彦士书》，可供研究参考。

4. 提供各学科的资料。一些艺文志是按经史子集排列的，不仅列有本地各科文献，而且有非地方的各科文献。例如《光绪杭州府志》艺文志中经部就有《王弼易二系注》、《易讲疏十六卷》、《集注周易一百卷》等等，为经学研究提供了文献线索。

5. 是学术史、文化史的体现。史苏苑说：《河南通志》八十卷“从卷七十二的《艺文一》（赋）到卷七十九的《艺文八》（记、铭、诔、祭文），又宛如一部中国文学史略和历代文学作品集。”[12]虽言过其实，但说明它给人们展示的文学发展的面貌，体现了文化史价值。又如嘉靖《宁夏新志》“文苑志”收录五十九个作者的一百七十首诗和三个作者的十三首词和九个作者的九篇文章。其文有贾岛、李益、张籍、范仲淹、沈括等唐宋作家作品，其诗文内容丰富多彩。“细读本书中丰富多彩的文学作品，可以帮助我们透过艺术的折光，认识当时宁夏的自然景色、社会风貌、民情习俗和人们的思想感情，并从中获得历史知识、思想启发和艺术享受。”[13]

谭其骧在1981年中国地方史志成立大会上曾说：“方志中的《艺文》一类，辑录了许多前人的诗文，这些文字一般没有经过修志者的改动，反映了各个时代各个方面的情况，是最可贵的第一手资料。”[14]

但是旧方志艺文志又有着缺陷：

1. 旧方志艺文志受到社会政治的影响，清朝大兴文字狱，艺文志也受到打击，成为严格查毁的对象。乾隆四十四年(1779)十一月上谕："据(安徽巡抚)闵鄂元奏，各省郡邑志书内，如有登载应销各书名目及悖妄著人诗人者，一概奥行刊削等语，所奏甚是。钱谦益、屈大均、金堡所撰诗文，久经饬禁，以稗世教，而正人心。今各省郡邑志书，往往于名胜、古迹编入伊等诗文，而人物、艺文内，并载其生平事实及所著书目，自应逐加删削，以杜谬妄。"这样限制了方志艺文志的发展。

2. 旧方志艺文志宣扬封建礼教，为统治阶级服务，有其鲜明的思想性。旧方志艺文志多是收录本地官员、名贤的作品，对于劳动人民的作品则不予收录，对于讽刺时政、揭露地方制度黑暗面的文献则遭排斥甚至禁毁，因而旧方志艺文志主题内容多是歌颂儒家经典、歌颂妇女守节之类。类目的设置及编排顺序也是为了突出统治阶级的地位。例如，清《崖州志》艺文志中首列诰赠文、御祭文，以提高统治阶级的地位。

3. 旧方志艺文志在收录编排上也存在着不足。在收录文献上，许多方志存在着滥收诗文的现象。其内容十分芜杂，多是些附庸风雅、闲情思怨、咏叹八景、无病呻吟之作。对于富有地方特色的文献、民间文献收录甚少。对于科技方面文献未予重视。结果，遗漏了许多重要文献，却拣些破碎之诗文，以迎合封建士大夫情趣。影响了艺文志的价值。章学诚在《书〈武功志〉后》中说："志乃史裁，苟于事理无关，例不滥收诗赋。康氏于名胜古迹，猥登无用诗文，其与俗下修志，以文选之例为艺文者，相去有几?"[15]傅振伦批评说："旧志艺文往往多载县吏颂德之文，士绅唱和之诗，风云月露之词，连篇累牍，即便著录书目，也形同帐籍。乾隆初，知县眭文焕修《江苏桃源县志》收录自作诗文外，还收入了他的子侄诗文。道光间，知事张道超修《伊阳县志》收录自作书目十余种，仅就书目而论，已知是毫无学术价值。道光《太康志例》说：'大吏邑侯，文人墨客，即事题咏，采择付梓，亦是增邑乘之光'。借此以取悦上级，尤属无耻。"[16]由于许多方志罗列杂碎诗文，篇幅较大，与方志中其他各志极不相称。例如，明嘉靖二十年《四川总志》八十卷，前十六卷为刘大漠修《总志》，自第十七卷以下的六十四卷，为杨慎等纂的《全蜀艺文志》。清师范编《滇系》全书四十册，“艺文”就占了十八册。金毓黻说：“旧志艺文志以诗文占全书之大半，只有极少篇幅，记载其他门类”。[17] 此外，艺文志还存在不加考证，误收文献的毛病。如南阳《卧龙冈志》为著录唐宋名家歌咏南阳“隆中”之诗，却误收了咏湖北襄阳“隆中”之诗。在著录方面，“旧志艺文志书目，仅列书名、卷数，及作者姓名，颇嫌简略。”[18] 在编排上也有失误，《四库全书总目提要》就指出明嘉靖《广西图经》将杂著、文诗归入“外志”之误。

方志艺文志，是历史的产物，它为我们留下了一笔丰富的地方文化遗产，需要我们开拓、继承和利用。

参考文献：

1 顾颉刚. 中国地方志综录(1935 年版)序

2 刘知几. 史通 · 书志篇

3 王葆心. 方志学纂微

4 周中孚. 郑堂读书记补逸. 卷十二

5,10 章学诚. 章氏遗书 · 方志略例 · 为华秋帆制府撰石首县志序

6 章学诚. 方志立三书议

7 章学诚. 为张吉甫司马撰大名县志序

8 王葆心. 重修湖北方志条议

9 姚名达. 目录学. 商务印书馆，1933

11 章学诚. 修志十议

12 史苏苑. 从一个省志和县志谈到关于编写地方史志的几点意见

13 陈明猷. 嘉靖《宁夏新志》的史料价值

14 谭其骧. 地方史志不可偏废，旧志资料不可轻信. 中国地方史志论丛，1984

15 章学诚. 章氏遗书. 十四. 方志略例

16 傅振伦. 中国方志学

17 金毓黻. 普修地方志的拟议

18 内政部. 修志事例概要. 1929

原载于《武汉大学学报 · 社会科学论丛》，1986 年第 1 期

比较目录学的特征和目的

当今进行比较目录学的研究，使比较目录学走向成熟，首先要探讨其特征和目的。

迄今对比较目录学已有零星解释。1982 年乔好勤同志在《当前我国目录学研究的方向和任务》一文中说："比较目录学就是将不同国家或地区的目录学知识、书目工作和目录著作进行比较，分析其共性和特点，比较其优劣，衡量其得失，探索书目工作和目录学的共同规律及其不同的表现形态。"[1] 这里，似乎比较目录学的研究对象就是目录学知识、书目工作和目录著作。1983 年穆立平在《略论比较目录学》一文中从比较方法谈到比较目录学，并说："比较目录学是研究目录学的一门学科，它通过对不同环境（通常是不同国度）中的目录学的某些方面或某些问题进行分析，旨在了解既存的异同点，并力求正确理解和解释造成这些异同的原因，以此探求目录学发生发展的内在规律。"[2] 这里，并不提"比较"和比较的对象，把比较目录学的研究对象说成是目录学而不加限定，过于笼统。

根据这两家的观点，比较目录学的研究对象与目录学的研究对象不是重合的，目录学研究目录工作，而比较目录学则研究目录工作和目录学在内的内容，概括地说，就是目录学的理论和实践。比较研究目录学理论，就是在各国目录学的基础上扩大视野；比较研究书目工作实践，就是将理论和实践联系起来。

给比较目录学下定义，必须揭示这一概念的内涵。比较目录学与比较图书馆学、比较教育学、比较法学等比较学科有一些共同的特征，同时，又具有自己的特性。结合起来看，比较目录学有三个特征：

1. 运用比较方法

这是比较目录学的最基本特征，也是所有比较学科的关键所在，没有比较方法，就不可能产生比较目录学。

比较是一切调查研究的基本的和必要的组成部分，是辩证唯物主义的科学研究方法。比较的含义即各个差异点和相似点必须一一置于对照之下，对各个差异点必须联系社会环境中所有有关因素加以阐述。

2. 跨文化或跨国家的研究

关于文化的概念有种种不同的解释，据《辞海》，“文化，从广义来说，指人类社会历史实践过程中所创造的物质财富和精神财富的总和。从狭义来说，指社会的意识形态，以及与之相适应的制度和组织机构。”[3] 由于文化具有民族特性，通常称之为民族文化，又由于国家与民族的密切联系，跨文化、跨国家的研究包括了跨民族的研究。实质上，不同环境是比较学科研究的前提条件，其环境因素包括社会政治、思想等意识形态和经济、地理、民族等等。没有地理的差异和文化的区别是难于进行比较研究的。因此，国内外学者在谈到比较研究时都强调“不同环境”的重要。此外，在进行比较研究时，要与不同环境下的哲学、史学、文化思想史、艺术、经济学、地理等各门学科联系起来，这样，比较研究也就具有跨学科的研究特性。

3. 多种相关问题的研究

比较目录学不是研究某一个问题，而是研究两个或两个以上的目录学理论或目录学实践问题，这一点是显而易见的，问题的关键是这多种问题之间不是毫无关联的，而是在某一点上具有相同或相似的地方。恩格斯说过：“当我们深思熟虑地考察自然界或人类历史或我们自己的精神活动的时候，首先呈现在我们眼前的，是一幅由种种联系和相互作用无穷无尽地交织起来的画面。”[4] 世界上的事物是相互区别的，又是相互联系的。事物的相互联系和相互区别又是互为前提的。目录学领域的事物或现象也不例外。在比较目录学中,如果将两个毫不相关的问题进行对比,那是毫无意义的。只要事物在类属上存在某种联系就可以比较其异同。在乔氏和穆氏的定义中虽然指出了比较目录学的范围,但并没有揭示出比较目录学的重要特征——必须比较多种相关问题。

比较学科是一种运用比较方法进行跨文化、跨国家研究的分支学科,是科学分化的新领域,绝不是独立的科学,正如比较教育学是教育学的分支一样,比较目录学的分支,它不能脱离目录学而孤立存在。比较目录学的自身特性就在于它有自身的区别于其他学科的研究对象,即目录学的理论与实践。

毫无疑问,作为科学的比较目录学应当探讨规律,将以上的分析进行归纳就是比较目录学的定义:比较目录学是比较不同国家和不同文化环境中具有某种联系的目录学理论和实践问题,探索目录学发展与交流影响规律的分支学科。

比较目录学是运用比较的方法进行研究,但是比较并不是比较目录学的目的,它仅仅是达到目的的手段,那么比较目录学的目的是什么呢?

唯物辩证法认为:事物是运动变化的,事物或现象之间既相互联系又相互区别。寻找事物或现象的异同点,是比较的基本目的。书目是人类的精神产品,书目工作是一种社会现象,目录学是研究这种社会现象的学科。书目与书目之间有明显的联系和区别,在书目工作和目录学中,有各种理论、模式和方法,它们之间也有联系和区别。那么,比较目录学的最基本目的就是要总结目录学理论和实践中的异同点。

目录学领域的共性和差异不是偶然的。共性,必然有联系的因素;异性必然有影响的因素,寻找影响目录学异同点的原因,也就是对异同点作出解释,才更有价值。例如东西方目录学的发展道路不一样,对目录学的理解有相同点,也有较大的区别,目录学家的思想、书目工作内容、方法都有不是偶然的相同和明显的不同,只有通过分析原因,作出科学的解释,才使人们更进一步地确信和掌握目录学中的异同点。

由此可见,比较目录学的基本目的首先是总结异同点,其次是作出科学解释。但这并不是比较目录学的终点。科学的目的是总结规律,得出正确的结论。比较目录学的最终目的,也就是透过异同现象看本质,总结目录学发展、交流、影响的规律。

目录学的发展经历了相当长的时间,各个发展阶段有各自的特点,但是仅仅孤立地去研究某一阶段是总结不出发展规律的。只有前后纵向比较,把各阶段看成一个系统,才能找到发展的线索,当然没有局部的研究作基础,是很难正确地找到发展规律的。然而,我们过去往往是就一个国家或一种文化环境中去总结规律。如果将不同国家和不同文化环境的目录学发展进行比较,就可以总结出世界目录学的发展规律。

在世界范围内,任何时代的目录学都有着地区间的相互交流和影响,虽然受到地理条件和交通条件的限制,但目录学的交流和影响首先发生于邻近地区,中国古代和日本、印度的文化交流(包括目录学交流)就证明了这一点。随着科技和社会的进步,文化交流突破了地理的限制,目录学交流从近距离交流发展到远距离交流。近代中国目录学受到欧美目录学的影响就是一例。通过比较,可以总结世界目录学的交流与影响规律。

比较目录学的基本目的和最终目的是联系的、发展的,没有达到基本目的,便达不到最终目的。但是仅仅停留在基本目的上,比较目录学还没有完成自己的使命。比较目录学的基本目的是获得研究的结果,不管是定量的或定性的结果,都是异同现象的归纳与说明;而最终目的则是获得研究的结论,对结果的高度概括形成目录学的发展、交流与影响规律。

参考文献:

1 乔好勤.当前我国目录学研究的方向和任务.图书馆界,1982(2)

2 穆立平.略论比较目录学.图书馆学刊,1983(4)

3 《辞海》

4 恩格斯.社会主义从空想到科学的发展.见:中共中央马克思、恩格斯、列宁、斯大林著作编译局编.马克思恩格斯选集(第3卷).北京:人民出版社,1972:417

原载于《图书馆界》,1989 年第 4 期

中西古代目录学比较研究

中国古典目录学的时间断限,按照来新夏先生的界定,[1]大体上和中国封建社会相终始,也就是到19世纪才告结束,这已形成定论。而从世界社会发展史的角度,古代包括上古和中世纪,其下限应是17世纪中叶;从世界科学文化史的角度,以15世纪文化“黑暗”为下限标志着古代学术文化的低落,也是科学文化复苏的前夜。为便于比较,我们以15世纪末为分水岭,探讨中西古代目录学的异同与发展规律。

1 目录学起源比较

关于中国目录学的起源,主要有四种观点:(1)殷商起源说,(2)春秋起源说,(3)西汉起源说,(4)东汉起源说。这四个时代,前后相距约一千八百年,确实有讨论的必要。

“东汉起源说”其根据是《四库全书总目》目录类小序“郑玄有三礼目录一卷,此后所昉也”。这里并没有说明是目录的起源,其根据也就不成立。在目录学界坚持汉代说的主要是“西汉起源说”即以刘向刘歆创始。这种观点较早有章学诚《校雠通义》云“校雠之义,盖自刘向父子,部次条别”,其《信摭》亦云“校雠之学,自刘向父子,渊源流别,最为推见古人大体”。20世纪30年代刘纪泽《目录学概论》云“目录之学,启自西京”。事实是,西汉已经有了相当丰富的书目工作方法和经验以及较高水平的书目,目录学已经确立,那么,目录学起源当在此之前。

“殷商起源说”源出于《隋书经籍志》“古者史官既司典籍,盖有目录以为纲纪”。据此,容肇祖说“‘目录’一名虽在古无可考,然而我们知道我国的目录学起源已在很古的时期了”,[2]至20世纪60年代,王重民借以发挥“根据我国古代社会历史的发展和考古学上的证明,我国在奴隶社会时期,史官们把记录当时政治、经济、文化的图书文献集中保藏。为了检查和使用上的方便,他们排列在一定的次序上,编定出相适应的数码,逐渐得出了固定的方式和规律,并且另外编成单据,这就产生了简单的著录图书文献的目录。这就是我国古代目录的胚胎时期。这一时期约为公元前第15、14世纪,即我国历史上的殷商时期”。[3]很明显,这里是把目录的起源等同于目录学的起源,如果说在具体工作之前就有了科学或者具体事物与科学同时产生,是不符合从实践到理论的认识过程的。当时是什么样的水平呢?没有任何的经验描述,至今大家还在争论着有无目录,何谈有目录学。

我认为,探讨起源的关键是客观地分析当时的水平,把目录学起源定在春秋时期,其理由更充分些。其一,余嘉锡较早提出了这一观点,“目录之学,由来尚矣,诗书之序,即其萌芽”。[4]诗书之序是最早的目录学方法,既有文字根据,又有实物根据,诗书之序对后来的提要有直接的影响,把诗书之序作为目录学起源的标志是比较准确的。其二,如果把春秋时期作为目录学起源,那么在春秋之前有无目录和目录工作呢?回答是肯定的,已有考古证明。其三,应当把春秋作为目录学起源的上限,因为目录学的起源是不断积累的结果。至战国时期,不仅有了学术分类,《庄子·天下篇》、《荀子·非十二子》对后来书目分类有直接的影响,而且书序得到了发展,现存先秦的古籍如尚书、毛诗、周易都有序文。昌彼得说:“序卦传列举六十四卦的卦名顺序,并说明各卦的意义,与后来刘向写叙录‘条其篇目,撮其旨要’的体例大抵相符,无疑的是刘向所取法的,这可以说是我国目录学的萌芽”。[5]

多少年来,我们围绕目录学的起源争论不休,而在国外,却很少找到目录学起源的专论或争论。西方目录学文献中较多地叙述了“目录学”一词的来历,如“目录学一词,派生于希腊语bibliographia(2世纪),其字面意义就是缮写图书”,[6]“目录学这个词起源于希腊文的biblios(书)和grapho(写),原意为书的缮写”。[7]自公元前5世纪目录学出现以来,到公元前3世纪有了定型的书目,书目的经验有了总结,可以说西方目录学起源于公元前5世纪至公元前3世纪。

西方目录学同“目录学”一词同时出现，而在中国，“目录学”名词出现较晚。20 世纪 30 年代，有人还认为“目录学”最早出现于乾隆末年王鸣盛的《十七史商榷》。[8] 后来，人们从《苏魏公谭训》中找到了答案，中国目录学一词最早出现于北宋初（王原叔，997—1057 年）。

西方“目录学”一词约在公元前 5 世纪出现，表面上看，似乎中国目录学名词的出现比西方要晚一千四百余年。仔细地分析并非如此，古希腊语中的“目录学”一词其意是图书的缮写，到 17 世纪后期，才转变为“图书记录”的含义。中国目录学古称“校雠”出现于《别录》。[9] 从“校雠”出现算起，中国目录学概念当出现于公元前 1 世纪，比西方目录学名词出现只晚四百年。

由此可以得出这样的结论：中国目录学起源于公元前 5 世纪，以诗书之序作为标志，孔子（前 551—前 479）是中国目录学的始祖；西方目录学亦起源于公元前 5 世纪，以希腊目录学名词出现为标志。

中西方目录学起源于这一时期的原因，首先是社会的动力作用。其一是文化发展的需要。在中国，春秋时文化发达，在周代太学（辟雍）的基础上出现了民间的私人讲学就是一例。古希腊是欧洲文化的发祥地之一，到伯利克里执政时期（前 443—前 429），古希腊文化发展到了高峰。由于希腊人的成就巨大，其影响经常被夸大，如雪莱说“我们全是希腊人的：我们的法律，我们的文学，我们的宗教，我们的艺术，根源都在希腊。”不过，希腊在文化在艺术等各个方面确实达到了相当的水平，这是不争的事实。其二是学术发展的需要。在目录学产生之际，英雄神化时代已经过去，正处于哲科学启蒙时期，希腊学者开始对原始宗教的反思和对大自然的探索，出现了众多的学者。希腊唯物主义哲学家德谟克利特（约前 460—前 370）写了四本几何学著作，苏格拉底（前 469—前 399）是这一时期新哲学运动的最早代表，他的学生柏拉图（前 427—前 308）是著名哲学家，其《理想国》一书包括政治、哲学、神学、伦理学及艺术诸方面的阐述，他把以英雄阿加蒂米斯（Academus）为命名的林园改为学园，公元前 387—前 347 年，以 40 年时间在此向来自上层家庭的学生讲学。亚里士多德

(前380—前322年)出自柏拉图门下,他建立了莱西乌姆学园,创立了逻辑学、物理学、植物学、动物学的学科体系。希腊史学有两位著名史学家——希罗多德和修昔底德。希罗多德(约前485—前425)被罗马哲学家、雄辩家西塞罗誉为"史学之父"。希腊的医学、数学、生物学也十分突出。与此同时,中国的巫史文化向诸子学术转变,"学统于王官"逐渐转变为"学术下于私人"。这种局面与同时期的希腊有较大的相似,孔子是当时的教育家、思想家,孔子创立的私人讲学与柏拉图的讲学又基本一致。中国在这一时期有了孔子的儒学、老子的道学及其他学派。那么可以说,文化和学术的繁荣对于目录学的起源是不可缺少的因素,目录学出现于古代世界文明的中心——希腊和中国就不仅仅是偶然的巧合了。

然而,目录学起源于这一时期的根本原因还是因为目录工作经验积累的结果。到此时,中国书目工作起源已经历了10个世纪,西方书目工作的出现已经历了15个世纪。由于学术的发展,中西方学者多有藏书,对于图书的整理愈来愈引起人们的重视。中国目录学直接出现于孔子的整理图书之中,而孔子整理图书的方法就是对前代目录工作经验的总结,他的方法可以归纳为校书整理之法,诗书之序和目录就是校书的结果。当时典籍散乱,只有经过校书整理才能出六经。

2 目录学发展过程比较

为便于比较,我们将16世纪以前的中西方目录学代表人物、目录学代表著作、主要思想与贡献列举比较如下:

公元前5世纪:[中] 孔子(前551—前479)开创校书之法,诗书之序;编书目;重视文献。[西]"bibliographia"出现:图书缮写。

公元前3世纪:[西] 卡利马赫(约前310—前240)《各科著名学者及其著作目录》,书目分类,西方目录学始祖。

公元前1世纪:[中] 刘向(前77—前6),刘歆(约前53—23)《别录》《七略》,校雠学奠基,开创叙录体,书目分类体系。[西] 塞尼加(?—65),西塞罗(前106—前43)关于图书和书目作用的论述。

1 世纪:[中] 班固(32—92)《汉书艺文志》,开创正史艺文志,《汉书艺文志序》,现存最早的目录学文献。[西] 瓦尔罗《论藏书》。

2 世纪:[西] 盖伦《个人著述目录》。

3 世纪:[中] 郑默《中经》,创四分法先例;荀勗《中经新簿》,四分法奠基。

4 世纪:[中] 李充《晋元帝四部书目》,四分法定型;释道安《综理众经目录》(374),年代法。

5 世纪:[中] 王俭(452—489)《七志》,九分法,传录体,著录"今书"。[西] 圣杰罗姆《基督教作家著作目录》。

6 世纪:[中] 阮孝绪(479—536)《七录》(532),七分法,提要,《弘明集》保存《七录序》,现存第二篇目录学文献;释僧祐(445—518)《出三藏记集》(510—515),年代法,创总经序;牛弘(544—610)《请开献书之路表》"五厄论"(583);《开皇四年四部目录》。[西] 冈纳狄"基督教作家目录";卡西奥多(?—575)建立教堂缮写堂(540 年);《圣规与古籍》关于图书校正、管理、使用,书目;本尼狄克(约 480—547)《圣·本尼狄克规约》关于读书与缮写。

7 世纪:[中] 魏征(580—643)《隋书经籍志》,四部定名,分类详细,注释,记存亡,《隋书》书序 48 篇(总大小序)目录学文献。[西] 圣伊西多"基督教书目"。

8 世纪:[中] 毋煚《古今书录》(742—755);《开元内外经录》;《古今书录序》目录学文献;书目功用。[西] 比德(约 672—735)"个人著作目录"。

9 世纪:[西] 孚修《文粹》。

10 世纪:[中] 刘昫《唐书经籍志序》。[西] 艾纳鼎《各科索引》。

11 世纪:[中]《崇文总目》(1041),著录详细,提要,设目录类;欧阳修(1007—1072)《新唐书艺文志》,补志方法。

12 世纪:[中]晁公武(约 1105—1180)《郡斋读书志》,校雠,提要,分类,序;郑樵(1104—1162)《通志校雠略》第一部目录学专著,类例、著录、注释的思想,《通志艺文略》,通史书目,《通志图谱略》;程俱(1078—1144)《麟台故事》(1131);陈振孙(1183—?)《直斋书录解题》,创解题;尤袤(1127—1194)《遂初堂书目》,创著录版本,分类。[西]提本(1120—1170)"关于目录的功用"。

13世纪:[中]王应麟(1223—1296)《玉海·艺文》(约1271),创类书艺文志,分类。[西]福奈维《藏书家》。

14世纪:[中]马端临(1254—1323)《文献通考·经籍考》(约1315),创辑录体;脱脱(1314—1355)《宋史艺文志序》。[西]柏里(1287—1345)《书迷》。

15世纪:[中]杨士奇(1365—1444)《文渊阁书目》,分类。[西]波士敦"英格兰修道院藏书联合目录";特里西姆(1452—1516)《基督教作家目录》(1494);《著名德国作家目录》(1495)。

根据以上基本材料,结合目录学方法和理论的总结,把中西目录学归纳为4个阶段:

第一阶段(前5世纪—1世纪):目录学的奠基阶段

从春秋到东汉,在目录学实践上有了经验积累,总结了目录学方法,开创了揭示文献、分类的方法,产生了官修书目、史志书目两大类型。但在目录学理论上比较薄弱,《汉书艺文志序》仅是对这一阶段目录学的描述。这一阶段六百年,真正有所成就的集中在公元前5世纪、公元前1世纪和公元1世纪。

第二阶段(2—6世纪):目录学的开创阶段

从三国魏到隋代,在汉代目录学的基础上有了开创。表现在三个方面:(1)书目分类的开创,魏晋创四分法,南朝创九分、七分法。(2)文献揭示方法的开创,有两派,一派简单著录,没有提要;另一派撰有提要,创传录体、序跋体。(3)理论的开创,《七录序》总结梁以前的目录活动,阐述编制《七录》体制和缘由,为考证这一时期目录提供了史料。牛弘"五厄论"为研究校书活动提供了重要史料。这一阶段五百年,其成就集中在公元3、4、6三个世纪。

第三阶段(7—10世纪):目录学缓慢发展阶段

从唐至五代,目录学虽无大的突破,但也有一些进展,如四部分类定名并初具规模，加强目录学的描述，对目录学的功用有了阐明，如《隋书经籍志序》和《古今书录序》。这一阶段四百年，其成就集中在7、8两个世纪。

第四阶段（11—15世纪）：目录学理论发展阶段

从宋至明初，目录学发展特点有：（1）出现了以“会通”为中心的目录学思想，以郑樵、王应麟、马端临为代表。（2）目录学方法开创与总结，提要的方法受到重视，创立了解题法、辑录体，系统总结了著录、注释的方法。（3）类例理论与分类创新，突破了四分法，郑樵《通志·校雠略》全面探讨了类例与图书、学术的关系，郑氏又创立十二类百家三十二种的分类体系。李淑《邯郸图书十志》为八分法，郑寅《郑氏书目》有七分法，王应麟《玉海艺文》分为四十四大类。这一阶段五百年，成就集中在12、14两个世纪。

中国目录学发于汉而兴于宋。产生了一大批目录学家，完成了有影响的目录学巨著，在目录学理论和方法方面成就卓著。在目录学领域取得最大成就的当数郑樵，他的目录学理论（整体论、类例论、记录论、揭示论）[10]和目录学实践把中国目录学推到了一个新的水平。

西方古代目录学，在16世纪以前可分为三个阶段：

第一阶段（前5世纪—4世纪）：目录学的奠基阶段

这一阶段是对早期书目活动的描述。首先是有了目录学名词的出现，不过当时的“bibliographia”一词并不是指一门科学，而是指一门技艺，犹如中国之“校雠”。这种技艺的知识积累使西方目录学向“学”转化。其次，这一阶段有了书目和揭示编排文献的方法。第三，这一阶段有关图书及藏书的记述，如瓦尔罗的论藏书，学者们对于图书和书目有了初步的认识。目录学的出现与希腊学术繁荣有直接的联系。公元前5世纪，哲学、史学、医学都有著名的学者与著作：柏拉图及《理想国》、亚里士多德、希罗多德及《历史》（即《希波战争史》）、修昔底德（约前455—前400）《伯罗奔尼撒战争史》、色诺芬（约前470—前345）《希腊史》、“医学之父”希波克拉底（约前460—前377）。学院建立促成崇尚学术之风。公元前4世纪，尽管希腊奴隶制城邦日趋衰落，但亚历山大帝国分裂后的马其顿统治者继续奖励希腊学术。公元前4世纪至公元前1世纪,希腊文化传播并与各地文化融合,形成"希腊化文化"或"希腊主义"。在这样的背景下,缮写图书成为文化传播的必要,目录学应运而生。

第二阶段(5—9世纪):目录学从学术偏向基督教

一是因为古典学术文化受到摧残,基督教与封建统治阶级逐步结合,限制了学术的发展。二是因为从事书目活动大都在图书馆进行,而这一时期基督教图书馆得到迅速发展,基督教图书大量缮写、编目,从而积累了关于基督教图书的揭示方法和管理的经验。

第三阶段(10—15世纪):目录学的缓慢发展阶段

11世纪初至13世纪末是封建社会成熟和繁荣阶段,也是教会经济、政治势力和思想统治的全盛时期。教会成为封建神权统治的巨大国际中心,教会与王室争夺权力。由于商业发达,自然科学的进步,基督教从古代希腊、罗马哲学,从亚里士多德学说中挑出消极的部分作为教义、教条依据,从而出现了经院哲学,其代表人物有艾伯塔斯(约1193—1280)及其弟子阿硅那斯(1225—1274)。在经院哲学的影响下,人们对图书和书目都有新的认识。法国贵族福奈维的《藏书家》对"书苑"进行了描述。柏里早年酷爱收藏书籍,后来在英皇爱德华三世朝中任外交官时,曾参观欧洲许多地方的图书馆、修道院缮写室及书店,后来担任达拉漠城主教,1344年撰成的《书迷》是当时关于图书的著作,书中记述了自己收集图书的过程,着重赞扬了图书,从该书若干篇标题可见:"智慧的结晶,大部分皆载在书中""撰写新书与修订旧作之益""收藏书籍的无数良机",最后一篇标题为"收藏大量书籍,并非只为自娱,乃望有益于学术界"。他认为书籍是知识的宝库,说"向你祈求的人,皆有所获;找寻你的人,皆有所得;有勇气叩阅者,皆遂所愿。"柏里的著作是这一阶段突出的成果。这一阶段由于七艺的出现,给文献的分类有较大的影响,几乎所有大的图书馆都有藏书的分类,特别是这一阶段大学的兴起,打破了基督教垄断文化的局面。14世纪初至15世纪末,封建统治集团分裂,封建社会日趋没落。特里西姆的书目标志着封建社会目录活动的顶点,也是目录学开始革命的前夜。

这一阶段,文献的注释和翻译与黑暗时期学术密切相关。“黑暗时期的学术任务是把濒于灭绝的古代学术尽可能地挽救出来,以后几个世纪的任务则是熟悉与吸收重新发展的学术”。[11]公元800—1100年阿拉伯学术达到了兴盛期,后来科学的活动主要是在欧洲。12世纪,“把古典书籍当作文学来欣赏的现象却达到了极点。比较高深的亚里士多德著作,没有一部是完整的,因此没有一部科学书籍落到当时学者手中,来打扰他们偏重于文学的观点;这些学者所以留心典籍,本来只是一种治学的别径,或者只是更便于了解圣经的语言和神父的著作”。[12]

13世纪是经院哲学的最盛期,“由于希腊古籍的完整版本,特别是亚里士多德的著作重新发现,知识领域里有了很大的进展”。[13]13世纪文献大量翻译以满足人们追求知识的增长要求,开始从阿拉伯语转译为拉丁语,在西班牙最为活跃,1125—1280年一系列翻译家所翻译的书籍包括亚里士多德、托勒密、欧几里得和希腊医学家阿维森纳与阿维罗伊以及阿拉伯天文学家与数学家的著作,还有占星术和炼金术的书籍。因为当时科学文献的通用语言是阿拉伯语,后来直接由希腊语翻译为拉丁语。1200—1225年,亚里士多德的全集被发现了,并且翻译成拉丁语,与其他希腊著作一样,起先是从阿拉伯语译出,后来才直接由希腊语译出。文献的翻译促进了经院哲学的发展,它本身又是学术的工具。由于文献的翻译,亚里士多德的著作经过阿拉伯传到了西方。虽然1209年巴黎的大主教管理区会议禁止亚里士多德的著作,但1225年巴黎大学正式把亚里士多德的著作列入必读书籍的目录中。

13世纪以后,西欧学术发展进入停顿阶段,经院哲学开始衰竭,目录学从13世纪的文献翻译转入了图书的描述。

值得提出的是,著名目录学家约翰·特里西姆(Johamn Tritheim)在中世纪有着突出的贡献。这位德国美因兹主教管区施潘海姆修道院院长编制了两部书目《基督教作家书目》(1494年巴塞尔出版)、《著名德国作家目录》(1495),前者按年代顺序集中了约1000名宗教界作家7000部著作,附有简要传记和作者教名索引，是一部收录早期基督教教会领袖的宗教著作；后者是全国性书目。因此，马尔克莱称特里西姆为西方目录学之父。其实这两部书目是特里西姆贡献的一方面，还有另一方面，特里西姆不仅对于基督教文献进行系统记录，而且开创了全国性书目的先例，表现了国家文献系统记录的思想，对于后来国家书目的产生是有影响的。因此特里西姆的目录学具有承前启后的重要意义。

3　目录学理论与方法比较

进一步，我们从理论和方法的角度，将中西目录学的重要问题逐一比较分析。

3.1　关于文献的作用

在目录学起源之前，人们很早就创造了文献，并收藏文献，首先是为了保存，其次才是利用。在早期，由于识字者少，文献为少数上层阶级所利用，到后来文献增多，文献的作用就更为明显。

中国殷商时期"有册有典"，利用文献为宗教为政治文化服务。孔子已经间接说明了文献的作用。6世纪，阮孝绪明确指出了图书的社会作用"非夫丘索坟典，诗书礼乐，何以成穆穆之功，致荡荡之化之哉！"（《七录序》）牛弘对于图书的价值论述更为详细，其图书"五厄论"是对破坏典籍者的控诉，他说"天下不可马上治之，故知经邦，立政于典谟矣，为国之本，莫此为先"（《请开献书之路表》），强调图书的作用在于"治国之本"，以引起皇帝的重视。7世纪中叶，魏征论述图书的两大作用，论图书的政治作用"夫经籍也者，机神之妙旨，圣哲之能事。所以经天地，纬阴阳，正纲纪，弘道德，显仁足以利物，藏用足以独善，学之者，将殖焉，不学者将落焉。大业崇之，则成钦明之德，匹夫克愈，则有王公之重。其王者之所以树风声，流显号，美教化，移风俗，何莫由乎斯道？"论图书的历史作用"夫经籍也者，先圣据龙图，握凤纪，南面以君天下者，咸有史官，以纪言行。言则左史书之，动则右史书之。故曰'君举必书'，惩劝斯在"。（《隋书》卷三十二）

西方古埃及时代就有文献的保存、管理和利用。"如果说埃及的'书籍管理员'大部分是档案管理员，亚述的就已接近书籍爱好者了”。[14]公元前1世纪，西塞罗认为图书是一种精神财富，是家庭的“灵魂”所在。1世纪，塞加尼认为，书籍是家庭必备的工具，但必须利用。这种思想在当时普遍存在，一些学者对“把图书作为家庭装饰品”的作法进行了批判。如作家路西安(Lucian)在《无知的藏书者》一文中指出：“尔辈时时展开与收裹书卷，装裱修裁，涂以郁金色及香柏油，附以标签及书结，犹如可从中获益然；尔辈藏书究竟为何?”间接说明图书的价值不在其表，而在其里。7世纪，西班牙学者以塞多尔(600—636年任塞维尔城主教)设立图书馆并利用馆藏编成一部早期百科全书《辞源》(Etymologiae)，他有一首诗咏其图书馆，其中一节云：“圣籍群书莫不备，若喜诗篇尽取吟。吾家草地多荆棘，亦植鲜花杂其间。若嫌荆棘难适意，玫瑰娇妍任君选。圣规俗律皆崇敬，古籍今著并珍藏。图书室内禁喧哗，若喜闲谈慎莫入。”这里间接说明了图书的作用。11世纪诗人摩路波(J. Mauropous)曾撰一联以表达他拥有图书馆的感想“坐拥书城有蜂舞花间之趣，捧诵佳篇得蜢啜朝露之滋”。

由上可见，西方强调文献的知识和学术作用，而中国则强调图书的政治和历史作用。

3.2　关于文献的收集与校勘

在孔子时就有了文献收集和校勘之法。中国收集与校勘文献有两种途径，一是全国性地大规模收集校勘文献；二是私人收集校勘文献。在全国性收集校勘文献之前，通常有关于文献的论述，表现为大臣的建议。如北魏初，太祖道武帝将战争中获得的图书赐予功臣及将士，李先(字容仁)任秘书监时，太祖问“天下书籍，凡有几何？朕欲集之，如何可备?”李先答曰：“伏羲创制，帝王相承，以至于今，世传图记，天文秘纬，不可计数。陛下诚欲集之，严制天下诸州郡县搜索备送，主之所好，集亦不难。”于是太祖采纳李先建议，“班制天下，经籍稍集”(《魏书·李先传》)。刘宋时王俭为秘书丞，上表要求校订坟籍。最著名的是隋文帝开皇三年(583年)秘书监牛弘上《请开献书之路表》，表中不仅论述了集书的必要性，而且说明了集书的方法，“必须勒之以天威，引之以微利”，这是吸收和发展了前代聚书的经验。历代集书之法归纳有四:(1)诏令征书;(2)派官员亲临各地查访;(3)奖励献书;(4)借用校定并缮写副本,事后旧本归还原主。

中国古代不仅有大规模的集书校勘活动,而且有关集书校书的专门研究。许多学者总结校勘之法,探求校雠本义,集书校书密不可分,校雠融校勘、版本、目录等于一体。形成了中国的目录学——“校雠”。关于集书校书研究至南宋而达到高潮,秘书省首任秘书少监程俱著有《麟台故事》五卷,对编校图书作专门论述,分校勘、修纂和编修国史三个方面,既叙述了校书史实,又总结了校书之法。郑樵《通志·校雠略》,总结求书八法为:“求书之道有八,一曰即类以求,二曰旁类以求,三曰因地以求,四曰因家以求,五曰求之公,六曰求之私,七曰因人以求,八曰因代以求,当不一于所求也。”而于校勘,论述更详。

在西方,政府和私人都有收集、校勘图书的活动。但官方的收集图书远不及中国那样普遍、持久。西方集书的方法有:(1)掠夺图书。罗马时代图书主要来源于对希腊的战争,公元前215—168年,罗马三次发动对马其顿的战争,图书作为战利品遗留后世。公元前146年希腊并入罗马版图后,几个大型图书馆迁罗马,随后,又从埃及、巴比伦等国掠夺了大量图书。(2)缮写图书,如中世纪,教堂和修道院有专门缮写文献的教士,缮写者在羊皮纸上工整地誊写,并在卷首配以着色的图画。(3)翻译图书,亚述时就有翻译图书的活动。(4)社会捐赠。中世纪大学图书馆藏书的主要来源靠捐赠。

就方法比较,中国更重视图书的征集,其目录学源于集书校书;而西方较重视图书的缮写,目录学源于因缮写而文献传播,文献增多而有编目。就理论而言,西方对于集书校书的论述颇少,公元6世纪,在中国牛弘稍前,卡西奥多对于图书的校正作过论述,但此后,理论性总结甚少。由此可见,无论在集书校书实践上,还是在理论总结上,中国比西方明显高出一筹。

3.3 关于图书的管理

在古代,中西方图书馆学还处在孕育时期,关于藏书的知识构成了目录学的组织部分。在中国,目录学包括版本、校勘与目录,这些知识的积累与藏书楼紧密相关,藏书楼不仅收集版本、校勘文字，而且编制目录。在西方，目录学包括缮写图书、整理、目录等，这些知识也是在图书馆实践中总结的，可以说，图书馆是目录学的实践领域之一，图书馆管理者大多是目录学专家或掌握目录学知识的人。

有人认为，1627 年诺德的《关于如何创办图书馆的意见》是西方图书馆史上最早的一部图书馆论著，[15]这种提法并不准确。因为在此以前，就有关于藏书的文献。1 世纪，瓦尔罗有《论藏书》，但该书已佚，不知其详细内容。现在我们确切知道的是 6 世纪的文献，卡西奥多的《圣约与古籍》和本尼狄克的《规约》都与图书的管理有关。7 世纪，以塞多尔的《辞源》中就有他见到的关于古典时期图书馆的资料。780 年后，阿昆任约克郡图书馆员时，有长诗一首叙其图书馆藏书内容，诗首章云："先贤遗著，尽藏馆中，有拉丁文籍，有希腊古典。"

在中国，牛弘的《请开献书之路表》以及一些书目序涉及图书管理的内容。12 世纪中叶，程俱《麟台故事》在详述宋代馆阁、馆职以及藏书情况的基础上，论述了兴办馆阁的意义和国家藏书的职能，"祖宗以来，馆阁之职所，以养人才，备任使一时，各公卿都由此涂出""复兴馆阁，国有大礼大事，于兹有考焉"，还讨论了藏书的整理、典藏与使用、馆职的选拔等问题。

在图书的管理方面，西方较中国发达，著名的亚历山大图书馆兴盛数百年，藏书多达 70 万卷。西方公共图书馆、私人图书馆、大学图书馆设立较早，且有较大规模，其图书的管理方法也较先进。

3.4 关于文献的揭示方法

中国自孔子开始就有揭示文献的方法，提要是中国目录学的优良传统。过去目录学界一直认为古代的提要有三种体例：叙录体、传录体、辑录体。[16]我以为，除这三种之外，还有两种：解题体和序跋体。解题体为南宋陈振孙创立，虽然解题体吸收了叙录体的经验，但它与叙录体不同。叙录体不仅说明图书内容的价值，作者的学术思想，而且说明校雠经过。解题体只说明图书和作者，不涉及校雠问题，在格式上也不像《别录》那样讲究，可以说是叙录体的发展。来新夏先生将《直斋书录解题》的解题方法归纳为六项内容:(1)评论人物;(2)评论图书价值;(3)介绍图书内容;(4)记述选材;(5)记撰述时间;(6)记图书版本[17]序跋体源于梁僧祐创立的“总经序”,即抄录各经的前序和后记,它与辑录体有所不同,辑录体辑录的范围较广泛,并有叙述和注解,而序跋体只录本书各序跋,以序跋代提要。

西方著录法早于中国,早在亚述时代就有文献的著录,泥版目录中列有书名,该书所含版数、行数、卷首字、重要子目。卡利马赫的书目除介绍每一著者的生平及著作外,还著录每篇著作的行数、字数。罗马图书馆的书目按作者姓氏排列,注明书卷名称(或书内第一行文字)、作品长度,有时附有作者传略。

文摘是西方揭示文献的专门方法,中世纪以前的百科全书中就有“摘记各门知识”的方法。9世纪学者、主教孚修编的《文粹》就是一部文摘,包括早期作家作品280种,其中多为神学、希腊历史与文学著作,也有艺术与科学书籍,这种文摘是现代文摘的前身。

3.5 关于文献的分类

中国的文献分类有着悠久的历史,并随着学术的发展和书目的不断编制而改进。刘向刘歆《七略》分辑略、六艺略、诸子略、诗赋略、兵书略、数术略、方技略,首创书目分类体系。班固依《七略》作《汉书·艺文志》,保存了六类三十八种的分类体系,此乃六分法。四部分类,始于郑默《中经》,西晋荀勖因《中经》更著《新簿》,分为四部:甲部纪六艺及小学等书;乙部有古诸子家、近世子家、兵书、兵家、术数;丙部有史记、旧事、皇览簿、杂事;丁部有诗赋、图赞、汲冢书。东晋李充更换荀勖四部乙丙次序,秘阁以为永制。王俭别创九分之法,《七志》改六艺为经典,次诸子,次诗赋为文翰,次兵书为军书,次数术为阴阳,次方技为术艺,又增图谱一志,以全七限,其道佛附见,合为九条。阮孝绪斟酌王刘分七类(《七录序》),其方内经史,至于术伎,合为五录,谓之内篇;方外佛道,各为一录,谓之外篇,成《七录》。至唐魏征,以经史子集类名替代甲乙丙丁,四部定名,分四部四十类,四部分类定型。

其后,四部分类成中国书目分类主流,有王尧臣、欧阳修的四部四十五类,晁公武的四部四十五类,陈振孙的四部五十三类,尤衮的四部四十四类，马端临的四部五十五类，等等。四部之外，有李淑的八分法：八类五十七子目，郑樵的十二分法：十二类百家四百二十二种的分类体系，郑寅的七分法，王应麟的四十四分法，杨士奇以藏书千字文排次，凡二十号。

在西方古代和中世纪，书目多按作者、年代或主题排列，对分类不够重视，缺乏完善的分类体系。早期卡利马赫的书目分为八类：演说术、历史、法律、哲学、医学、抒情诗、悲剧、杂类。罗马图书馆藏书按当时所知之类别分类，亦有分类目录，但类名已不可知。中古图书馆藏书依主题分类，神学书籍与俗世著作区分开来，神学书籍类下的子目有经典、注疏、传记及礼拜用书等，俗世书籍，尤其是大教堂图书馆的藏书，子目是依所授的科别划分，如初级部分（trivium）的文法、修辞与理则学三科，及高级部分（quadrivium）的算术、几何、天文和音乐四科。在若干图书馆中，这些类目皆分别以字母代表，并将代表字母显著地刻在书柜上。1289年索邦图书馆（巴黎大学图书馆前身）目录分初级、高级、神学、医学、法学五大部类。总之，在16世纪盖士纳《世界书目》创立二十一类分类体系之前，藏书分类缓慢发展，但书目分类明显落后于中国。

由比较可知，第一，文献分类与学术分类有密切的联系，一般是以学术分类为基础的。卡氏的分类是古希腊学术文化的体现，刘歆的分类是汉代学术文化的结晶，其六艺诸子的划分都是以前人的学术划分为基础。中古时代修道院和教堂图书馆的图书分类是以七艺的知识分类为基础。第二，藏书的分类与书目的分类密切相关，常常融为一体。因为许多书目是图书馆藏书的反映，书目各类与藏书各类类似。第三，文献的分类随历史的发展而创新、改进。7—13世纪的分类与1世纪的分类相比，虽有继承，但有较大的不同，类目向细分化发展。

3.6 关于书目功用

公元前，人们编制并利用书目，已经感受到书目的重要性。但并没有人总结或明确地提出来。1世纪，塞尼加间接地指出书目的作用在于“遍览”，此时，班固对于书目的作用叙述较为明确，他认为刘向编书目是反映各家学术，“刘向司籍，九流以别，爰著目录,略序洪烈”(《汉书·叙传》)。他编书目则是反映一代藏书之盛“今删其要,以备篇籍”(《汉书·艺文志序》)。6世纪,阮孝绪认为书目的主要功用在于记载天下图书“其遗文隐记,颇好搜集……凡内外两篇,合为七录,天下之遗书秘记,庶几穷于是矣”(《七录序》)。7世纪魏征认为书目的作用一是辨学术流别,二是记录存佚,“今总其见存,编为簿录篇”(《隋书·经籍志》)。8世纪,毋煚认为目录的作用在于解决文献增长与读者需求之矛盾,提供文献线索。没有“剖判条源,甄明科部”,则“先贤遗事,有卒代而不闻,大国经书,遂终年而空泯。使学者孤舟泳海……”而有了目录,就“将使书千帙于掌眸,披万函于年祀。览录而知旨,观目而悉洞”(《古今书录序》)。毋煚的这一见解有突出的意义。在此之前,中国一直强调书目的学术作用和保存文献的作用,而毋煚认识到书目在利用文献方面的作用,是一大贡献。

到12世纪,中西方对于书目的作用更有详论。12世纪法国哲学家提本说:“每一列书籍内所装之书籍,皆应将其书名分别登录于目录簿中,目录簿则置于每列之一端,如是则某书在某列书籍中,可一目了然,而无混淆。每一箱内所装之书,亦应依此法登录。目录应经常翻阅,俾能记住所藏何书,书籍借给他人,应先登记书名,归还时则予销去。”这说明了书目的检索功能,明确地表达了塞尼加的思想。但是这里说明的利用仅仅是供管理者的利用,而不是供读者利用。与此同时,郑樵在《通志》中表达了目录的功用,一是剖析学术源流,二是记古今之存亡,三是便于利用“上有源流,下有沿袭,学者亦易学,求者亦易求”(《通志·校雠略·编次必记亡书论三篇》)。可谓对古代书目功用的全面总结。

关于书目的认识,如果说,中国重视书目的保存文献和学术研究的作用,那么,西方较重视文献的利用和书目的检索功能。

4 结论

综上所述可以得出16世纪以前中西目录学发展的基本规律。

就共同点而言,有以下结论:

(1)中西方目录学与书目活动最为密切,目录学来源于书目活动。中西方目录活动出现于奴隶社会,目录学出现于公元前5世纪,经历了十几个世纪的实践积累。因此,目录学是对书目实践的知识积累和总结。

(2) 中西方目录学必然受到社会环境的影响,包括政治、经济、战争、宗教、文化和科学等方面。目录学的发展不是孤立的,它必然是社会活动的反映。这些社会因素对于目录学的影响不是一成不变的,在不同的时代不同的地区,不同的因素对目录学的影响也不相同。而这些因素之间又有着密切的联系,只有把这些因素综合起来,才能看到社会对目录学的影响程度。

(3) 中西方目录学发展与目录活动的发展并不是完全吻合的。目录活动的发展包括文献的整理、书目的编制等。其标志是这些活动的数量与质量,而目录学的发展包括理论与方法的发展,其标志则是描述与创新。一般来说,目录活动的发展可以推动目录学的发展,但有些时候目录活动和目录学的发展并不是成正比。

(4) 中西方16世纪以前的目录学都处于经验描述时期,其目录学的核心是目录活动的方法。方法、经验的描述和创新构成了目录学的理论。显而易见,古代的目录学还很不成熟,理论还比较薄弱。

(5) 中西方古代目录学有着广泛的范围,具有不确定性,概念比较含糊。从事目录学研究的也不是专门的目录学家,而是各学科的专家。因而目录学与许多学科有着千丝万缕的联系。不过,古代的目录学都是以文献为中心的,目录学成为文献活动诸环节的轴心,成为学术研究的基础。

(6) 中西方目录学的发展不是直线上升的,目录学奠基以后,有稳定发展,也有不稳定发展,有高潮,也有低落。

就不同点而言,中西目录学的发展各有特色:

(1)社会因素的影响程度不同。中国古代的目录学受到政治的影响最大,与中国长期的封建政治、中央集权制有着直接的关系。而西方的目录学较大地受到宗教的影响,与西方的宗教主要是基督教的地位有直接关系。如果说,中国古代目录学是政治目录学,那么西方古代的目录学是宗教目录学。中国的政治目录学导致了官家书目和史志目录的空前发展,西方的宗教目录学推动了宗教目录的兴盛。

(2)目录学的核心思想不同。过去以为中国古代目录学的核心思想是"辨章学术、考镜源流",虽然中国古代目录学在学术史上确有成就和贡献,但还不能将目录学与学术史等同起来,在史志目录学派那里,是以"辨章学术、考镜源流"为宗旨和最高境界。然而,在目录学的其他学派,如藏书目录学派、佛藏目录学派、版本目录学派,[18]辨章学术并不是主要的任务。因此,我认为目录学的核心思想是"系统整理文献",包括文献的整序,文献的保存,文献的校勘,文献的编目诸方面。在古代中国,就有了文献控制的简单思想"览录而知旨,观目而悉词"。这种整理文献的思想起到了反映古代学术的作用,因而古代目录学兼学术之史,而不等于学术之史。

在西方,目录学的核心思想是"传播文献"。文献的搜集,文献的抄写、著述,文献的编目其根本目的在于利用,不仅在理论上表现了目录的功用在于检索利用,而且在实践上表现了目录的公共性。如果说中国目录学重视保存文献,那么西方目录学重视利用文献,其原因要归结于中国目录学的保守性和西方目录学的开放性。

(3)目录学的发展道路不同。中国目录学重视整体的发展,目录学的理论和实践都表现了整体的推进:各类型书目的全面发展,书目方法的不断创新,对于书目活动描述的逐步积累,目录学有较强的继承性。而西方目录学更重视个体的发展,由于西方书目活动不是官方性,目录学也在民间,各个图书馆、各个学者的研究程度有较大的不同,目录学的继承性不强,后代对于前代的描述也较少,往往注重自身的开创。中国古代目录学经历了奠基、开创、缓慢发展、理论发展四个阶段,西方古代目录学经历了奠基、偏向、缓慢发展三个阶段。到了15世纪,西方古代目录学已达到顶点,而中国古典目录学还未完善。

(4)目录学的发展水平不同。在目录学起源时,中西方目录学就有了方法的开创。但是,中西方目录学的理论和方法都有差异。例如,就编排方法而言,中国主要是发展分类编排的方法,其他方法如主题、年代、地区、字顺方法则较少。西方的书目是字顺和主题分类并行发展。古罗马就有分类目录和作者目录两种，中世纪时编排方法体现了多样性，有按学科分类排列的，有按字母顺序排列的，有按作者或书名排列的，也有按书内第一行首字或末字排列的。不过，西方的分类不如中国系统、细密，也不如中国应用普遍。总的来说，西方的目录学理论和方法都落后于中国，特别是在理论方面，对于前代的经验描述不足，缺少对目录学诸方面的系统见解。

参考文献：

1 来新夏. 古典目录学. 北京：中华书局，1991：14

2 容肇祖. 中国目录学引论. 图书馆周刊，1928，5(4)

3 王重民. 中国目录学史论丛. 北京：中华书局，1984：2

4 余嘉锡. 目录学发微. 北京：中华书局，1963

5 昌彼得. 中国目录学的源流. 见：图书馆学. 台湾学生书局，1984

6 不列颠百科全书. 1977 年版

7 美国百科全书. 1977 年版

8 姚名达《中国目录学史》和卢震京《图书学大辞典》

9 《文选·魏都赋》注引

10 王国强，柯平. 论郑樵目录学思想. 郑州大学学报，社科版，1996(3)

11，12，13 [英]丹皮尔著. 科学史及其与哲学和宗教的关系. 商务印书馆，1975

14 Johnson，Elmer D. 著；尹定国译. 西洋图书馆史. 台北：台湾学生书局，1985：22

15 倪波，荀昌荣. 理论图书馆学教程. 天津：南开大学出版社，1986

16 武汉大学、北京大学《目录学概论》编写组. 目录学概论. 北京：中华书局，1982：113

17 来新夏. 古典目录学浅说. 北京：中华书局，1981

18 柯平. 论中国古典文献学的流派. 郑州大学学报，社科版，2002(2)

原载于《津图学刊》，2003 年第 2 期

试论以信息理论为基础的现代目录学

现代目录学如何以信息理论为基础，体现信息、文献、书目的本质特征和内在联系，直接关系着现代目录学的发展。

一、信息理论与现代目录学

现代目录学的传统始于19世纪，福开森称之为“记述书籍的科学或艺术，或科学艺术兼备的学术”。[1]到了20世纪，现代目录学思想刚刚确立，便受到科技革命的冲击。将信息理论引入目录学具有划时代的意义。它对现代目录学的影响主要表现在：

1. 目录学悠久的历史不断改变着目录学的概念。从“图书的抄写”到“图书的记录”是古典目录学的内涵，目录学或校雠学以研究图书为己任，成为关于著述的知识领域。从信息的角度看，目录学记录图书，编制书目的目的在于传递关于文献的信息，由此产生“书目情报”的新概念，重新考虑现代目录学的研究对象，必须以这一概念为基础。

2. 关于目录学是科学还是艺术有过长时期的争论。在概念上，西方目录学与书目没有明显的区别，通常被定义为“是一种目录，也是一种生产”。如果说是一门科学，是在研究图书的知识及其历史方面具有学术的意义。例如，德国目录学家爱贝尔特把目录学定义为“在广义上，是关于文献生产的科学”。[2]其理论研究十分薄弱。既没有深入探讨基本的理论问题，也没有产生一系列的原理，更没有形成独特的理论体系，以致存在着对目录学“有法无论”的偏见以及对目录学科学性的怀疑。究其原因，主要是缺乏理论基础。当目录学面对严峻的现实并对历史进行深刻反思之后，才真正认识到目录学的一切活动都符合信息的运动规律。

有了这一理论基础，就会有目录学理论的发展。

3. 信息理论不仅确立了目录学的理论基础，而且影响着目录学的学科性质。古典目录学来源于图书的整理或校雠活动，与版本、校勘同出一炉，与著述史、文化史、图书馆学甚至古文书学都有密切的联系，这就使得它长期囿于史学范畴。现代目录学与古典目录学的一个根本区别，就是脱离史学而独立，成为关于图书的图书学或关于书目的图书学分支。信息理论使目录学与图书馆学、情报学更紧密地联系在一起，越来越多的人认识到它们的共同点，要求建立"大科学"作为其母体。无论是英美的"图书情报学"、俄罗斯的"社会情报学"，还是我国的"知识学"、"情报科学"、"文献科学"和"文献信息学"，都反映着信息理论对于科学结构的作用。不久前，印度目录学家提出"目录学是一门关于'人类思想记录'的人文科学，同时它广泛应用的基本方法，具有'分析和系统'的科学性质"。[3]我们认为，随着综合性学科、边缘学科的出现，现代目录学正在走出社会科学，它与情报学（科学信息学）和图书馆学都必然是信息科学的重要分支。

4. 学科性质的转变必将引起研究视野和研究方法的改变。传统目录学研究主要是历史法和定性研究，没有形成方法论。现代目录学的信息科学属性使目录学树立科学哲学观，要增强目录学家的信息意识和创造能力，改变单一定性研究，运用系统、控制、耗散结构、协同学等一系列新方法，建立方法论，以解决文献信息传递问题。

从根本上说，信息理论使现代目录学的全部内容都处于扬弃、更新、重组之中，目录学理论与应用、书目工作实践与服务都在不断开拓新的领域。

二、书目情报的信息理论基础

现代目录学中信息理论的引入既是信息理论的必然影响，也是目录学发展的需要。引入信息理论建立的书目情报理论是现代目录学的基础理论。

我国对于书目情报的研究，大体上借鉴了70年代以来俄罗斯目录学家关于书目情报的认识，但常与二次文献混为一谈。我曾提出以书目文献(包括目录、索引、文摘)取代按文献级次区分的"二次文献",把文献的三级划分归纳为原始文献和书目文献二级,并且把书目情报作为建立在书目文献这种具体概念基础上的抽象概念,看成是"书目文献中关于文献及其识别的情报"。[4]

书目情报的本质是什么?运用信息理论能够解决这一问题。

第一步:从申农的通信系统模型看书目情报与书目文献的关系。书目情报所进行的文献传递与信息传递和变换的过程一致,书目文献是书目情报的载荷者,书目情报处理过程就是把书目情报转化为书目文献,犹如通信系统中将消息转化为信号一样。从书目情报的处理到检索,受到多种因素如标识混乱、文献信息失真及外界影响等的干扰。用户只有利用书目文献,通过书目情报检索才能获得书目情报,从而完成从文献(信源)到用户(信宿)的书目情报传递过程。

第二步:从范诺通信系统模型看书目情报的内在结构。范诺在申农模型基础上将发射机变成两个编码器,接收机变成两个译码器,建立了新的通信系统模型。从这一角度看书目情报传递过程,在书目情报处理和检索中都表现出两方面的信息:一是文献信息即关于文献、文献流的各种知识和情报,包括某学科文献流、文献时效、文献数量与质量乃至具体文献的内容,在书目文献上表现为文献的著录内容,鉴别结果和提要、注释或摘要内容等。二是识别信息即识别文献的各种知识和情报,包括著录项目、著录格式、标识符号、提要语言、文摘语言和索引语言等,在书目文献上表现为款目形式和编排法。按照范诺模型,书目情报处理包括文献信息的处理和识别信息的处理,前者指在熟悉文献的基础上对文献进行鉴别和揭示,为文献著录和编排做准备,后者指按照文献著录和编排法则将文献信息转化为识别信息,这是一个从"信源编码器"到"信道编码器"的过程,完成这一转化的"码"就是书目情报语言,包括经过规范化处理的人工语言、代表一定体系的符号语言、代表文献地址的符号语言以及用于区分著录事项的标识等。这种语言如不通过"信道译码器"转化为接收者识别的"码",接收者是接收不到"消息"的。书目情报检索过程就是通过用户语言检索识别信息,进一步获取文献的外形特征和内容信息的。但无论是书目工作者进行书目情报处理用的语言，还是用户进行书目情报检索用的语言，都是一种语义符号。代表一定的语义信息。因此，书目情报是关于文献的语义信息传递。

第三步：从信息熵看书目情报的本质。“信息熵”是反映系统不确定性、无序性的一种量度。由于输入系统的信息量，可用它所消除的不确定性来度量，故信息可表达为输入信息后系统熵的减少。书目情报与信息熵有什么联系呢？如前所述，书目情报传递要对文献信息进行编排组织、检索利用，这一过程实际是文献信息的有序化。揭示文献愈准确、编排文献愈科学、报道文献愈及时，熵（无序化）值愈小，书目情报中所含的信息量愈大，因而也是一种负熵。

书目文献作为书目情报的载体存在着熵增现象。特别是在书本目录中，自然熵增表现为：文献信息老化、文献报道周期过长等。卡片目录以及时增加新文献的灵活组织方式克服了书本目录的弊端，但无法完全消除其自然熵增，只有机读目录、CD—ROM 等新形式，及时准确地处理和检索大量文献信息，才能使用户获取所需的书目情报。按照耗散结构理论，书目情报系统作为开放系统，满足系统方程：$ds = des + dis$ 中的 $|des| \geq dis$。可见，书目情报的目的在于增强文献信息的有序性，与前面分析联系起来，实质是文献的语义信息传递的有序化。以书目情报为核心的书目情报理论除了对书目情报的基本认识外，还包括书目情报的中介论、交流论。

书目情报的中介作用首先表现在书目情报系统中处理的对象——文献是以知识信息为内容的特殊中介，而书目情报又是文献之间的中介。过去的目录学家比较重视书目工作系统的输入和输出两端。“图书说”把目录学的着眼点放在系统的输入一端，而“目录说”又只注意到输出一端；至于“图书兼目录说”正是兼顾首尾，但它们都忽视了系统的自身。有人认为目录学是研究认识和揭示图书的规律的科学，已开始触及目录学的重要部分。

把书目情报系统置于信息系统的环境之中，能够认识到书目情报交流的规律。无论是米哈依洛夫的广义科学交流系统模型，还是科尔舒诺夫的交流三平面划分，都能找书目活动的位置。对此有两点值得注意。一是科学交流理论为情报学、目录学提供了共同的理论基础,但交流的实质是信息传递,都是建立在信息理论基础上。二是在交流的正式过程和非正式过程划分中,书目工作是一个正式过程,它不仅是从创造到文献处理的正向传递,而且是文献、用户、系统之间的双向传递。书目情报系统在信息中应当是基础工程,无怪乎 UBCIM 被作为世界图书情报工作的奋斗目标。

三、现代目录学的信息化方向

以信息理论为基础的现代目录学朝什么方向发展呢?这是值得我们深思和选择的。古典目录学研究虽有深厚的基础,但随着时代的发展已不是目录学的主体了。"图书说"目录学派早已致力于图书学研究,并逐步建立起文献学大体系。伴随着现代目录学产生的编目理论在图书馆得到广泛应用,被称之为编目学或图书馆目录学,可视为现代目录学和图书馆学的共同领域。但是,所有这些都代表不了现代目录学的发展方向。最近 10 余年,人们对目录学的发展十分关切。有关目录学方向的讨论热点集中在以下方面:

1. 书目控制研究。80 年代初就有人提出把书目控制作为目录学的方向,认为"目录学是研究对所有图书文献资料实现目录控制的理论和方法的科学"。[5] 1981—1990 年,我国研究书目控制的文章共 46 篇;[6] 在国际上,《图书馆学情报科学文摘》1988—1991 年共摘出书目控制文章 91 篇。[7] 90 年代初,有人尖锐地批评忽视书目控制阻碍了中国当代目录学的现代化进程,强调只有站在世界书目控制的高度来重建理论体系,目录学才能取得真正的发展。[8]

2. 数学化。在目录学数学化的呼声中,书目计量学或称文献计量学受到图书情报界的普遍重视。但是目录学的数学化不仅仅是建立并发展一个分支学科,而是整个学科从研究方法到研究内容的数学化。

3. 书目情报服务。从传统的书目工作研究扩大到书目情报服务包括对书目情报需求、书目情报成果评价的研究,在 80 年代中期发展起来,它把目录学的研究重点从书目编制法转向用户,从而找到了目录学实践的根本目的所在,这方面最重要的成果就是1990年出版的《书目情报需求与服务研究》。

围绕这几个热点,目录学突破的关键是理论还是应用呢?这需要从整体上重新认识现代目录学。1990年初,陈光祚教授就目录学研究对象提出了新的认识,认为“是研究文献流的整序、测度和导向的科学”,[9]朱天俊教授在强调理论建设的同时,更强调“适应社会需要,发挥应用目录学的作用”,认为“应用目录学领域广阔,有待开发、研究与实践。它的发展将把我国目录学大大地向前推进一步,由此总结的理论又可丰富目录学理论”。[10]近年来,彭斐章教授把“目录学与时代”作为现代目录学研究的重点,提出了目录学研究的重大领域。[11]上述这些研究,把现代目录学推向了新的阶段。

现代目录学的方向有两个决定因素:一是目录学自身的发展。从图书的研究到文献的研究到书目情报的发现,确立了目录学的核心理论——书目情报理论。二是目录学的时代环境。信息科学技术改变了书目工作的面貌,信息理论影响并渗透到目录学领域,正在改变着目录学的知识结构。根据前面的分析,现代目录学必然向信息化方向发展。目录学信息化方向包括以下意义:

1. 以信息理论为基础建立现代目录学新理论体系。要重新认识目录学的研究对象和学科性质,特别是发展书目情报理论,从信息的角度研究书目情报交流和书目情报控制,揭示书目情报运动的规律,以指导书目情报实践。

2. 加强对文献和用户的书目情报研究。从信息的角度考虑文献流的有序化和用户的书目情报需求及其对书目情报系统的影响。关于前者,要重点开展UBC—NBC研究及书目情报分析;关于后者,要重点开展书目情报检索和BI研究。

3. 加快书目工作的信息化进程。手工编目工作要逐步向计算机编目系统过渡,书目文献体系的建设要发展为书目数据库的建设。要建立大型书目数据库及国家书目情报中心和地方书目情报中心相结合的公共书目情报网络;还要根据不同类型用户及其情报需求,发展小型的书目数据库、全文数据库,并使其进入家庭。

4. 发展书目情报产业。随着书目情报的商品化，书目情报产业已成为信息产业的重要组成部分。国际上较大的书目公司在生产书目情报和进行书目情报交换中创造了巨大的经济效益。特别是科技书目情报进入信息市场后在情报工业产值中有一定的比重。因此，开发和利用书目信息资源，不仅能推动科学研究，而且有利于经济建设。

诚然，目录学的信息化对现代目录学家提出了更高的要求，不仅要求具有很强的信息意识，掌握信息理论及其研究方法，成为现代目录学的理论建设者，而且要求其积极投身于信息市场，把理论运用于书目情报实践，成为现代目录学实践的开拓者。只有这样，以信息理论为基础的现代目录学新体系才能建立并得到发展。

参考文献：

1 [英]富开森著；耿靖民译. 目录学概论. 武昌文华图专. 1934

2 Schneider, G. Theory and History of Bibliography. New York: Scarcrow Press. 1934:13

3 Kumar, G.; Kumar, K. Bibliography. 3rd. ed. Vikas Publishing House Pvm Ltd. 1990:1

4 柯平. 试论以书目情报为基础的书目控制. 图书馆理论与实践，1991(3)

5 陈一阳. 目录学研究对象和定义新探. 图书情报工作，1983(4)

6 秦宜敏. 我国书目控制研究述评. 图书馆，1992(3)

7 罗兴辉. 国际书目控制研究的新进展. 中国图书馆学报，1993(2)

8 程焕文. 论中国当代目录学的变革——关于建立二次文献学的初步构想. 图书与情报，1991(4)

9 陈光祚. 目录学是研究文献流的整序、测度和导向的科学——对目录学对象的再认识. 图书情报工作，1990(1)

10 朱天俊. 目录学研究中若干问题的思考. 中国图书馆学报，1992(4)

11 彭斐章. 目录学与时代. 图书馆，1992(1)

原载于《图书情报知识》，1994 年第 2 期

现代目录学体系中的书目资讯理论

一、前言

书目资讯理论是现代目录学的基本理论。20 世纪 50 年代以来,国外目录学界为提出、论证并完善这一理论作了大量的探索,把书目工作理论上升到一个新的高度。而我们对这一理论还没有予以足够的重视,影响着目录学的现代化进程。本文将分析这一理论的研究进展与研究成果,试图建立现代目录学体系中的书目资讯理论。

二、书目资讯理论发展历程

世界目录学有着悠久的历史,无论是东方中国孔子的"诗书之序",还是古希腊卡利马赫的《各科学者及其著作一览表》,都在目录学史上占有重要的地位。中国从目录学始祖刘向到郑樵、章学诚,谱写了古典目录学发展史;西方从目录学之父盖士纳到爱贝尔特,完成了近代目录学的创举。正是这灿烂的历史给现代目录学铺上了较高的基石,也正是这些成果使现代目录学背负沉重的包袱,增加了突破的难度。多少年来,目录学家在传统与创新中徘徊,一些目录学家寻找着各种突破口,终于找到了书目资讯理论。

书目资讯理论产生于 50 年代,形成于 70 年代。它的产生和形成,有两个因素:

1. 系统论、信息论和控制论的建立与成熟为书目资讯理论奠定了理论基础

贝塔朗菲在 20 年代创立的系统论到 40 年代才得以承认,这时,申农创立的信息论和维纳创立的经典控制论终于找到了自己

的“近亲”。这些理论动摇了传统的科学体系，具有普遍的指导意义，它对于目录学的发展也产生了深刻的影响。用这些理论方法去考察目录学，能够找到书目工作在社会和科学中的位置，找到目录学特有的规律。

2. 资讯学的兴起和图书馆学的创新对书目资讯理论的建立起了催化作用

50 年代，资讯学迅速崛起，在文献工作的基础上开展了资讯工作，美国、苏联、日本等国都建立了科技资讯的专门机构。在资讯学的影响下，图书馆学和图书馆工作也掌握了资讯的概念，大胆改革体系结构。这对目录学形成了“包围圈”，增加了目录学家的危机感。目录学只有找到新的理论才能解决困境。

过去，目录学作为“显学”一直走在时代的前列。19 世纪末建立的国际目录学研究所和 20 世纪初各国目录学会的成立，做了大量的目录工作，但由于它缺乏理论根基，很快被文献工作所取代，1931 年国际目录学研究所改名为国际文献工作研究所。之后由于资讯学理论的支持，资讯工作又取代了文献工作。20 世纪以来，目录学始终在“图书学”上纠缠不休，目录学家研究过文献工作，但没有建立其理论。资讯学的出现给目录学以启示，目录学的核心是书目资讯。

所谓书目资讯理论，就是把书目文献（目录、索引、文摘等）作为传递文献信息、进行文献交流或科学交流的工具，研究存贮和传递文献信息的规律。

书目资讯理论的出现在现代目录学中具有划时代的意义：

首先，它以信息理论为理论基础，把传统目录学引向信息化社会。它的产生标识着传统目录学向现代目录学的转化，它的发展标识着现代目录学的真正确立。

其次，它把目录学家的视线从具体的书目文献引向书目文献中的资讯，增强了目录学家的书目资讯意识，从而导致目录学研究方法的更新，促进目录学研究和书目工作信息化、科学化。

此外，它有利于建立现代目录学的新体系，以书目资讯理论为起点和核心，可以促使目录学向微分化和积分化方向发展，建立一系列的理论。

三、书目资讯理论的最初表达是书目交流理论，而书目交流理论又与书目控制论紧密相关

1948 年维纳的《控制论》在美国出版。次年美国芝加哥大学图书馆学院伊根和谢拉在《编目和分类》杂志上发表《书目控制绪论》一文，提出了书目控制（Bibliographic Control）的概念，描述其目的是提供文献内容检索与外部特征检索的手段，这里包含着书目组织（Bibliographic Organization）的思想。

1952 年伊根和谢拉在《图书馆杂志》上发表《目录学的一种理论基础》，提出了书目交流的理论。

在考虑目录学研究与发展的基础问题上出现了两种不同的观点：一种把书目看成是孤立的工具，书目之间几乎没有联系；另一种观点用“宏观”方法，把书目看成交流的媒介，这种交流本身又是社会组织及其活动的媒介。伊根和谢拉正是用这种观点去考察目录学，从而发现了书目交流（Bibliographic Communication）。这一理论包括以下思想：

1. 书目是资讯的传递系统

他们认为今天为各领域学者和研究人员开展的书目服务正是“宏观”思想的结果。“书目是思想和资讯的一个传递系统，类似物质商品运输的铁路系统”[1] 这里既反映书目在资讯中的联系与地位，也说明书目的“系统”思想。

2. 社会认识论是书目和目录学的理论基础

伊根和谢拉把书目作为社会书面交流的一个组成部分，影响着许多领域。图书馆员和目录学家首先关心的是书面交流，而不是人们通信性质的交流。为了建立书面交流理论的大框架，他们提出目录学作为基础的“母体原理”——社会认识论（Social Epistemology），指出“这一原理因缺乏更为准确的描述词而命名为社会认识论，意思是把社会作为一个整体进行这些过程的研究，寻找取得与整个环境——物质的、心理的、知识的一种理解联系。这一术语的由来是显而易见的。认识论是认识方法或基础的理论或科学，特别关系到认识的范围和效用；由此哲学家探索个人如何取得对自己环境的感性或理解的联系。社会认识论仅

仅是将其原理从个人的知识生活中带到了社会、国家或文化的知识生活中”。[2]这就是他们为书目交流乃至目录学确立的理论依据。

3. 书目交流区别与大众交流

他们认为:社会交流这一体系在各个方面都是人类社会目标实现的媒介,要考察各种交流特别是书面交流、书目与交流各种功能的关系,提出从三个方面进行系统地探索:(1)书目在整个社会交流过程中现有的和潜在的作用;(2)书目出现的类型及其配合的特定功能;(3)各个团体对于不同类型书目的需求以及同等服务的其他团体的需求。

他们把书目区别于大众交流,认为书目交流包括三个方面:(1)各个学术领域或群体内进行的交流;(2)若干学术领域或群体之间专家的交流;(3)学术团体与各种行业、经营、教育、大众团体之间的交流。

伊根和谢拉所指的书目交流包含着资讯交流的意义。虽然他们没有阐明书目资讯的概念,但他们强调这一理论的发展要进行两个方面的探索:一是形势分析,指各种资讯、知识的完整分析,二是资讯单元分析,“A. 分析、描述并确定分散的资讯单元,B. 汇编连续的统计资料,提供对书面交流内容进行生产、流通、消化的必需的指数”。[3]所以,他们的理论其实是书目资讯交流的理论或者说是书目资讯的启蒙思想。对此,英国资讯学家布鲁克斯作了高度的评价。[4]

交流的思想在50年代兴起并付诸实践。1952年,谢拉与詹姆斯·佩里在哥伦布的巴特尔纪念研究所共事期间,筹备设计一个文献工作及交流中心,到1955年这个中心成立了。次年召开“以文字形式记载知识的实际利用”为主题的世界性会议。1958年,在国际科学资讯会议上,美国社会学家门泽尔发表《组织和非组织的科学交流》,把利用科学文献作为正式的交流过程与对话、演讲等非正式交流过程区别开来;哈尔伯特和阿克夫则发表了《科学资讯传播研究》。

60年代,科学交流、书目交流思想有所发展。加维和格里菲思先后发表了《心理学中科学资讯交换》(1964年)、《科学的交流:体系及其改革》(1967 年)、《行为科学交流的非正式途径:在正式的或书目交流结构中的关联》(1968 年)。到 70 年代,书目交流思想发展为书目资讯思想,1977 年联合国书目资讯系统(United Nations Bibliographic Information Systems)的运行证明了这一点。实际上,书目资讯与书目控制、书目交流、科学交流的思想有着过于密切的联系,导致术语表达的不明确。

四、科学交流思想促使书目资讯理论建立,这是俄罗斯目录学界的最大贡献

60 年代,俄罗斯开展了科学资讯和科学交流的研究。从米哈依洛夫等人 1965 年的《科学资讯原理》到 1976 年的《科学交流与资讯学》,系统表达了科学交流的理论。米哈依洛夫发展了门泽尔的思想,他建立的广义科学交流系统模型确立了书目工作的地位。与此同时,著名目录学家科尔舒诺夫和巴尔苏科为建立书目资讯理论作出了重大的贡献。

60 年代,目录学家注意到目录与资讯的关系的研究,如 1964 年古多夫希罗的《目录与资讯》、米哈依洛夫的《科学资讯与目录、图书馆事业相互关系》,不少人把"资讯书目"作为目录的一种基本形式。到 70 年代,在讨论目录学术语时,才提出目录学的基本概念——书目资讯。1970 年列夫伊的《从科技发展角度看专家们对书目资讯的要求》,1971 年别特罗夫斯基的《论苏联技术书目资讯发展的现状与道路》就是对书目资讯的初步认识。

科尔舒诺夫并没有像谢拉那样探索书目交流,而是以科学交流为前提,发表了《资讯交流体系中的目录》等一系列论文,首先确定了目录学的地位。他把交流系统划分为三个水平面:直接资讯的(非正式的、不借助于文献的传播渠道)、借助于文献的(正式的、一次文献和出版物的传播渠道)、二次文献或书目的(即有关一次文献之消息的传播渠道),认为图书馆属于第二水平面,目录学属于第三水平面,科技资讯工作是这三个水平面的纵断面。书目资讯的活动不是独立进行,而是为保证文献在社会流通的各有关部门的有机组成部分而存在的。他的观点得到米哈依洛夫的赞同。[5]

1977年巴尔苏科和科尔舒诺夫的《苏联目录学科状况、问题与前景》一书表达了书目资讯的基本思想，指出"目录资讯（第二位的文献资讯）正在作为这个概念中最一般最普遍的概念公诸于世，它是作为资讯报导的一种特殊形式进行研究的。就这个概念而言，目录的一般理论就是目录资讯的理论。'目录资讯'这一概念的意义首先在于，借助这个概念可以保障目录作为一个体系而完整理解之，亦即采用了区分与书目有关和无关的最一般的标准"。[6]经过目录学家的讨论，这一术语得到广泛承认。

俄罗斯以科尔舒诺夫为代表建立的书目资讯理论主要有如下思想：

1. 书目资讯概念

苏联国家标准70－77《书目：术语和定义》把"书目资讯"定义为"为识别和利用出版物所必需的出版物信息（不论这些信息的提供方式是口头的，阅读的或机读的）"。1981年科尔舒诺夫主编的《目录学普通教程》出版，发展了国家标准中的定义："书目资讯——是以具体的历史形成的形式，在文献交流体系中发挥检索、交流和评价功能的，关于文献的资讯。"[7]彭斐章评论说："这一概念是建立在对书目活动根本问题的深刻的逻辑分析的基础之上，充分考虑到现代哲学、科学学、资讯学、图书馆学、社会学等的成就，奠定在这样一个基础之上的思想，能够完善整个书目活动。"[8]在科尔舒诺夫1990年版《普通目录学教程》中，对书目资讯概念又作了补充："书目资讯——是以一定的方式，在文献交流体系中实现检索、交流和评价的基本社会功能，以满足和形成社会成员的文献需求为最终目的的，关于文献的有序化（标准的）资讯。"[9]

2. 书目资讯的功能

他们把书目资讯放在"文献与需求者"（Д—П）体系中考察，发现了形式的、内容的和价值的三种关系，书目资讯在这三个关系中体现出检索（A）、交流（报导）（B）和评价（推荐）（C）三种职能。在此基础上，他们把书目资讯的实质功能结构分为两种：一种是功能形成结构（见图1），反映功能之间由低级向高级的联系：相对独立的（A）包含前一功能（B）外在的（C）。另一种是功能逻辑结构(见图2),反映复合功能之间主辅或等价关系。复合功能可以是简单的如 AB 或 A≡B,也可以是复杂的如(C≡B)A。

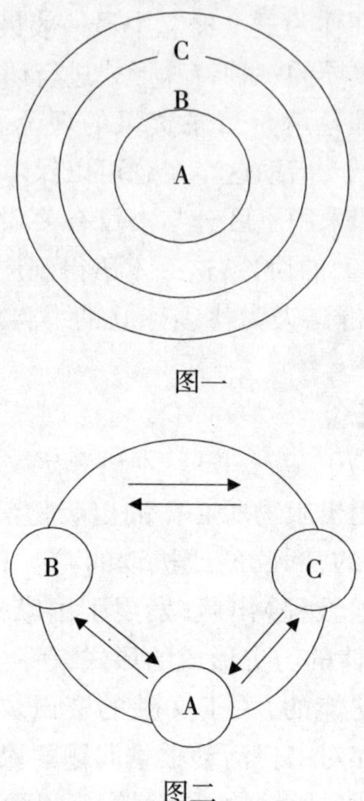

图一

图二

3. 书目资讯与书目、文献交流的关系

他们建立了书目在文献交流体系中的功能模型(见图3)

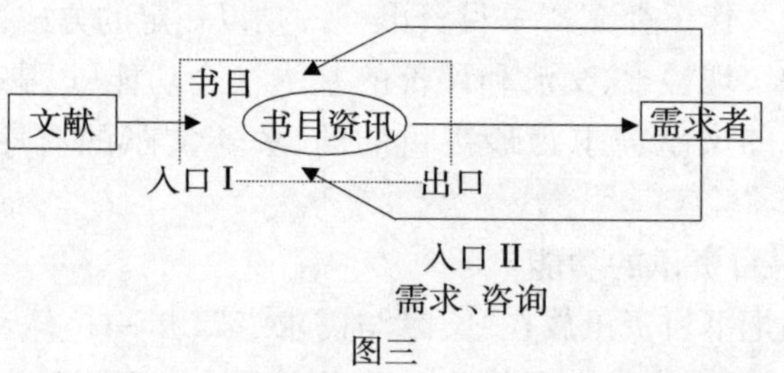

图三

这一模型说明:书目是一个体系,在文献与需求者体系中书目资讯完成其职能,书目资讯是书目体系的基点与核心。科尔舒诺夫认为书目(活动)比书目资讯要复杂(具体)得多,“书目的一般理论是从书目资讯的理论开始的,但并不是用它来组织”,巴尔苏科则认为要注意书目资讯和书目形式的构成因素之间的关系。

在上述思想指导下,书目资讯服务的研究迅速发展起来,这对于书目资讯系统和网络建设、国家书目控制乃至 UBCIM 计划的实施都具有指导意义。

五、结论

建立现代目录学体系中的书目资讯理论,不能照搬国外的理论模型,必须结合中国目录学实际从理论上深入探索。

1. 认识书目资讯的含义,关系到现代目录学的变革

俄罗斯对书目资讯系关于文献的资讯"定义比较笼统、不明确,易被理解为二次文献"。解决这一问题,应当建立"书目文献"的概念,包括目录、索引、文摘,以代替文献学中的"二次文献"概念,因为二次文献无法包括书目之书目、综述等。那么,书目资讯可定义为"书目文献中关于文献及其识别的资讯"。这样,书目资讯就成为建立在书目文献这种具体概念基础之上的抽象概念,书目文献是书目资讯的载体形态,而书目资讯是书目文献的内容。

2. 书目资讯的结构和书目文献的结构

书目文献结构有两种:一种是外在(形式)结构,包括说明、正文和辅助资料;另一种是内在(内容)结构,包括款目和编排语言。而作为抽象概念的书目资讯结构也有两种形态:一是功能结构,由存贮、报导、检索、推荐四种功能构成;二是内容结构,包括文献信息和识别信息两部分。

书目资讯中文献信息就是关于文献、文献流的各种知识和资讯,举凡某学科文献流、文献时效、文献数量与质量乃至文献的内容都是。而识别信息是识别文献的各种知识和资讯,包括款目和编排语言的信息,如新款目的特征、各种标识系统、各学科文献在书目文献中的分布,甚至书目编制、书目出版的报导都是有用的识别信息。

3. 书目资讯是现代目录学理论和实践的逻辑起点

80 年代对于书目控制的研究达到了高潮,因而有人认为目

录的本质是"对所有图书资料实行系统控制",目录学也就成了"研究对所有图书文献资料实行目录控制的理论和方法的科学",[10]这就夸张了书目控制在目录学理论中的地位。殊不知书目控制只是实现文献交流的基础和手段,而不是目录学的基点和终点。

早在50年代,谢拉和伊根就看到这一点,因而继书目控制后提出了书目交流。书目控制的目的是为了书目交流,这两者构成目录学存贮和传递文献的主要理论。然而在这两者中起核心作用的是什么呢?谢拉没有找到,而科尔舒诺夫明确地提了出来,这就是书目资讯。因为书目控制的实质就是书目资讯的控制,书目交流的实质是书目资讯的交流,没有书目资讯,就谈不上控制与交流,而书目文献只是控制与交流的工具,而不是控制与交流的内涵。在俄罗斯,把书目资讯和书目作为文献交流的一部分,也包含着书目交流的意义。从控制的角度讲,有社会控制——文献控制——书目控制系列;从交流的角度讲,有科学交流——文献交流——书目交流系列,书目控制论和书目交流论都是以书目资讯为起点的理论。

4. 现代目录学的研究对象——书目资讯工作

关于目录学研究对象在我国争论已久,无论是从事物(图书说、目录说、图书兼目录说)还是从矛盾、关系(记录图书与揭示图书、揭示文献与读者需求)等角度研究都没有找到目录学特有的东西。书目资讯的提出可以解决这一问题,但书目资讯本身不能表达目录学的全部内容,只有以书目资讯为核心的各种活动——书目资讯工作才是现代目录学特有的社会活动现象,一切矛盾关系都由此产生,所以说现代目录学是研究书目资讯工作规律的科学。

5. 书目资讯与现代目录学实践

引入书目资讯新观念,使传统的目录工作向书目资讯工作转化。这有两个方面的内容:一方面是把书目文献编制变成书目资讯的存贮机制,用系统的观点处理文献信息,实现书目控制;另一方面是把书目报导变成书目资讯服务,发挥书目交流在文献交流中的作用。这两个方面转变的关键是要采用现代化的手段,包括计算机技术、通信技术、缩微技术、新学科方法以及各种书目资讯语言。

根据以上的分析,现代目录学突破的关键在于建立书目资讯的理论,形成以书目资讯为核心的理论体系和方法体系。因此,以书目资讯理论的大讨论为起点,改革和振兴现代目录学,这是中国目录学界长期而又艰巨的任务。

参考文献:

1 Egan, M. E.; Shera, J. H.. Foundations of a Theory of Bibliography. Library Quarterly. 1952,(22)

2 Ibid., P. 125—137

3 Ibid., P. 125—137

4 Brookes, B. C.. Jesse Shera and the Theory of Bibliography. Journal of Librarianship. 1973,(5)

5 [苏]米哈依洛夫等著;徐新民等译. 科学交流与情报学. 北京:科学技术文献出版社,1980

6 [苏]巴尔苏科,科尔舒诺夫著;王锦贵译. 苏联目录学状况、问题与前景. 四川图书馆学报,1983(4)

7 科尔舒诺夫主编;彭斐章等译. 目录学普通教程. 武昌:武汉大学出版社,1987:16

8 彭斐章. 苏联目录学研究的现状与前景. 武汉大学学报(社科版),1983(4)

9 Коршуноb, О. П. Библиогрфоведение: общийкурс. Москва: издательство 《Книжная палата》 1990:61

10 陈一阳. 目录学研究对象和定义新探. 图书情报工作,1983(4)

原载于《资讯传播与图书馆学》(台湾),1995 年第 1 卷第 3 期

文本书目情报的研究

“文本书目情报”是笔者在1994年的博士学位论文中提出的一个新概念。[1] 对这一问题的浓厚兴趣使笔者进行了反复的思考，认为进一步深入研究文本书目情报，对现代目录学研究有着开拓性的意义。

1 书目情报研究的新发现

10年前，笔者研究书目情报，开始于对苏联目录学的学习与研究，主要的依据是苏联的《目录学普通教程》(1981年版)。由于该书的主编科尔舒诺夫是国立莫斯科文化学院目录学教研室主任、教育学博士、著名的目录学家，在苏联目录学界有突出的影响，以及该书1982年获得的俄罗斯苏维埃联邦社会主义共和国文化部主办的图书馆学目录学现实问题优秀著作第六届竞赛一等奖，代表着苏联目录学的最高水平，因而成为学习苏联目录学的首选。这部书由彭斐章、李修宇、赵世良、赵燕群翻译，1987年3月由武汉大学出版社出版。书中系统介绍了苏联的书目情报理论，对于我国开展现代目录学研究是很有启示的。

苏联对目录学研究的突破在于书目情报理论。从70年代提出“书目情报”，到80年代写入教科书，将书目情报作为书目概念的出发点，从书目研究发展到书目情报研究，是一个巨大的进步。借鉴苏联的目录学成果，我们认为，书目情报是现代目录学的基点。如果说，传统目录学是关于书目与书目工作的研究，那么，现代目录学则是关于书目情报和文献信息加工、组织、控制等方面的系统化研究，书目情报认识成为区分传统目录学和现代目录学的主要标志。

以《目录学普通教程》(1981年版)为基础，参考有关书目情报的各种资料，又找到1990年修订的《目录学普通教程》的原版对照，尽管书目情报的概念表述有所变化，但都是围绕文献展开的。苏联国家标准 ГОСТ7.0－77《书目：术语和定义》将书目情报定义为“为识别和利用出版物所必需的出版物信息（不论这些信息的提供方式是口头的、阅读的或机读的）”，《目录学普通教程》（1981年版）发展了国家标准中的定义，提出“书目情报——是以具体的历史形成的形式，在文献交流体系中发挥检索、交流和评价功能的，关于文献的情报”，[2]《目录学普通教程》（1990年版）对书目情报的定义又作了补充：[3]“书目情报——是以一定的方式在文献交流体系中实现检索、交流、评价的基本社会功能，并以满足和培养社会文献需要为最终目的的，关于文献的有序化（标准的）情报。”书目情报是关于文献的情报，这一观点得到包括我国在内的许多目录学家的认同。

在苏联的书目情报理论中，建立在“文献——需求者”关系基础上的书目情报概念与书目实体形成了较好的对应。按照这一理论，目录学从书目向前走了一大步，从关注文献的记录整理到文献的各种信息的揭示。因为构成书目情报的基本单位是书目报道，书目报道可以包含的不仅仅是关于整体单个文献的信息，也可以是关于它的一部分的信息（例如个别的段落），或者是关于具有统一形式的一组文献（如论文集或者作品集中的卷）的信息。书目报道既可以通过口头的形式传递，也可以通过文献记录的形式传递，后者被称为书目记录（包括书目著录和提要）。

然而，笔者在对书目情报的探索中，将苏联目录学的书目情报与我国关于二次文献的研究，将现代目录学的文献研究与目录学的历史结合起来，形成了几点基本认识：

其一，把书目情报理解为关于文献的情报（信息），仅仅是二次文献的范畴。而事实上一次文献之中，也有许多揭示的信息，如一本书或一篇论文的文后参考文献、文中注解，论文中的作者文摘等。这些信息被排除在书目情报之外。

其二，考察我国目录学的起源，早期的目录就有一书目录（“尚书有青丝编目录”）和群书目录（“刘向司籍，九流以别，爰著目录，略序洪烈”）之分，前者通称为“篇目”，后者多称为“书目”，说明我国目录学不仅为群书编制目录，而且还为某一文献编目，研究一次文献也是目录学的任务。然而，后来的目录学研究把目标集中在作为整体的图书即群书的整理，逐渐放弃了关于一书目录的研究。

其三，书目情报不应仅指关于文献的书目情报，还应包括具体文献之中的书目情报，随着文献的发展，这类书目情报越来越多，并占有较大的比重。例如，一本书经过不断修订再版，序跋、注释、参考文献增多。过去，一篇论文，除了正文，只有标题和作者信息，现在普遍增加了摘要和关键词、引文等。这类书目情报很值得研究。

基于这三点认识，书目情报研究有了新的发现——文本书目情报。

2 文本书目情报的形成机理

文本书目情报是书目情报中，与文献书目情报相对应的一个重要类型。那么，文本书目情报与文献书目情报是如何形成的，以及它们是什么关系呢？要明确这一点，必须认识文献的形成，到书目情报的形成，到二次文献的形成这一全过程，这就是"信息→知识→书目情报"以及"文献→书目情报→二次文献"的认识框架。对这一认识框架的解释可作如下表述：

文献信息是知识中经过记录符号处理的社会信息，知识与文献信息的存在是形成文献的基本条件，载体形式的转换不改变文献信息，只是加速知识和文献信息传递。文献信息中，经过逻辑思维的学科或主题知识属于事实情报，事实情报的集合并经过系统化组织物化为文本。

知识经过分析和综合处理，形成以概念为核心的书目情报，区别于以数据为核心的事实情报，它是知识的更高层次的表达，知识性是它的根本属性。

书目情报可以看做是二次情报（这里的情报外延与文献信息交叉，包括非文献中的某些知识）。在知识物化为一次文献的过程中，既可以直接从知识中提取书目情报（如一个写作的选题），也可以从事实情报中提取书目情报（基本思想或结论），由于它们与文本的依赖关系而称为文本书目情报。对若干文本书目情报进行再处理,形成揭示和报道一次文献的有序化情报,可称为文献书目情报,是二次文献和三次文献的内容。

文献经过读者阅读,吸收文献信息并产生新的思想,进入知识领域,完成知识创造的一个循环。

从这里的分析中,可以给文本书目情报下这样的定义:文本书目情报是指在形成原始文献过程中生成的关于文本的信息与知识。

文本书目情报有三个鲜明的特点,一是原生性,它不是在一次文献形成之后产生的,而是在作品创作过程中,在形成文本的同时产生的,这种书目情报,是一种原生的知识与信息,产生于作者或编辑,是知识与信息揭示的结果,与文本有同等的价值;二是它依附于文本或一次文献而存在,在期刊文献中,文本书目情报是一篇论文的组成部分,这种书目情报虽然可以独立存在,但也是与文本相联系的,没有文本,就不可能有文本书目情报,因而具有依附性的特点;三是文本书目情报的分散性,它不是集中起来的有序的一个整体,而是分散在文本之中或文本之末,例如文本的注释可能分散在文本的各处。

3 文本书目情报的表现形态

3.1 关于文本标题的信息:书名、刊名、标题、副标题、异名等

文本标题是文本的标志,但最早的文本并无标题。据小野泰博的《图书和图书馆史》,埃及的图画中常用红黑两种颜色绘制,从书记员耳朵挟着两支笔,使用黑、红两种笔的形象中可以看出来。书的每一章开头用红字书写,这种用红色书写的传统首先被希腊人采用,其后罗马人也采用了。不久以后,欧洲的写本和初期印刷本的题目也用红字。题目一词来自拉丁语 ruber,意思是红字,或用特殊字体。有存留至今的“rubric”,虽不一定都用红字印刷,但原意确是如此。亚历山大的普陶来迈奥斯图书馆,按照埃及和叙利亚的习惯,把写本书的开头即正文的起始语,作为书名编入目录,如果要找荷马史诗《Iliad》时必须找第一句话。中世纪时期从没有人想过要给书起一个专有的书名,甚至书的作者也

没有想过这样做。直到印刷术产生后，才有了专门的书名。

3.2 关于文本责任者的信息：作者、著、译、编、编译、整理等，有关的介绍材料

早期的图书许多是有作者的，如卡利马赫的《各科著名学者及其作品目录》对每一作者的生平和著作作了介绍。但由于古代的图书大都是靠缮写生缮写传播的，书的作者名字常常被忽略。格尔德·史密斯(E. P. Gold Smith)说过："印刷术的发明，每本书加上著者名字，在技术上已不成问题，没有必要再隐名了。同时另一方面，文艺复兴运动又产生了对文学声誉的争取和对知识所有权归属的确认的新观念。"[4] 后来，关于作者的信息成为图书的重要事项。

今天的书刊特别重视对文本责任者的介绍，例如，吉林大学出版社 1991 年出版的翻译著作《信息经济学》书衣对两位作者作了介绍"塞缪尔·阿尔伯特·沃尔珀特是一位信息产业的先驱、普雷迪卡斯茨联合公司的创始人和第一任董事长。该公司从事世界性主要信息摘要服务，其产品和系统已成为工业的典范。他被信息产业协会命名为 1980 年'当今风云人物'，并且是国际上的一位顾问和演说家。他是美国图书馆协会、经济学分析家学会、全美商业经济学家协会和全美经济学会的会员。乔伊斯·弗里德曼·沃尔珀特是一位图书馆学和文化、语言艺术、读物方面的教师，并具有学院级的学前教育的全面技能"，此外，书中还有详细的"作者简介"。这些信息，对于了解作者与理解文本是有益处的。

3.3 关于文本出版的信息：出版者、出版时间、出版地等

斯·莫里逊(Stanley Marison)在他所著的《印刷术的第一原理》(First Principles of Typography)一书中写道："印刷术的历史，大半是书名页的历史。"在书籍中开始加书名页，是从手抄过渡到印刷时代最显著的进步之一。但这种书名页的设计并不是加注著者姓名也没有加注书籍名称，而且常在印刷品的第一页或更普遍的第二页上。最初的印刷者在所印的书里，加了"末页题署"（或"出版记录"），保留着中世纪缮写生的习惯，即在写本末尾简单地注一些事项，如缮写生名字、抄成日期、祈望和简记。最早的

"末页题署"只有四项:

书名:Psalmorum codex

印刷者:Johannes and Peter Schǒffer

印刷地:Mainz(德国)

印成日期:14 August 1457

从15世纪开始有了书名页,到16世纪以后所有的书都有了书名页,它成为图书的必要组成部分。而对那些没有书名页的书,反要加注释和说明。想出的另外一个办法就是登载栏外大字标题。最初登载栏外标题的是在德国1490年出版斯格拉派哲学家阿·马克努斯(Albertus Magnus)《贫穷的哲学》(Philosophia Pauperum)开始的。继而出现了多页的栏外揭载。

3.4 关于版本特征的信息:版次、开本、印数、书价、书号、刊号等

文本的不断丰富使版本信息增多,例如,已发行900万册的《科学与健康》(Science and Health with Key to the Scripture, by Mary Baker Eddy)最早出版于1875年,被翻译成16种语言,有录音带和CD,最新版为1994年版,ISBN号0-87952-038-8,国会图书馆编目号94-72340,全书700页,附有圣经的关键词,该书列有书价:USA $12.95;Canada $18.95;Australia $20.95;UK 7.99。又如2000年出版的《National Trust Guide:San Francisco》附有版本信息:0-471-19120-5;$19.95US/$29.95CAN;352页;6"×9";186幅插图和图片;20幅导游图。

3.5 关于文本创造和形成文献的信息:序、跋、出版说明、作者致谢词等

"读书先读序跋文"。序跋是文本评介的常用手段。

作者致谢词通常在书首,如安妮·布鲁金著《第三资源:智力资本及其管理》(东北财经大学出版社1998年翻译出版)前有专门致谢词"本书献给支持和鼓励他人取得成功的师长们:尤其是:海伊斯博士、彼德·马雷、约翰·贝尚博士、卡洛琳·莫里斯、安托尼·狄克、我的母亲玛格丽特,以及我的丈夫安德鲁"。还有详细的专门"致谢""我要向所有在我的研究和本书写作过程中给予帮助的人致谢。……最后,我要感谢我的丈夫安德鲁——我现

在能帮忙种马铃薯了!"

3.6 关于文本结构的信息:目次、纲要、章节小结等

目次(contents 或 table of contents)是书刊中文本主题的列举,是文本内容大纲。通过目次,可以了解文本的内容结构和体例,掌握文本的内容概要。

一些图书的章节有小结,有的在每章前附一首名人名言,如何亚平、张钢著《文化的基频——科技文化史论稿》(东方出版社,1996 年)每章有一段名言,"第四章科技文化与法国启蒙运动"前的名言是"这是一个光辉灿烂的黎明。一切有思想的存在,都分享到了这个新纪元的欢欣。——黑格尔"。

3.7 关于文本个别内容的信息:注释、注解等

文本注释是对文本内容中某些事项的说明。我国古代文献中有注、释、集解、疏、笺、故、说、微、章句等。注即注解,如高诱的《战国策注》、李奇的《汉书注》等。"史家自注之例,或谓始于班氏诸志,其实史迁诸表已有子注矣(章学诚)"。释即解释,如张凭的《论语释》。集解是汇集各家的说法。疏即义疏,类似集解,如皇侃的《论语义疏》。笺指补充、订正或引申前人的说法。故,"通指其义也(颜师古)",如《汉书·艺文志》中的《鲁故》、《韩故》、《齐后氏故》等。说,有解释之意,如《汉书·艺文志》中著录的《鲁说》、《韩说》等。微,"谓释其微旨(颜师古)",《汉书·艺文志·文艺略·春秋》中有《左氏微》、《张氏微》等。章句,指以分章析句的形式去解说古书的意义,如《汉书·艺文志》中著录的《大小夏侯章句》、《欧阳章句》、《公羊章句》等。此外,古代的文本注释还有"解"、"训"、"记"、"传"、"正义"等等。这些注释,有的是紧接被解释的文字之后,用双行小字写的;有的是和正文分开,以单行本的形式出现的;有些注释是解释正文中难懂的字句;有的是阐明正文的内容;有的是考核史实;有的是阐明正文中典故、引文的出处。[5]

现代文献中,文本注释主要表现为:引文出处说明、正文中某处的解释、正文某处的补充材料等。

3.8 关于文本与其他文本关系的信息:参考文献

文后参考文献是作者在研究和写作中研读过或参阅过的重

要文献,又称引用文献。文后列参考文献不仅是对写作的补充,反映研究的继承性,也是尊重他人的劳动成果,反映文献之间的关系,为读者提供更多的信息。文后参考文献具有收录文献的精确性和描述文献的简明性。以《帝国主义是资本主义的最高阶段》为例,列宁在写作过程中参考引用了148种图书、232篇论文,而该书所附的参考文献只列出重要的102种专著和47篇论文,为全部参考文献的2/5。至于评论性的文本,所附参考文献更多,如《Critical Review in Analytical Chemistry》1988年第2期发表的《Recent Advances in Particle Size Measurements: Critical Review》一文附有参考文献324篇,塔伦塔的一篇评论性论文《硫酸的分析》文后参考文献多达883篇。

3.9　关于文本内容分析的信息:文后索引

文后索引在学术著作和工具书中比较普遍。如特伯恩(Efraim Turban)等编的《电子商务——管理视角》(Electronic Commerce: A Managerial Perspective)2001年版书后附有"词汇表"(Glossary)收有词汇201个,并作了解释;还附有文后索引(Index)标注关键词及文中页码,便于寻检。

3.10　关于文本内容说明的信息:内容提要、文摘

文本提要包括图书出版提要、报刊篇目提要等,这是文本评介的重要方法。图书出版提要是出版者向读者介绍图书、推荐图书的一个简便方法,多置于图书中的显要位置。

撰写文摘是学术论文的必备要求。文本文摘主要是作者文摘,1949年在巴黎和1959年在华沙召开的有关科学情报工作国际会议上,作者文摘受到各国的普遍重视。国际标准化组织也提出建议,要融合synopsis和abstract这两个概念,使之区别失去实际意义。

3.11　关于文本标引的信息:主题词、分类号、文献标识、文献编号等

文本主题词是用以表达文本主题概念的词或词组。任一文本均可以用一个或多个主题词表示,这些主题词,主要是概要表达文本的内容。当然,还有检索的意义,既是标引时用作标目的标引词,又是检索时用作组成提问式的检索词。

当代期刊编辑要求对每一论文除摘要、关键词外，标引中图分类号、文献标识码和文献编号。例如，《论中国古典文献学的流派》（柯平著《郑州大学学报》2002 年第 2 期）标引有中图分类号：G2；文献标识码：A；文章编号：1001 －8204（2002）02 －0138 －07。

3.12　一次文献附载的编目信息：在版编目数据

在版编目是在文献出版之前，向出版商提供编目数据，以便这些数据可同时被图书馆、书商、书目编纂人和其他需要这一数据的人们所利用。在版编目数据通常附在图书的版权页中，在一次文献之外也有集中，即 CIP 目录。图书中的编目信息不仅对编目员有用，对读者来说也是了解文献特征的信息。

3.13　关于文本推荐与评价的信息：封面或封底广告语、名人评语

现代出版重视对文本的宣传，不仅利用张贴画、广播电视、报纸作图书的广告，而且在书的封面或封底大胆做起了推荐。例如，Verna Allee 著；刘民慧等译《知识的进化》（珠海出版社 1998 年翻译出版）封面语有“知识的进化为理解日常工作中的知识创造，学习和行动提供了独一无二的和有力的指引。它是掌握知识时代的实务指南”。封底有名人评语“为了引起未来商务世界的显著兴趣，这本独一无二的书将过去不朽的智慧和今天的新思维融到一起。——斯蒂芬·科维《高效人的七种习惯》的作者”；“所有想为混乱带来秩序的组织领导人的必读之物。——杰夫·克莱恩，通用汽车公司质量网络执行主任”；“《知识的进化》巧妙地解释了为什么和怎么样使有良好基础的知识理论促进组织的行为。事实上，没有这种智慧我们不可能获得成功。——珍·P·摩尔 GTE，劳动力工作实施领导人”。

3.14　关于文本阅读或读者意见的信息

例如，古籍出版社 1957 年出版的《书林清话（附书林余话）》书后有这样的信息“读者的批评和意见，请寄至北京东总布胡同十号古籍出版社编辑部”。江西教育出版社出版的“三思文库”每书后附有“三思文库读者信息卡”。一些书后附有相关文本的推荐，也是重要的文本信息。

4 结语

文本书目情报研究的意义不仅在于关于文献的书目情报研究即二次情报研究之外,认识到文献之中存在着大量的书目情报即文本书目情报;而且为现代目录学开拓出一个新的领域,如果说,关于索引、文摘的研究可以成为专门之学,那么,文本书目情报研究可发展为学科分支。关于文本书目情报的研究有着丰富的内容,对出版、图书馆、信息处理等都有重要的应用意义。例如,研究制定文后参考文献的著录标准包括网页的著录,不仅涉及图书期刊编辑的规范,还关系到文献工作标准化;研究书名页的规范,为编目标引的自动化提供新的途径;研究文本的内容揭示,有助于知识加工、文献宣传与推广;研究网络环境下的文本书目情报,可以为知识挖掘、搜索引擎等提供依据。因此,文本书目情报研究具有广阔的前景。

参考文献:

1 柯平著.书目情报系统理论研究.北京:书目文献出版社,1996:9

2 [苏]科尔舒诺夫主编;彭斐章等译.目录学普通教程.武昌:武汉大学出版社,1987:16

3 КоршуновОП. Библографоведение: общийкурс. Москва: иэдательство《Книжная палата》. 1990:61

4 [日]小野泰博著;阚法箴,陈秉才译.图书和图书馆史.北京:北京大学出版社,1988:116

5 徐召勋著.学点目录学.安徽教育出版社,1983:69

原载于《图书馆》,2003 年第 4 期

书目情报系统适应社会发展的未来展望

书目情报系统是包括编目系统、检索系统等将书目情报从情报源传递给用户的大系统。这个系统能否继续存在以及如何适应社会发展是令人关心的问题。展望未来的书目情报系统建设,为书目情报系统的深刻变革作客观条件和思想上的准备都是很重要的。

1 变化中的社会角色

书目情报系统过去所发挥的作用已得到普遍承认。当社会发展到信息时代,科学、经济、生产都发生重大变化时,出现了对书目情报系统前途作出预测的各种观点:到20世纪末,印刷的文摘索引期刊将全部消失;[1] 2001年的目录将是多源式目录(Multisource Catalog);[2]到2006年还会有目录,但它不再是查找情报的主要途径;[3]编目员将不再需要,实现"专家编目系统"的前景就是无编目人员的社会;[4]未来将由出版商生成基本记录并提供给书目情报用户,编目员面临一个刺激的、变化的、挑战的时代,优质系统有助于发挥更积极的作用。[5]……所有这些观点都提醒我们:现有的书目情报系统无法满足变化的社会需要。

建立在变化的书目情报系统与变化的社会需要相适应这一认识基础上,就不至于对书目情报系统的前途失去信心或对书目情报系统的存在产生怀疑。书目情报系统无论是过去、现在还是将来都要随社会发展变化而变化,以社会的存在为存在依据。

1.1 社会发展证明:没有发达的知识和文化,不可能有发达的书目情报系统,先进的书目情报系统进一步促进了知识和文化的发展,推动社会走向高度文明。

社会发展一方面创造着文化、知识和科学的繁荣。古希腊文化已成为历史，但人们始终没有忘记亚历山大文献积累的作用。“托勒密王朝在这里建立了博物院和大学，邀请希腊的学者来此讲学和从事研究，欧几里得等著名学者都来到这里，形成一股冲向亚历山大的强大的知识巨流。这些学者们在写作和研究中，自然需要图书馆，如同舞蹈需要音乐一样”，[6]这是当时文化发达的重要原因。今天的人们在追寻亚历山大之梦，力图更多地拥有知识财富。书目情报系统已经证明它的文化积累始终是有价值的。另一方面，社会发展需要文化、知识和科学的开拓，书目情报系统的社会功能通过文献信息与社会的密切关系体现出来。1991年美国关于图书馆和信息服务第二次白宫会议主题为“图书馆和信息服务于生产力、人类文明和民主”。IFLA连续几年的大会主题为：图书馆与文化（1991）、图书馆与情报政策（1992）、全球信息共享中心（1993）、图书馆与社会发展（1994）、未来图书馆（1995）、经济发展与图书馆（1996）。这说明今天的人们越来越关心文献信息及其交流系统在变化的社会中的作用。

1.2　在文献信息飞速增长的同时，需求者数量也在增长。书目情报系统能否满足他们的需要呢？回答是肯定的，条件是以变化的系统去适应变化的用户环境。

在变化的社会中，用户需求在内容与形式、数量与质量等方面都会发生变化，但用户有限需求的规律以及书目情报系统处理和传递文献信息的本质却是不会改变的。缺乏书目情报，用户获取信息和知识不是更加容易而是更加困难。特别是冗余信息对社会的干扰增加了社会的负担和用户获取有效信息和知识的障碍。这也正好说明用户将对书目情报系统有更大的依赖性。

书目情报系统解决了用户和需求问题，也就从根本上保证了社会记忆。维纳说“信息，与其说是旨在贮藏，不如说旨在流通。在一个国家里，如果信息和科学的状况适应了国家的各种需要，则它就会得到最大的安全——在这个国家里，信息的重要性是充分地得到实现的，它是作为我们观察外界并对外界作出有效行动的连续不断的过程中的一个阶段。换言之，把科学研究的成果详细记载在书籍和文章里而后标明‘密件’存入图书馆，无论其数量如何巨大,都不足以在任何时间长度内保证我们的安全,因为世界上的有效信息是在不断地增加着的。对于人脑来说,没有马其诺防线”。[7]

1.3 信息时代最重要的问题不是生产信息和知识,这都已经发展到“爆炸”的地步;而是如何把信息转化为知识的问题。

信息要经过加工才成为知识,没有这一转化,社会信息系统将出现信息泛滥而知识贫乏,影响着社会的进步。Unesco 1994 年 2 月发表的世界科学状况报告指出:今天世界贫富的差距是知识的差距,如果没有在科学知识方面的转移,世界就得不到持续发展。在信息转化为知识的过程中,书目情报提炼增值的规律表现出来。

在高度信息化的社会中,生命信息系统储存的信息丰富而知识贫乏。塞德曼(Seidman)认为信息转化为知识是信息社会的难题,知识贫乏的原因是没有时间读书。人们集中注意力的时间越来越短,职务文盲增多,《监督管理》杂志认为,美国大约有 2700 万职务文盲,还有至少 4500 万人处于职务文盲边缘。[8]克服知识贫乏的唯一途径是学习,书目情报系统的智能开发功能的发挥将达到学校教育所不能达到的效果。

2 两个重要的系统要素

书目情报系统以社会存在而存在、以社会变化而变化的发展过程中,有两个重要的系统要素值得注意。

数据库在书目情报系统的核心地位使得它的安全关系到系统的存在。更为重要的是,它作为知识组织的物理表现形式,其重要性在于信息和知识本身。

人的要素与数据库同样重要甚至更为重要。信息社会解决了物理上的距离障碍,电子邮递、网络连接和卫星电视使人类远距离文献信息交流互通的梦想得以实现,随之而来的心理距离扩大,对新技术的畏惧,对书目情报的过高期望,对新生事物的反应迟钝或对传统的彻底否定,本位主义与共享的矛盾,所有这些都存在于书目情报人员、书目情报人员与用户、用户与用户之间。

书目情报系统向现代化发展的关键不是技术的现代化,而是人的现代化。智利知识界领袖拉札·班迪在回顾发展中国家追求现代化经历时说“落后和不发达不仅仅是一堆能勾勒出社会经济图画的统计指数,也是一种心理状态”。美国西蒙斯学院斯图亚特1992年在北京讲演说“技术虽然愈益重要,但需要人们的配合与想象,最大限度地挖掘它的潜力以改进图书馆的服务”。[9]发达国家的经验证明,不解决人的观念和素质问题,现代化的实现是不可能的。

3 第四代书目情报系统

1978年美国学者吉乌利亚诺在《进入信息时代》中,按情报价值观的演变划分了三个时代:从19世纪开始建立在学科基础上的情报系统是第一时代,二次大战至60年代的第二代是建立在任务基础上的情报系统时代,60年代末开发70年代突出发展建立在问题基础上的情报系统是第三代。这三代表现了书目情报系统从传递科技情报流到传递科技与社会情报流[10]的进化过程。

到21世纪,书目情报系统围绕学科的、主题的、问题的活动都将发生变化,为知识而生产知识已转移到为发展生产力而生产知识,书目情报系统为阅读传递文献已转移到为社会发展提供信息和知识,价值观的变化将导致第四代书目情报系统的产生。

第四代书目情报系统是集成书目情报系统。它具有更广泛的内容范围和用户,包罗一切文献信息并为所有用户服务。它将从加工传播文献的单一功能发展到多功能,它将与大众传播媒介一样进入每一个家庭,成为人们工作、学习、生活密切相关的信息系统。它将不再为一个部门、一个企业所垄断,而是社会共同享用的资源。它将从为用户服务发展为用户参与书目情报系统管理。

4 信息管理专家:从“编目—检索”到“智能—管理”

现代书目情报系统有输入、存贮、处理、控制、输出等功能,实际上占有核心地位的是编目和检索方面的功能,从编目到检索始终是书目情报系统活动的重心。

随着书目情报系统的集成化，单纯的系统向复杂系统发展，系统功能重心也在发生变化，从“编目—检索”转移到“智能—管理”。

未来的书目情报系统不再是单纯通过编目以提供检索的系统，方便用户是不够的，它将不是系统的主要目标。它将是一种智能型系统，这不仅意味着它的工作过程智能化，人工智能的实现会为此开辟道路，关键是它的主要功能转移到智能开发方面。用户需要什么就提供什么或主动地为用户提供书目情报，都会随着主要功能的转移而降到次要的位置。那时，编目和检索已不是困难的事情。困难的是人的智能发展要与信息、知识发展相对应，如何开发用户的智力和能力，使用户更善于在信息知识海洋中摄取营养、更善于驾驭获得的文献，将是系统应当解决的问题。书目情报系统不同于以增长知识为主要任务的教育系统，后者虽然也开发智能，但不解决如何对付信息和知识增长的问题。书目情报系统还兼有教育系统的职能，卫星传播的书目情报将提供导读节目，是未来大众选择的最佳教育途径。它解决人们无时间上学进修甚至没有时间去书店、图书馆的问题，达到人们在工作中或工作之余提高知识和文化素养以及知识不断更新、适应社会发展的目的。

智力开发的另一个含义是代替人们的某些智力劳动。现在人们从系统中得到书目情报后，总要查找原文进行核对，大量的误差导致人们不可能对书目情报系统提供的数据完全信任。未来的书目情报系统将是可信任可依赖的智能系统，代替用户检查资料或数据的准确性，更为重要的是系统不仅为读者节约查找资料、阅读文献的时间或费用，而且承担大脑书目情报处理的任务，综述、书评、专题报告仅仅是其中的几种形式。它将是科学研究选题的重要来源，也是科学创造的基本形式。它将为科学家提供的不是一批相关的文献，而是一批相关的选题，一批科学研究的半成品。正像工业生产从“原料—产品”模式发展到“原料—半成品—产品”模式一样，由于书目情报系统半成品的输出，如关于科研课题的信息系统、书稿信息系统等，科学和知识生产的效率和效益将比依靠书目情报系统提供原料时更高。

未来的书目情报系统不是一个简单的咨询系统，而是承担解难释疑任务，成为用户的良师益友。现代的咨询服务是"问—答"式的，用户对咨询结果的满意程度依赖于用户提问的准确性和书目情报人员的水平。未来的系统"问—答"式仍然存在，但计算机将承担书目情报人员的部分智力劳动，用户可以不接触书目情报人员而得到咨询结果。未来的系统将发展"刺激—启发"模式，当人们在科学和生产中感到困惑时，可以通过书目情报系统寻求一种刺激，获得启示。

智能开发需要信息，信息需要管理。未来的书目情报系统管理的功能将得到进一步发挥。国外一些公司已出现了"信息总经理"的角色。例如西尔维亚离开大学图书馆到公司图书馆工作，成为帮助公司做生意的信息经理，[11]该公司图书馆目录有大量的分析和注释，是图书馆员而不是用户的工具，用户直接向图书馆员咨询，图书馆员发挥更重要的作用。在未来的书目情报系统中，书目情报人员不再只是书目编纂员和检索员，而主要充当咨询人员，与数据库同样重要。

未来的书目情报系统是信息管理专家。从用户的角度，书目情报人员和数据库都将是用户依赖的信息资源管理者。这是因为：过去，人们从事科学研究与生产都是靠积累的信息和知识解决问题，书目情报系统也只能是文献信息积累的结果。而在今天，信息和知识大量存在，人们的活动不是依靠积累取胜，而是靠智能和管理取胜。书目情报系统将通过信息和知识的组织和控制，为用户提供决策，发挥信息管理的作用。

"信息人"的提法已得到一些人的赞同。按照兰卡斯特的观点，敏锐的信息意识、良好的信息能力、合理的知识结构是其必要条件，具有一定文化知识水平的人——信息人是信息环境中的关键因素。卢太宏认为：在信息时代和信息文化的生态环境下，人逐渐形成某些具有共同性的信息行为和信息心理，它们构成了现代人的一种后天性的特质。[12]把信息人从人中划分出来还不如把知识分子从人中划分出来那样明确，因为接受和处理信息是每一个人都具有的功能，只不过程度不同。信息人也不能同经济人类比，因为不是狭义地理解为专门从事信息工作的人。这种广义理解是不准确的,如果真有那种最佳信息能力和知识结构的信息人的话,它就是未来的书目情报系统。

过去谈论电子图书馆,人们对它的可能性产生过怀疑。而今天,新信息技术使之成为可能。这里要注意的是不能把电子图书馆与未来的图书馆等同起来,以贮存书本、期刊、电子出版物等多种文献有一定建筑形式的图书馆将永远存在。那么电子图书馆是什么? 它不是别的,正是书目情报系统。全文数据库、CD—ROM乃至联机书目情报系统的不断扩大能够证明:拥有一个书目情报系统就等于拥有一个或若干个图书馆。而且人们强调的电子图书馆的两项基本职责:提供最广泛的信息检索和运用电子技术增加并管理信息资源,正是未来书目情报系统的信息管理职能。

5 知识集团:从文献信息控制到知识控制

现代书目情报系统是以文献信息为工作对象的系统,书目控制即文献信息控制成为社会文献信息流的闸门,这一特征在未来的社会不会消失。然而,仅仅是处理文献信息已经不够了,当人们把文献信息与知识紧密结合起来以后,书目情报系统的控制重点将从文献信息控制转移到知识控制。

未来书目情报系统是以知识为中心的系统。它不同于以文献信息为中心的系统:文献信息的有序化将不是主要的任务,世界书目情报的交换可以实现。这时,对付文献信息爆炸转移到对付知识爆炸,书目情报系统的主要任务不是控制文献信息流,而是控制知识流;不是传递文献信息,而是传递知识。在电子化的书目情报系统即电子图书馆中,文献的载体已失去意义,知识和文献信息的概念融为一体。

处理和传递知识是书目情报系统本来的职责。最初的文献形式非常简单,书目员的任务不是作文献形式的比较或记录,而是处理和传递知识。早期的目录学家所做的表面是整理文献,实际是修补破碎的知识记忆,具有深刻的意义。只是后来由于文献的复杂化把书目员的视线转移到文献处理上,原来的职责部分被作者和编辑者所代替了。随着书目情报系统的集成化,书目员和书目的本来职责有复兴的可能。

书目员的书目知识功能的复兴是进化意义上的复兴。知识考辨的复兴已从版本考证发展到研究的考证,进化为今天的查新论证。知识综合的复兴已经从文献的归类发展到知识的多元划分,从诗书之序发展到文献综述和研究综述。对文献的评价将从书评发展到对知识生产的评价。

未来的书目情报系统是"缪斯之母",拥有人类的全部知识,是一种"知识集团"。现实已经证明:没有一个人能掌握知识的全部甚至某一知识领域的全部。书目情报系统这种知识集团永远是大脑知识记忆所依赖的工具,它将是人类行为所依赖的智囊团。社会越是依赖于知识的进步,书目情报系统就越是发挥巨大的作用。

作为知识集团,未来书目情报系统将是知识生产者,这是指它将吸引所有的专家学者,成为知识生产的阵地,成为学术交流的中心。随着"联机——光盘"模式的实现,用户不仅可以在书目情报系统中获取知识,而且可以将思想输入联机系统,经系统认可发表,成为公用的知识财富。那时,用户在联机系统上发表作品同样得到知识产权的保护,这种减少作品出版时间和中间环节的方式将受到学术界、知识界的欢迎。这可能会对报刊和出版业有一定的影响,但并不否认它们存在的价值。今天的一些从事联机书目情报系统业务的出版商将会发现,他们的成功在于拥有知识集团。

作为知识集团,未来的书目情报系统是知识管理者。它既要对知识记录进行整理,避免由于过快的知识更换速率导致知识丢失;又要利用各种先进设备建立各种知识库系统,对于知识中的文字进行规范化的控制。书目情报系统集知识之大成并进行知识归位和知识提炼,将成为知识管理的一种有效途径。

作为知识集团,未来书目情报系统还是知识创业者,这一概念可以由英文的 knowledge 和 entrepreneur 组合为一个新词 Knowpreneur 表示,定义为从事知识组织和传播并创造一个实业或创造一项增值服务的人。知识创业者不仅仅是对知识进行科学的组织,建立数据库,而且为加快知识流通,提供快速而准确的知识服务。特别重要的是过去书目情报系统强调知识或文献信息的有序化，而作为知识创业者，书目情报系统可以把看来无关的资料加以组合，将它们有机地联系起来，达到有序化所不能达到的目的，当这种活动与产业、市场紧密相关时，知识就可以转变为财富。

知识集团的特性使书目情报系统不再仅仅是揭示和报道储存知识的资源，在知识增长的压力下从事活动，而是直接控制知识的增长，是吸收、加工和传播知识的集团。这种集团是不断运动、不断进化的一个有机体，将对未来的社会发展起着重要的推动作用，它将使世界知识共享得以实现。

参考文献：

1 戈松雪.谈谈文摘和索引工作.情报学报，1985，6(3)

2 史蒂文斯著；张克科译.未来的目录——理论上的探讨.图书馆学研究，1982(4)

3 威廉森.J.将来还有目录吗？——公元2006年的情报检索.国防科技情报工作，1983(1)

4 Brandehoff. The catalogless society. American Libraries，1983，14(11)

5 Hunter E. J. Cataloguing. 3rd. ed. London：Library Association Publishing Ltd.，1991

6 丹尼尔著；杨宁译述.向亚历山大告别：不增长的高功能图书馆理论.国外图书情报工作，1982(1)

7 维纳.N.著；陈步译.人有人的用处：控制论和社会.北京：商务印书馆，1978：97—98

8 Seidman R. K. Information - rich, knowledge - poor：the challenge of the information society. Special Libraries，1991，82(1)

9 斯图亚特著；张森译.技术时代的图书馆.北京图书馆馆刊，1992(2)

10 范并思.论重建国家情报系统.情报学刊，1990(4)

11 Berry Ⅲ，Helping the company do business：Librarian as information executive. Library Journal，1990，115(12)

12 卢太宏.信息人与信息心理法则.情报学报.1989，8(3)

原载于《中国图书馆学报》，1995年第2期

试论以书目情报为基础的书目控制

1973年国际图联把UBC作为第39次大会主题以来,UBC和UAP成为七八十年代图书情报界两大目标和理论研究的两个重大课题。实际上由于这两个目标的一致性和交叉联系,已构成一个宏大的目标系统,以UBC为先导,结合UAP的各项措施与规划,形成了过去二十年的实践模式。当历史进入90年代,继续并发展UBC—UAP研究,特别是在实践探索的同时,建立指导应用的理论模式,具有重大的意义。

一、书目控制的逻辑起点

我国在80年代初开始引进和介绍书目控制理论。杨延郊将美国韦尔施的《目录控制论——文献检索系统的一种理论》翻译发表。在这个基础上,乔好勤的《书目控制》和辜学武的《书目控制略论》作了启蒙教育。然而一些介绍常常回到寻找书目控制的源头上,陷入我国有无书目控制的问题之中。[1]

从介绍到研究既是自然过渡,也是重大突破。1985年以后,我国关于书目控制的研究主要集中在三个方面:一是概念研究,二是控制系统研究,三是应用可行性研究。

关于概念问题,一开始就没有考虑术语的一致,称为书目控制、目录控制、文献控制等。对于这些术语的解释也有差异。石曼认为"所谓书目控制,是指书目系统同其控制对象文献流间的信息作用,是指书目系统控制文献流的分布状态的行为",[2]高家望认为"所谓目录控制论,就是研究目录控制论系统中信息及其传输与作用的理论",[3]这种差异使人感到书目控制和书目控制论应当作为两个概念区分开来,而上面的解释还不能令人满意。书目控制论作为一种理论是控制论运用于书目工作的结果，忽视了这一点就只能是用书目控制论解释书目控制论。正如控制是控制论中的最基本概念一样，表示一种作用、状态或行为，而我们探索的关键是概念的内涵。

探索书目控制论的概念，必须相应建立书目系统的概念。在控制论中包含着系统的思想，控制论的本质即研究系统的目的性以及为实现一定目的的行为方式。这样看来，“信息及其传输与作用就是目录控制论研究的对象”[4]没有揭示出本质，如果把书目系统作为书目控制论的对象则更为明确。围绕这一思想，我认为：书目控制论就是控制运用于书目系统达到最佳书目控制的理论，而书目控制则是对书目系统进行内外调整，使系统保持或达到某种特定状态的一种作用。

书目系统思想对于书目控制论的建立有着重要的作用。但是书目系统还不能说是书目控制的逻辑起点，因为书目系统仅仅是运用系统论的方法于书目工作的结果，而不是书目控制所依赖的本质的东西。把“文献流”作为书目控制的对象也不够明确，图书馆学情报学各个课题无不涉及文献流，图书情报部门无处不是处理文献流，文献流的控制其含义是十分广泛的，这已超出了书目控制的范围。同样，如果把“信息及其传输与作用”作为书目控制的对象，其范围更广，与其说限定书目控制的范畴，倒不如说是把书目控制扩大到信息论的范畴，这远离了书目控制的本意。所以，在我们定义书目控制时，除了书目系统思想外，还必须找到它的逻辑起点。

在书目控制理论方面，韦尔施真正把书目控制与控制论结合了起来，他阐明了书目控制系统中的调节与控制、描述控制和开发控制的机理、书目控制系统中的相关作用和误差机制以及书目控制的局限性诸问题，这使书目控制理论迈进了一大步，特别是他建立的书目控制开环系统模型和闭环系统模型成为书目控制论的经典模型。我们对于这些模型除了翻译介绍，几乎没有研究或发展。控制论的反馈原理和系统协调原理借用到书目控制论中已为人们所接受，但是要建立书目控制深层理论模式，不能不研究对书目控制起决定作用的起点。

控制论不仅与系统论相关联，而且引入了信息的观念。虽然我们注意到信息在书目控制中的存在，但并没有把控制论中的一个重要原理"信息交换原理"引入书目控制。按照这一原理，信息是一切控制系统与外界联系的形式之一，控制必须通过信息来实现，很明显，信息是控制的一个基点。那么，在书目控制范畴中能不能套用"信息"这个基点呢？这就要明确书目控制系统中控制的对象及其本质。

控制论对于图书馆学、目录学、情报学的作用已得到普通承认。单波通过考察控制论研究对象的本性和目录学、控制论两者研究对象的关系以及目录学领域的思维活动，发现其渗透的内在机制和外在机制。[5]现在的问题已经不是讨论目录学应用控制论建立书目控制论的可行性，而是讨论应用控制论原理建立书目控制理论模式的可行性，前一个问题我们有不少研究，后一个问题的研究却很贫乏。

整个 80 年代，图书情报界对于书目控制相当重视，但在目录学者那里，却夸大了书目控制的作用和地位，把书目控制提到了目录学的核心位置。陈一阳提出"目录学是研究对所有图书文献资料实现目录控制的理论和方法的科学"。[6]我们不否认作为目标的 UBC 在目录学中的地位，但如果把一切都归结到书目控制，便是"过热"或缺乏冷静思考的结果。

我认为：书目控制是建立在书目系统的基础上，而书目系统的对象和实质是书目情报，并不是广义的信息。这样就引入了一个新的概念——书目情报，它作为书目控制的逻辑起点，不但有利于认识书目控制的本质，而且有利于深入探索书目控制的新模式。

二、书目情报与书目控制的结合

书目情报的概念是 70 年代由苏联目录学界确立的。这一概念在 60 年代广泛开展科学情报和科学交流研究的基础上和寻找目录学与情报的联系中提出并作了阐明。苏联目录学家科尔舒诺夫、巴尔苏科等为建立书目情报理论作出了巨大贡献。他们把书目情报作为目录学的最基本的概念，指出"书目情报（第二位的文献情报）正在作为这一概念中最一般最普通的概念公诸于世，它是作为情报指导的一种特殊形式进行研究的。就这个概念而言，书目的一般理论就是书目情报的理论。'书目情报'这一概念的意义首先在于，借助这个概念可以保障目录作为一个体系而完整理解之，亦即采用了区分与书目有关和无关的最一般的标准"。[7]

关于书目情报，苏联国家标准 7.0—77《书目：术语和定义》："为识别和利用出版物所必需的出版物信息（不论这些信息的提供方式是口头的、阅读的或机读的）。"[8] 80 年代科尔舒诺夫主编的目录学教科书发展了这一定义："书目情报——是以具体的历史形成的形式，在文献交流体系中发挥检索、交流和评价功能的，关于文献的情报。"[9] 在此基础上，苏联目录学家探讨了书目情报的功能形成结构和功能逻辑结构，并阐明了书目情报与书目、文献交流的关系。

书目情报理论的建立对于目录学具有划时代的意义，它确定了目录学的核心思想，奠定了研究目录学对象的基础。因为目录学的全部内容都是建立在书目情报这一概念的基础上，所以以书目情报为核心的各种活动——书目情报工作就是目录学的对象，从而解决了对象问题的争端。

有了书目情报的概念，书目控制也就有了恰当的位置。我们分析目录学的矛盾："文献与读者"这一对矛盾在图书馆学、情报学中都存在，只有"文献—书目文献—读者"这三者之间的矛盾才是目录学特有的矛盾，目录学的全部内容都离不开这一矛盾。在这一矛盾中，文献与读者所依赖的不仅仅是具体的书目文献，它们更依赖于书目文献中的书目情报。而书目控制仅仅是解决这一矛盾的手段，从这一角度看，书目控制依赖于书目情报，那么目录学的基点就是书目情报，而不是书目控制。

在书目控制论中引入书目情报思想要解决两个问题：一是如何认识书目情报的含义，二是如何促成书目情报与书目控制的结合。

我们不能照搬国外的书目情报理论，必须根据我国目录学的情况进行重新认识。陈传夫在《论目录学的体系》中把书目情报定义为“利用二次文献传递的知识”。用“二次文献”难以包括书目之书目、综述等。解决这一问题的方法就是用书目文献包括目录、索引、文摘。书目情报就是建立在书目文献这种具体概念基础上的抽象概念，是书目文献中关于文献及其识别的情报。书目情报有两种结构：(1)功能结构：存贮、报导、检索、推荐；(2)内容结构：文献信息和识别信息。

书目控制不是孤立存在的，早在四五十年代，谢拉和伊根就考虑到书目控制与书目交流问题。1949 年他们提出书目控制，指提供文献内容与外部特征检索的手段，但这一思想不能反映书目之间的关系，于是在 1952 年，他们又提出了“书目交流”，初步运用系统的思想，确立了目录学在书面交流中的位置，然而他们没有找到这两种思想的源泉——书目情报。

书目控制的实质是书目情报的控制，书目交流的实质是书目情报的交流。没有书目情报，谈不上控制与交流，书目文献只是这种控制与交流的工具，而不是控制与交流的内涵。从控制的角度讲，有社会控制——文献控制——书目控制系统；从交流角度讲，有科学交流——文献交流——书目交流系统。书目控制和书目交流应当是以书目情报为起点的两种理论。在美国仅仅找到了这两种理论，在苏联仅仅找到了源泉，我们的任务是使之结合起来。

书目情报与书目控制的结合具体表现在，首先，在书目控制的系统中引入书目情报，使书目情报系统的概念代替书目系统的概念。其次，从书目控制的角度看待书目情报，从书目情报的两个内容进行控制，即文献信息控制和识别信息控制，前者控制书目文献中的学科文献流、文献时效、文献数量与质量等，达到系统中的稳定状态，后者控制书目文献中的款目和编排语言，包括款目格式的稳定、各种标识系统的稳定等。第三，从具体的书目文献的控制上升到抽象的书目情报控制，通过书目控制的原理指导书目控制的实践，使书目控制不停留在编制一部世界书目的宏图之中，而是建立多功能、全方位的书目控制体系。

三、三级书目控制模式

胡昌平以书目控制理论为基础提出了新的概念——情报控

制论。他说“如果将人类对文献情报的控制分为直接控制、书目控制和评论控制三个层次,则书目控制是其核心”,[10]但他理解的书目控制并没有包含书目情报的含义。同时,对于这三个层次,也不能简单地分别归入图书馆学、目录学、情报学,它们是三个学科共有的,以书目控制为中心相互依赖、补充、共同完成文献情报控制的任务。

由于理论与实践的联系与差异,书目控制必须建立多级控制模式,满足理论与实践的需要。我认为书目控制有三级控制模式。

1. 原理控制模式

帕特里克·威尔逊在《两种功能——论书目控制》中提出书目控制的两种功能:描述控制和揭示控制,前者是对文献外部特征的控制,后者是对文献主题的控制,这两种控制是谢拉书目控制思想的发展。韦尔施就是在这一基础上建立了多种模式,主要是描述控制,而揭示控制则依赖于主题标引的自动化。

从技术的角度研究书目控制着重在两个方面:一是运用计算机技术,二是文献的标准化。马歇尔·马兰克尼《书目控制技术与标准》认为联机编目系统体现了最新技术在书目控制的应用。威金顿和科斯达克在《书目控制系统的技术基础》中也认为:书目控制基本上要求与情报系统一样的技术,特别是计算机技术。如果离开了计算机和标准化,书目控制的原理很难有一个真正的落脚点,只能是盖士纳式的手工实践和梦想的破产。近年来,秦宜敏从控制技术角度,提出书目控制三步骤:人的控制、描述控制和开发控制。[11]这里的开发控制实质是揭示控制,但增加了“人的控制”,是对威尔逊两种控制的发展。

按照控制论的原理,结合书目情报理论,可以建立多个模式。

(1)书目情报系统协调原理模式

用书目情报理论改造韦尔施开环系统模型如下页。

虚线内表示书目文献,图中 O 为书目情报,X 表示读者,入口Ⅱ表示读者的需求与咨询。这一模型能反映文献、读者与书目情报控制系统 E 的关系。

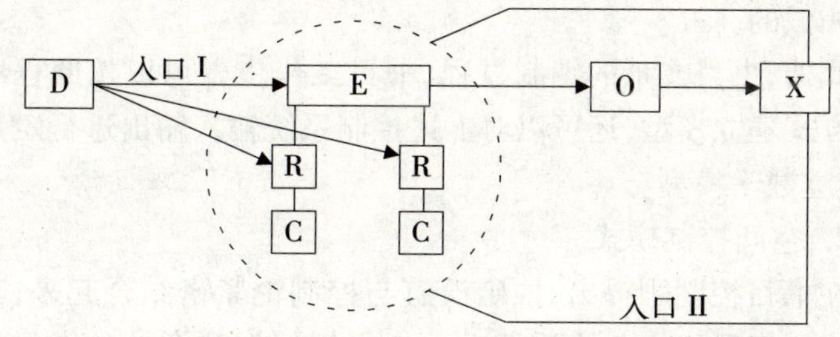

(2)书目情报系统反馈原理模式

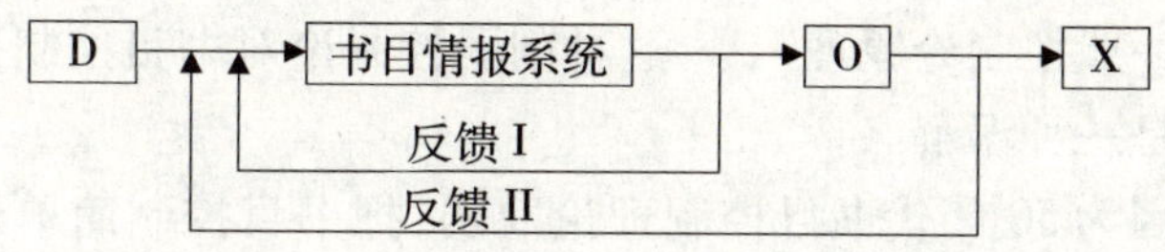

这一模式增加了一种反馈,即读者对书目情报的需求以及读者利用书目输出成果的反映。

(3)书目情报交换原理模式

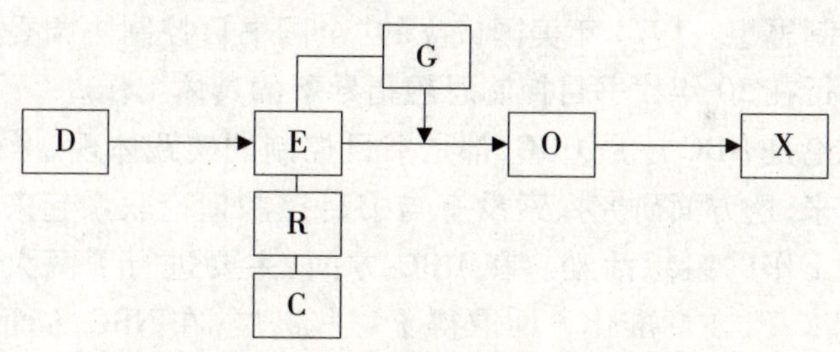

G 表示转换,如各国 MARC 转换。

(4)书目情报共轭控制原理模式

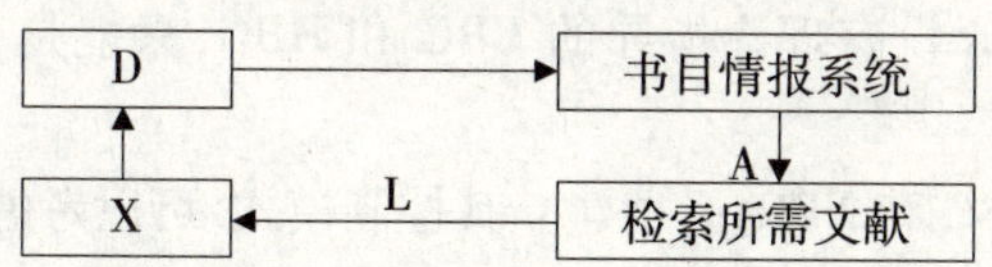

共轭控制方式符号为 L－1AL,D 为无序文献,经过整序(L)成书目情报系统,读者 x 经过检索(A)获得所需文献(L＋1)。这里,将文献整序成书目情报系统即从书目情报系统中查找所需文

献是相似的。

此外,书目文献的编制过程、书目工作步骤可以按照程序控制的方式建立模型,还可以对上述控制系统输入输出进行定量描述,建立数学模型。

2. 空间控制模式

在书目控制刚提出时,确没有与控制论紧密结合起来,其含义相当于书目组织与协调活动。如果把伊根和谢拉的书目控制理解为完全借鉴维纳的控制论,这是一种误解。但是如果把现在的书目控制论仍然理解为"书目控制论运用的目录学原理方法大大多于一般控制论原理",[12]这种削弱控制论对书目控制作用的观点也是一种误解。

正因为50年代书目控制理论薄弱,把书目控制简单地解释为通过书目掌握文献,进行检索或书目组织,这一思想影响着书目控制的实践。如1974年建立的"世界书目控制办公室"将目的定为通过国际协作编《国际书目》,这仍然是16世纪盖士纳和19世纪国际目录学会世界书目计划的继续,或者说还是原始的书目控制思想。1974年美国成立的"全国书目控制协调委员会"也是进行在50年代书目控制思想指导下的具体工作。

无论是NBC还是UBC,都是书目控制的实践体现。然而70年代以来,这方面研究探索没有与书目控制理论联系起来,仍然是书目工作的组织活动。在UBC方面,主要进行了两大活动:ISBD和CIP,在标准化方面取得了一些进展,在NBC方面,主要是编制本国的国家书目。1977年UNESCO和IFLA联合召开了国家书目国际会议,开始进行ISBD、MARC、ISBN、ISSN、CIP等方面的实施与合作,我们不能否认这些基础工作对书目控制的作用,但是,如果没有理论指导的UBC和HBC,只能是盲目的难以深入的实践。

发展UBC和NBC,必须建立其控制模式.可以考虑如下因素:

(1)关于书目控制的发展步骤。一般认为应分两步走:首先是实现NBC,其次是UBC,这样的划分是不恰当的。实际上,由于NBC受各国的政治、经济、文化、科学技术水平、图书情报工作体制与水平等因素的影响,各国书目控制有不同的发展道路,不可能完全一致。如果一开始由各国孤立地进行 NBC,就会增加实现 UBC 的障碍和困难。所以我认为:NBC 和 UBC 应该是同步进行,在各国开始 NBC 时,就考虑到 UBC 的问题,在书目著录、书目分类、标引、MARC 输入等方面趋于一致,在各国试验与推广书目控制模式、开展区域性和国际合作的基础上逐步完成 NBC 和 UBC。

(2)关于语言与书目控制。在 UBC 中,最大的障碍是语言。因此,各国国家书目的转换特别是各国 MARC 的转换起着关键的作用。在 NBC 中,国家与语言存在着交叉现象:一个国家一个语种、一个国家多个语种,一个语种多个国家。因此。加强控制本国的外语出版物和外国的本国语言出版物,更需要建立转换模式。

根据这两点分析,可以建立书目控制空间网络模式如下:

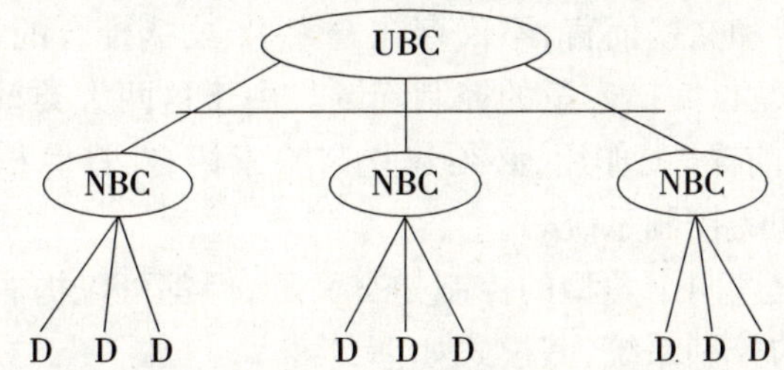

NBC 上的横线表示国家与国家之间的书目控制联系或转换。总的来说,空间书目控制有两大层次 UBC 和 NBC。实际上,这两大控制之间是很复杂的,包括 UBC(A)、跨国家或区域(B)、NBC(C)、国家中的地区或跨地区(D)等,因而可以分为 ABC 三个层次,也可以分为 ABCD 四个层次。

3. 类型控制模式

NBC 和 UBC 是根据控制原理的两大空间范畴提出的。但是这两大控制都离不开类型的书目控制。这一深层控制包括两个方面:

(1)文献类型的书目控制。文献类型是书目控制的一个着眼点,按不同类型控制文献便于著录和管理。80 年代,国外进行了这方面的研究,如关于古书、缩微品、政府出版物、音乐图书、报刊、灰色文献的控制等。我国也开始了研究,如王秀兰的"工具书的书目控制"。然而,由于文献类型的复杂交叉,需要有统一的标准认识。

(2)书目文献类型的书目控制。书目文献类型具有多样性和功能差异,从这一角度控制文献,便于书目文献的统一和转换,因而需要进行专门的目录控制、索引控制和文摘控制。

就目录而言,目前主要是编制国家书目,特别是图书或报刊的国家书目,而对其他类型文献的国家书目重视不够,没有形成国家书目这一书目类型的体系。在专题书目方面,国外进行了一些实践,包括编制跨国家的专题书目,这是按学科或专业控制文献的途径,深受研究人员的欢迎,应当加强这方面的控制中 D 层次的主要书目类型,应当承担国家书目的基础或补充两个任务。此外,联合目录、推荐书目、个人著述书目、按系统编制的图书馆目录、书业书目、档案目录等都应建立其控制系统。

就索引和文摘而言,不仅存在着索引、文摘配合的控制问题,还存在着索引、文摘容量的控制问题。由于这两大类型在信息时代发挥着"前锋"的作用,必须建立与检索语言、计算机人工智能等密切关联的控制系统。

显然上述两个类型的控制是交叉的,但都可以构成空间控制任何层次的控制系统,其模式如下:

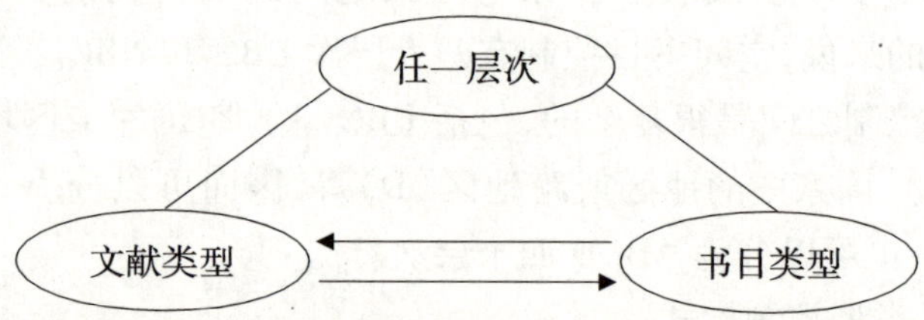

从理论上讲,书目控制不是仅仅去编制一部国家书目或国际书目,也不是若干文献或若干书目的简单相加,而是通过多种控制手段控制书目情报。从实践上讲,书目控制要从类型入手达到 UBC 和 NBC 的目的。所以,建立原理控制模式、空间控制模式、类型控制模式这些将理论运用于实践、层层深入的三级控制模式,将有益于书目控制的发展战略目标,进而为实现资源共享创造有利的条件。

参考文献:

1　柯平.书目控制发展概述.图书馆学刊,1984(3)

2　石曼.关于引用控制论进行目录学理论研究诸问题的思考.湖北高校图书馆,1987(2)

3,4　高家望.目录控制与目录控制论.图书馆学通讯,1988(1)

5　单波.控制论方法向目录学渗透的机制.四川图书馆学报,1985(2)

6　陈一阳.目录学研究对象和定义新探.图书情报工作,1983(4)

7　[苏]巴尔苏科,科尔舒诺夫著;王锦贵译.苏联目录学状况、问题与前景.四川图书馆学报,1983(4)

8,9　[苏]科尔舒诺夫主编;彭斐章等译.目录学普通教程.武昌:武汉大学出版社,1987:16

10　胡昌平.情报控制论探索.图书情报知识,1986(1)

11,12　秦宜敏.书目控制原理.图书情报论坛,1990(1)

原载于《图书馆理论与实践》,1991年第3期

关于书目控制经济问题的探讨*

“书目控制”(Bibliographic Control)是1949年美国芝加哥大学伊根和谢拉首次提出的。虽然人们对这一术语有过各种各样的解释,但迄今仍无一个令人满意的答案。对它的研究,经过西方学者及一些学术机构和国际组织的努力,已形成图书情报学的一个重要分支。近半个世纪,这一领域有两个特点,一是研究侧重于技术,书目控制实践取得突出成绩,而理论研究较为薄弱,限于引入控制论建立控制模型,未形成理论体系;二是研究引起广泛的重视,只是广度与深度不能适应文献信息业的发展需要。因此,寻求新的视角进行深入探讨,成为书目控制研究突破的关键。

1　书目控制的认识论演进

对书目控制的认识,如果以1949年为分水岭,有两个阶段。西方学者认为书目控制思想开始于16世纪,韦尔施在讲到IFLA的“世界书目控制”(UBC)目标时说:“这种思想当然并不新,至少可追溯到文艺复兴时代,特别是追溯到博物学家‘目录学之父’盖士纳。”

1.1　理想的书目控制

盖士纳的书目控制认识论建立在这样的基础上:西方文艺复兴思潮背景,在那个能产生“巨人”的时代,他的渊博学识和广博见闻使之具备对世界学术文化进行总结的可能,他是近代植物学、动物学等许多学科的开创者,在文献目录学方面,最早提出保存世界学术文化记录的理想,由此通过实践,完成记录3000多学者约

* 本文系国家社会科学“九五”规划重点课题“书目控制的经济学与我国书目控制经济效益研究”论文之一。

12 000种图书的《世界书目》。由于他的宏伟计划未能实现,贝斯特曼说:国际参考资源的历史从盖士纳那里开始,也在那里告终,他是第一个国际书目员,也是有成功机遇的最后一个书目员。

盖士纳的书目控制思想对后世产生了深远的影响。不少学者在收录文献上试图扩大范围,增加数量,实现盖氏未完的计划,但都没有成功。直到1895年比利时的两位律师在布鲁塞尔建立目录学研究所,才使盖氏书目控制思想得到了发展。

如果说盖士纳的书目控制根植于学术文化,是个人的理想和行动,那么,奥特勒和拉方丹是从文献增长的问题出发,通过组织来达到完整记录的目的,其结果是汇集了印刷书目、书商目录和图书馆目录的资料,并产生了书目控制的语言——世界十进分类法。尽管如此,编制世界书目的计划仍未能成功。

这种思想涉及"人类交流的记录"和"系统编目"两个重要概念,发展到70年代的UBC,从卡特瓦瑟的术语表达到IFLA将UBC作为大会主题直至UBC计划的实施,使书目控制从理想向现实转化。

1.2 实用的书目控制

谢拉和伊根在书目控制的认识上另辟道路,不是从记录而是从利用的角度实施文献信息的控制,指出"书目控制……就是提供内容和物理的可检索手段"。这在认识论上的进步有三个方面:

第一,盖氏的书目控制认识理想化。1964年英国图书馆协会指出"书目控制是各种形式的出版物、非出版物、印刷品、视听资料的完整记录的继续发展,或者说,它有助于人类知识情报的总汇",比较准确地表达了这一认识。1967年《图书馆趋势》把这种书目控制称之为"乌托邦式的理想"。盖氏的目标在于完整地保存人类创造的一切知识,从根本上说是不可能实现的,盖士纳的实践、奥特勒和拉方丹的尝试都证明了这一点。与其将书目控制当作不可实现的远大理想,不如作为达到现实目标的过程与手段。

第二,"完整记录"的书目控制是难以比拟的宏大工程,个人的劳动在文献量不多的年代都无济于事,就是在国家组织或国际组织的努力下也难以完成。从技术上说,仅仅依靠手工劳动是一个巨大的束缚。50年代计算机技术为书目控制提供了先进的手段和新的环境。从方法上能快速地处理文献信息,从视角上更多地注意现实的文献。

第三,人类学术文化记录的保存从根本上说是为了传递和利用。从现实上看,实用的书目控制比理想的书目控制更具意义。伊根和谢拉强调利用而不是保存,强调检索而不是记录,赋予了书目控制"文献检索"的新认识。1950 年 UNESCO 和 LC 指出"书目控制定义是指全部掌握书目提供的书写和出版记录,以达到书目的目的,书目控制与通过书目有效检索是同义的,所以医学书目控制也就是指医学情报资料通过书目有效的检索"。因此,韦尔施说书目控制论是"文献检索系统的一种理论"。

从完整记录到检索利用,书目控制在认识论上发生了深刻的变革,但提出者都没有认识到这种变革的真正原因和意义。对书目控制的探索,要么从学术文化的角度,要么从情报信息的角度,要么从技术的角度,从没有考虑到经济问题。

从书目控制的发展可知,世界书目的难以实施与缺乏经济保障有着直接的关系,书目控制认识进化的动力不仅在于技术,更重要的是经济方面。从理论上说借助先进的技术能够达到完整记录的目标,但从经济上看,这种书目控制是不可能也是没有必要的。

2　书目控制的经济特征

经济学是研究各种经济关系和经济活动规律的科学。按照经济学的观点,书目控制不仅仅是关于学术文化记录的社会现象,而且更重要的是一种经济现象,表现为记录与检索文献,揭示与报道文献信息满足社会需求的具体经济活动,具有直接的和间接的经济特征。

2.1　书目控制对象的经济特征

书目控制的对象是文献,文献既可以视为精神和物质文化的结晶,通常表现为精神产品,又可以看做是经济活动中的经济财富,与一般意义的商品没有本质的区别。

把文献作为一种经济资源具有经济学上的意义。这种资源与自然资源和物质资源一样具有有限或稀缺的特征。正因为此,才有了如何进行分配来满足无限的欲求或需要。文献之所以生产,知识与信息记录只是必要条件,而人们对文献的消费需要构成了文献得以生产并传播的充分条件。这一经济资源经过交换真正实现精神与物质财富的双丰收,同时又推动了文献本身的发展以及文献活动的市场化。围绕文献的产、供、销,有出版系统、发行系统、管理系统,构成整个经济活动的组成部分。

对文献进行书目控制是通过书目情报表现的,书目情报是在文献的物质流通和情报流通过程中产生的,满足需求者的购书、借阅和检索需求。书目情报在本质上并不是商品,当它以大众消费为目的并以产品形式表现出来,通过市场交换才能转化为商品。没有文献不可能产生书目情报,文献的经济意义决定着书目情报的经济意义。

2.2　书目控制过程的经济特征

书目控制过程是从文献的收集到加工整理,揭示与报道文献信息,提供检索和利用的一系列活动。这一过程离不开人的劳动和物质条件。就前者而言,它需要具有相当智力的劳动者,投入必要的劳动时间,消耗脑力劳动和体力劳动。就后者来说,它需要一定的设备、经费、技术和材料,按一定的规范生产。因此,书目情报生产的投入、消费一定数量的活劳动和物化劳动、投资和劳动者的数量等,表现出明显的经济活动特征。

书目控制是文献经济活动的伴随。书目情报活动之与文献,犹如产品需要推销,旅游业需要导游,食品需要烹饪,既相互关联又相对独立,都是必不可少的。

文献检索的书目控制比文献完整记录的书目控制更具经济意义,因为前者考虑了资源和用户两个方面,文献信息流经过选择、提炼,由“粗”到“精”,既可以使有限的资源增值,又符合用户对文献特定的数量与质量要求。

省力获益是书目控制的经济法则。省力首先要求书目情报具有可接近和可获得性。这就要求书目情报系统必须易用。穆尔斯定律充分说明了这一点。

书目控制过程符合供求的基本原理。书目情报供求既相互对应,又相互制约,供求不一致可以通过市场机制予以调节,使之达到书目情报在数量、品种、质量、价值、时间等方面的供需平衡。二次大战后的书目控制重点在科技书目情报，满足了市场的需要。到80年代，重点转向经济，市场需求导致全文数据库的激增和书目情报系统的激烈竞争。

2.3　书目控制技术的经济特征

技术经济学认为，人们在生产实践中为了达到一定的目的和满足一定的需要，必须采用一定的技术，而任何技术都必须消耗人力、物力和财力。技术与经济这种相互依赖和相互统一的关系，使任何技术问题都和经济问题联系在一起。

自从MARC在世界推广应用，书目控制技术显示了在经济上的力量。1986年关于MARC的IMP计划与UBC合并为UBCIM计划，证明书目控制与MARC一体化的趋势。80年代以来，书目控制技术发展迅速，自动编目技术已从自动生成书目记录技术发展为编目全程自动化，美、英、德、瑞典等国都开发有较先进的编目专家系统。索引技术从计算机辅助标引发展为自动标引，产生了SCI、SLIC、ASI、PRECIS、POPSI、NEPHIS等一批机编索引系统，已有实用软件投入市场。书目控制技术推动国家和世界书目控制发展的同时，技术本身也在创造着巨大的价值。

3　微观书目控制的经济效益

微观书目控制是从具体的文献出发，关于文献内容和形式的控制。帕特里克斯·威尔逊从哲学的角度研究书目控制，1968年发表《两种力量：关于书目控制的论文》，将处理一篇文献的形式特点和物理特点称为描述性控制，而处理文献的主题内容称为探索性控制。认为书目控制在描述范畴可以做到全部控制（至少在理论上的），而在探索领域能做到的仅仅是部分的控制，进而说明了该目标的明显模糊性。

韦尔施的书目控制模型是典型的微观书目控制模型。他运用控制论的原理设计了一个开环系统S，通过控制装置C和调节器R耦合到E，目的是控制从输入D到输出O的不期望的变异度。在一个书目控制系统中，描述控制使用C1、C2、C3控制子程序分别对新到文献进行鉴别、著录和排列控制，调节器R1、R2和

R3 在减少 Dn 中的可能变异度时是有效的。而采集性控制使用第四个控制装置 C4 即标引语言及其附属规则。由此可见,对书目控制进行技术分析有了实质性的成果。

在微观书目控制中,文献的揭示与报道、书目索引编纂等都可以进行经济分析。

3.1　集中编目

集中编目也称统一编目,1890 年美国史密逊研究院杰威特最早提出这一概念,此后集中编目的印刷卡片在促使编目节约和标准化,建立联合目录和书目索引等方面发挥了显著的成效,由此产生了目录商业性服务。

3.2　共享编目

共享编目也称分担编目,是指一个机构为自己编制的编目记录也可以给别的机构同时来采用,目的是减少不必要的人力、物力的重复。它克服了分散编目重复劳动,集中编目工作繁重的弊端,符合经济活动中的责任分担、利益共享的原则,因而比集中编目更能吸引用户。

在美国有两项将印刷记录转换为机读形式的合作计划。COMAMRC 分担专著的书目资料转换工作,CONSER 目的是建立一个高质量的连续出版物编目信息的国家机读数据库。目前,CONSER 数据库和 CONSERLine 已进入因特网。

1993 年,印第安纳大学对参加“全国合作编目计划”(NACO)的编目费用进行了研究,平均一条记录过程所花的时间为 12.93 分,费用 2.42 美元;其中,生成时间 5.61 分,占 43.36%,输入时间 3.77 分,占 29.13%;其他 3.55,占 27.51%。如果设法降低生成和输入时间,则编目费用还可以节省。

3.3　在版编目

在版编目是指依据一定的标准为出版过程中的图书编制书目数据。80 年代,美、英、德、前苏联等国实施在版编目取得显著成绩。美国 1972 年只有 400 家出版社的 13 000 多种图书进行了出版前编目,到 90 年代已有 50 万种图书进行了在版编目。我国 1990 年颁布在版编目国家标准,1993 年正式在试点单位中实施在版编目,目前在版编目已在全国主要出版社展开。

在版编目是有利于出版业和图书情报业的一项工作。它加强了出版、发行和图书情报部门的联系与合作,既减轻了图书情报部门的编目负担,又使出版商的图书发行渠道更加畅通;既有利于文献工作标准化,又促进了文献资源共享。

3.4　简化编目

简化编目来自与“完全编目”相对应的“有限编目”。“有限编目”包括简化编目和选择性编目,是一种通过取消不必要的款目减少编目积压,加快编目进度和缩小目录体积的权宜之计,目的是采取更科学的方法达到必要的经济性。

简化编目是近几年国际编目的一种强烈要求。这不仅仅是由于编目规定过于详细,标准过于复杂,词表逐渐庞大,带来使用上的困难并给用户增加了压力,还有经济上的原因。早在70年代,英国巴思大学目录研究规划组对编目费用进行了调查研究,在389个图书馆中,每种编目费用低于1英镑的有37个,超过5英镑的有44个,按353个馆平均计算,每种编目费用为3.10英镑;不包括分类和主题标引的描述性编目的图书馆,每种编目费用少于1英镑的有101个,超过5英镑的24个,按325个馆计算,每种平均费用1.90英镑。可见,简单编目的费用低于详细编目。

1996年,美国国会图书馆编目部的托马斯认为,用成本效益的观点看,提供完整、准确、及时的书目记录标准对于产生可靠的检索是一种压力。国会图书馆试行了“最小级编目”,取消了那些花费大的项目包括分类、主题分析和生成新的标准记录。由此说明,成本效益已成为制约编目的重要因素,编目的发展既要保证编目质量,又要考虑到编目的经济问题,这是值得深入研究的。

4　宏观书目控制的经济效益

宏观书目控制是对文献信息流的数量和质量的控制,分为两类:一类是整序控制,主要是控制文献信息流的数量,目的在于列举文献并供用户利用;另一类是选择控制,根据特定的要求围绕某些学科或课题组织文献,使文献信息流从辐射式流动到定向流动。这两类都与经济有着密切的联系。

4.1　书目情报产品定价

书目情报产品是书目控制的产物。如果产品不进入市场,既影响书目情报共享,又影响对文献信息流的控制。科学的定价原则是推动书目情报商品化,搞活市场的关键。

书目情报产品同一般物质产品相比有其独特的性质。类似于一般情报产品,其价格也有其特殊性。表现在:书目情报产品的独创性及生产的非重复性决定其价格存在一定程度的垄断性;书目情报产品的产量、交换内容的不同导致价格的差异性;书目情报产品的可复制性决定其价格与价值存在较大的背离性;消费时产生效用的大小决定书目情报产品的价值量,价格有明显的利益相关性;书目情报产品的时效性使价格形成过程具有不稳定性。

按照宏观书目控制的目标,书目情报产品定价必须坚持三个原则:

4.1.1　价值规律原则

物质商品价格制定以价值为基础,商品的价值决定于社会必要劳动时间,商品必须按价值相等的原则进行交换。书目情报产品中既包含着个别劳动时间,也包含着比物质产品更复杂的重复性和社会必要劳动时间。这种劳动的复杂性使书目情报的价值量不能简单地由生产该产品的劳动时间去衡量。只有以价值为基础,才能使生产过程中的劳动得到补偿,从而保证再生产的顺利进行,并调动生产者的积极性。

4.1.2　适应利益原则

在书目情报产品交换中,经济利益是刺激生产的关键。过分地强调利益,会导致卖方追求短、平、快,忽视长远的经济利益和社会效益。因此,定价要保证消费者获得大部分利益,卖方获得一部分经济效益提成,这样既有利于提高买方购买书目情报产品的积极性,又有利于卖方得到应有的补偿。

4.1.3　区别定价原则

书目情报产品要根据不同情报定价:产品所有权出售定价高,使用权出售定价相对低;追求适当利益的产品定价高,不以赢利为目的的定价低,等等。

4.2　书目情报服务经济效益

书目情报服务是从文献信息流中选择适量的高质量文献信

息，满足用户的特定需求。书目情报服务的内容包括书目服务和情报服务两个方面，在书目情报质量一定的情况下，在不同服务层次上开展服务必然产生对需求者所满足的程度上的差异，因而书目情报服务具有"弹性"特征。主动积极的服务对需求者的潜在需求以良性刺激，也相应强化了服务功能，这是提高经济效益的充分条件，而在缺乏竞争意识的服务环境中，服务的弹性空间极度萎缩，服务质量降低，服务功能削弱，经济效益随之下降。

书目情报服务经济效益表现在：书目情报产品通过在为需求者提供使用的各项经营活动中被使用者转化为直接或间接生产力所获得的收益。可见，书目情报服务是凭借书目情报产品为需求者提供服务的，其经济效益也只能通过书目情报产品与服务的有机结合而体现出来。

有偿服务是书目情报服务的重要形式。用户使用书目情报资源以及书目情报人员为用户服务所付出的劳动获得的收入是直接的经济效益。而通过服务，用户获得书目情报后，减少科研重复和经费浪费，特别是知识信息被用户吸收可以增加创造的机会并转化为生产力，使文献信息发挥巨大的经济效益。

4.3 文本控制

文本控制是文献信息流控制的阀门之一。在宏观书目控制中，文本控制应从三个方面进行。

4.3.1 版权控制

版权法从功能上不仅从法律上明确版权人的权利和义务，保护文献作者的合法权益，而且在经济上，规范产权市场经营活动，促进智力成果的商品化。因为版权法本身就是市场经济发展的产物，它正是随着商品经济条件的发展才具备了商品价值属性，成为一种商品，并以商品流通的方式进行所有权的转让。

通过版权法对版权进行保护是最有力的措施。版权是基于智力的创造性活动所产生的权利，它与一般的财产权利不同，具有知识形态的无形财产权利、人身性、公开性、社会性等属性，是一种特殊的财产权利。英国版权法规定，版权是一种在商业利用中反映出价值的产权，而不认为它是一种天赋人权，因而不存在保护精神权利的问题。美国版权法也明确规定，不保护作者的精神权利,委托人作品的版权、雇佣作品的版权分别属于委托人和雇主,而不属于作者。我国认为版权是智力成果财产,具有商品属性和财产属性,在使用或转让时同样应当给以报酬而不是奖励并加以保护。

4.3.2 质量控制

工业产品中有产品质量的严格规定,版权法只是对作者的著作进行保护,却没有对作品质量提出严格要求。因此,在文献信息流的控制中,编辑和出版者要以严肃认真的态度对作品进行审核,以高度的社会责任感和历史使命感组稿并生产高质量的产品,满足文献市场广大需求者的要求。通过质量控制,保证健康有益的作品得以出版传播。通过书评、评奖等措施,繁荣文献市场。

4.4 代码控制

文献代码控制是关于文献信息流的数量控制。国际上的 ISBN 系统在图书出版物控制上发挥着重要的作用,目前,每年约有 30 万种图书使用 ISBN。ISDS 作为 UNESCO 的 UNISIST 计划网中建立的一个政府间组织,目的在于世界连续出版物的书目控制。

文献代码具有类似于商标的经济意义。它不仅是识别文献的重要依据,成为一种检索途经,而且具有使用、禁止等方面的权利。对文献代码进行控制,能够科学地管理文献,规范文献市场。

总之,对书目控制的认识有一个发展过程。脱离经济的书目控制是难以实现的。无论是微观书目控制还是宏观书目控制,按照经济学的原理和方法来分析,都能找出书目控制经济活动的某些规律,从而使书目控制理论与实践展现出新天地。

参考文献:

1 Wellish. The Cybernetics of Bibliographic Control: Toward a Theory of Document Retrieval System. Journal of ASIS,1980,31(1)

2 Davinson,D. Bibliographic Control. London:Clive Bingley,1981

3 邹家华. 加快推进国家信息化. 求是,1997(14)

4 Byrd J. ,Sorury K. Cost Analysis of NACO Participation at Indian University. Cataloging and Classification Quarterly,1993,16(2)

5 Thomas S. E. Quality in Bibliographic Control. Library Trends. 1996(3)

原载于《情报科学》,1998 年第 4 期

20 世纪的书目控制*

书目控制的思想史应当从 16 世纪的盖士纳那里写起,因为盖士纳关于保存和传播人类全部知识的思想及其《世界书目》实践,直接影响着格特利伯·乔治、雅克·布伦特和约翰·布勒斯的书目控制尝试,以及 17、18 世纪的国家传记书目兴起。若论书目控制思想的萌芽,则可追溯到 12 世纪郑樵的通录古今之有无,甚至可远溯到 5 世纪阮孝绪的穷天下之遗书。这些思想的累积和实践经验的丰厚,为 20 世纪的书目控制理论与实践奠定了坚韧的基础。

1　1895—1949 年:书目控制从理想到现实

在盖士纳编出《世界书目》的 350 年后,Paul Otlet 和 Henri La Fontaine 两个律师 1895 年在布鲁塞尔建立了 the Institute International de Bibliographie,提出编制世界书目计划,并从印刷书目、书商目录和图书馆目录中抄写了 1600 万条记录资料并按分类编排,为此组织了一个国际十进分类体系,但这一计划因为一次大战而落空。实际上即使没有战争影响,以当时的条件完成这一浩大工程也是非常困难的。

1947 年 UNESCO 会议提议编制"世界书目",第二年,UNESCO 又提出建立一个世界书目中心,以协调书目工作与图书馆工作,出版书目和联合目录。但很快就感到理论与技术的条件都不具备,实现这些计划依赖于对书目控制的研究以及国家书目

* 本文系作者主持的国家哲学社会科学"九五"规划重点项目《书目控制的经济学与我国书目控制的经济效益研究》研究成果之一。

控制的保障。

20 世纪前半叶，书目控制开始从盖士纳式的理想破碎中走出来，面对现实。正如印度《目录学》第三版指出的：获取世界所有书目文献的可能性已成为一个幻想。这正是欧莱特和拉封丹建立目录学会及其远大理想之所在，但在那个时代幻想无法实现。20 世纪知识浪潮的大门打开，文献的绝对量使集中的书目控制得以实施。[1]

2 1949—1971 年：书目控制的深刻变革

自 1949 年美国芝加哥大学玛格丽特·伊根和杰西·谢拉提出“书目控制”术语[2]以后，人们从理解到认识，从感性到理性，50 年代基本确立了概念，实现了观念的变革；60 年代广泛应用新技术，达到了手段的变革。

2.1 在“情报”“控制”新概念影响下认识书目控制，开始了书目控制研究

芝加哥大学图书馆学院对于书目控制的讨论于 1950、1956、1963 年召开了以“书目组织”“建立完善编目规则”“图书馆目录：变化的范围”为主题的会议，形成了文献信息控制的“芝加哥学派”，他们把完整记录人类文献比喻成“乌托邦式的理想”，主张从现实出发解决文献信息增长与利用的矛盾。

2.2 书目控制以科技文献为中心，计算机应用于书目控制引起书目控制手段的革命，二次情报系统和情报检索广泛建立起来

2.3 集中编目走向联合编目

早在 1890 年，美国史密逊研究院（Smithsonion Institute）的杰威特（Jewett）建议美国编制全国联合目录，实行集中编目以节省人力，降低成本，避免重复劳动。1893 年，美国图书馆局（Library Bureau）正式向图书馆供应目录卡片，这一业务到 1897 年由美国图书馆协会接办，1901 年由美国国会图书馆继承了这项工作。威尔逊公司在 1938 年开始编制卡片出售，年编目图书约 3000 种，进行了 15 年之久。在美国的影响下，许多国家也开始了集中编目工作。苏联于 1925 年开始集中编目，俄文编目最初由教育

人民委员会集中编目局进行,1927 年转由全苏图书局发行集中编目卡片,1949 年起列宁图书馆公开发行提要卡片。1965 年,UNESCO 在莫斯科召开了一次题为“国际目录卡片发行的现状及其展望”(International Distribution of Cataloguing Cards: Present Situation and Future Prospects)的会议,充分肯定了集中编目的意义和作用,讨论解决统一著录,卡书配合的问题,并呼吁各国集中编目机构向国际发行目录卡片。当时统计,全世界约有 21 个国家的 75 个机构(不包括我国)从事集中编目工作。[3]

在资源共享的呼声推动下,集中编目向联合编目发展。1965 年,美国各大学图书馆根据美国“高教法案”每年可得到联邦政府 5000 美元的购书补助费,用以购买国外资料,这些图书馆要求国会图书馆供应这类图书资料的卡片。此外,按“发展农产品贸易和援助法”(1954 年 7 月美国政府颁布的“第 480 号公法”)规定,美国输出剩余粮食的国家可用该国货币付款的方式进行交易,美国政府指定国会图书馆用这些货币在各国购买当地出版的图书,这批图书也必须及时编目,供应目录卡片。由此产生了 1965 年在集中编目基础上建立的“全国采购编目规划”(NPAC: National Programme for Acquisition & Cataloguing),又名“合作编目规划”(Shared Cataloguing Programme)。这一规划使得国会图书馆在伦敦、威斯巴登、奥斯陆、海牙、巴黎、贝尔格莱德、佛劳伦斯、东京、维也纳等地成立了“区域合作编目局”,并在内罗毕、里约热内卢、雅加达设立了“区域采购局”。这样,美国 89 个大学与国会图书馆合作得到其全套的 NPAC 卡片。

由于计算机编目的实现和网络的不断发展,才使合作编目更有意义。计算机联机编目系统应运而生,如 1967 年美国俄亥俄州 54 所大专院校联合创建计算机编目系统,同年华盛顿州立图书馆也开始创办自动化系统。

2.4 探讨统一的书目记录格式

20 世纪初开始出现地区性统一著录标准,如 AA = code,60 年代为消除有重复和差异的各国著录条例、确立国际共同识别的控制语言的要求更加迫切,1961 年在巴黎召开了国际编目原则会议(International Conference on Cataloguing Principles,简称

ICCP),通过了具有世界统一编目里程碑意义的"原则声明"(Statment of Principles),成为后来国际编目规则在著录方面的依据。由于美国国会图书馆自1965年开始共享编目计划,IFLA在进行国家书目的研究时,也探讨记述编目等问题,同时为了检查巴黎原则执行的情况,并讨论未来发展,因而促成了1969年在哥本哈根举行的国际编目专家会议(International Meeting of Cataloguing Experts,简称IMCE)。这次会议集中探讨了书目记录的标准格式,直接影响着书目著录国际标准的产生。

2.5 从卡片目录的普及到MARC编目成功

MARC磁带的试验开始于1961年。1965年1月,美国国会图书馆提出了《标准机器可读目录款式的建议》即MARC1。1967年1月,国会图书馆宣布延长MARC试验计划,于是在MARC1的基础上提出了MARC2格式。MARC2格式适合于各种资料的书目数据交换,拥有不同计算机硬、软件的图书馆均可使用。1968年6月,MARC试验宣布结束,并推荐了MARC2格式和扩充的字符集。1969年3月,国会图书馆正式向全国发行MARC2格式的英文图书记录磁带。

3 1971—1986年:书目控制的全方位拓展

1971年,西德巴伐利亚图书馆馆长卡特瓦瑟提出了"Universal Bibiographic Control"(简称UBC,译为世界书目控制或国际书目控制)的概念,这一术语是书目控制的全球性表达,标志着书目控制进入一个新的阶段:书目控制理论与实践全面发展,向国际化、标准化、自动化迈进。这一阶段,书目控制的发展特征是:

3.1 图书馆界热衷于书目控制实践,推动理想的书目控制走向现实,全面实施UBC计划,促进资源共享

UBC产生后,很快为IFLA接受,在1973年第三十九届布鲁塞尔大会上,以UBC作为大会主题进行了广泛讨论,最终由执行委员会将UBC列入IFLA的第一项核心计划,它标志着UBC的实践开始成为国际图书馆界的中心任务。当时的IFLA主席赫尔曼·利贝尔斯把这一计划称为"IFLA当前发展阶段的最高表

现”。[4]

在布鲁塞尔大会召开的第二年，为实施 UBC 计划，IFLA 成立了世界书目控制办事处(International Office for UBC)，设在英国图书馆参考部内，试图通过国际协作编制“世界书目”。办事处负责各国书目活动的协调，并具体执行国际图联 UBC 计划，还出版季刊《国际编目》(International Cataloguing)。1977 年 12 月，国际图联执行委员会成立了“世界书目控制组织业务指导委员会”，制订了世界书目控制的有关方针和计划重点。

安德森论述了 UBC 性质，“联合国教科文组织和国际图联将其视为一项主要的政策目标：建立一个从事书目交换管理的世界情报系统，这个系统能够采用全世界都能接受的形式，使人们能迅速而广泛地获取世界各国所出版的图书情报资料”。[5]

当 1973 年 IFLA 的主席 Herman Liebaers 在布鲁塞尔大会上提出世界书目控制为 IFLA 的主要目标时，曾遭到 Donald Urgnhart 的强烈反对，他认为仅有书目控制，但得不到资料原件，对学术研究仍一无益处，之后 Urgnhart 成为 IFLA 的 Committee on International Lending and Union Catalogues 的主席以及在 Boston Spa 的 National Lending Library for Science and Technology 的主任，后来该单位与 National Central Library 合并为 British Library Lending Division，Urguheart 的想法和当时 National Central Library 的馆长 Maurice Line 不谋而合，由于他们共同的观点，促使西欧图书馆馆际互借研讨会(Western European Seminar on Library Interlending)的举行。会议中建议为配合 UBC 计划，有必要规划一个加强各国出版物的获得及加速国际馆际合作服务的国际计划。[6] 1974 年 IFLA 在华盛顿召开的第四十届大会通过了与 UBC 相配合的 UAP 即世界资源共享计划，目标是任何人可获得任何形式任何地方出版的任何资料，促进出版物的利用。

1979 年 5 月，执行委员会在负责人柯克加迪的领导下，决定建立计划管理委员会，以协调和管理 IFLA 的专业核心计划并促进这些计划与各部、组工作的联系，到 1983 年，IFLA 理事会批准了包括核心计划的重要文件“国际图联的希望”，预示着新核心计划的产生与发展。

3.2 NBC与UBC配合,国家书目大力发展

1969年,IFLA通过了"综合登记书目"计划,要求各国建立书目中心,登记本国出版物并在国际范围内交换书目情报。1977年IFLA和Unesco在巴黎联合召开了国际国家书目大会(International Congress on National Bibliography),讨论国家书目控制问题,建议制订国家书目出版标准。当时统计,已有90个国家编印了国家书目,10多个国家开始采用ISBDs,18个国家同意MARC磁带交换,26个国家成立ISBN国内中心,22个国家建立ISSN国内中心,8个国家进行在版编目。这次大会全面推动了各国缴送本制度、书目中心和国家书目标准化的发展。此后,为全面发展国家书目控制,IFLA经常讨论发展现行书目和回溯性书目、建立国家书目体系的问题。1981年在莱比锡大会上书目小组通过了《关于现行国家书目反映文献的推荐意见》。为指导现行国家书目,IFLA出版了《Guidelines for the National Bibliographic Agency and the National Bibliography》(1979)、《Manual of Bibliographic Control》(1982)。为指导回溯性国家书目,IFLA出版了《Retrospective Bibliographic Control: the Question of Cumulative Volumes of National Bibliographies》(1985)、《Retrospective National Bibliographic: an International Directory》(1986)、《Commonwealth Retrospective National Bibliographies》(1981)。

1974年美国成立全国书目控制协调委员会,旨在促进各类型书目的标准化、连续出版物转换计划和协作性机读目录的实现,在此基础上建立全国统一的书目数据库,在NBC发展上迈出重要的一步。

这一阶段,发展中国家的书目控制受到重视。按照ICNB的建议,Unesco和IFLA UBC Office开始发起非洲书目控制的一系列地区和分地区讨论会。首次讨论会于1978年1—2月在尼日利亚首都拉各斯举行,有17个非洲国家参加,创办了非洲书目控制常务会议(African Standing Conference on Bibliographic Control,简称ASCOBIC)的会刊《非洲书志》(Afribiblios)。之后,1979年在塞内加尔的达喀尔召开了关于"加强对国家书目发展的重视"

的讨论会。1981 年在冈比亚的班珠尔召开了关于国际标准如 ISBD、ISSN 的修订与研究会议。1983 年 8 月在坦桑尼亚的达累斯萨拉姆举行的 ASCOBIC 会议,旨在促成没有呈缴法的地区建立呈缴法,改进现存的呈缴法。

在 ASCOBIC 的推动下,非洲英语国家的国家书目发展较快,博茨瓦纳、冈比亚、加纳、肯尼亚、马拉维、毛里求斯、尼日利亚、塞拉利昂、斯威士兰、坦桑尼亚、乌干达、赞比亚、津巴布韦都编辑出版了国家书目。在描述非洲英语国家的现行国家书目之后,尼日利亚的班科尔(B. S. Bankole)建议各种语言资料和手稿应收录在国家书目中,应努力收集现在未收的各种载体资料——缩微品、磁带、唱片、电影等等,并收录在国家书目中;应努力编辑印刷型国家书目月刊;在英语国家之间的国家书目交换应当考虑等等。[7]

3.3 推进书目著录的国际标准化,ISBD 形成体系

统一编目规则是国际书目控制的首要条件。继 1961 年国际编目原则会议和 1969 年国际编目专家会议后,70 年代由工作组专门制订《国际标准书目著录》(ISBDs)规则。1971 年出版了《ISBD(M)》初版,英国、法国、德国很快将这一规则分别用于《英国国家书目》、《法国书目》和《德国书目》,1973 年第 39 届大会前召集了 ISBD(M)修订会议,1974 年出版了"标准初版"。为连续出版物编制的 ISBD 也于 1974 年出版,1977 年出版了为地图资料编制的 ISBD 和为非书资料编制的 ISBD。随着专门的 ISBD 增多,1975 年决定编制一个"总体制",即《国际标准书目著录总则:说明本》于 1977 年出版。80 年代,工作组继续制订新的规则,并开始大规模修订,形成了较完善的 ISBD 体系。

3.4 CIP 有效地解决出版和图书馆的书目控制

自 1971 年美国国会图书馆制订"在版编目"(CIP)计划,许多国家在 70 年代开展了 CIP 的尝试。为推广应用这一方法,IFLA 和 UNESCO 于 1982 年 8 月在渥太华举行了国际在版编目大会(International CIP Meeting),讨论解决各国 CIP 著录项目不同的问题,建议采用标准格式。1983 年出版了《国际在版编目会议录》(Proceedings of the International CIP Meeting)。1986 年出

版了《在版编目准则》(Guidelines for CIP)和《在版编目推荐标准:在版编目数据表和图书在版编目记录》(Recommended Standards for Cataloging-in-Publication: the CIP Data Sheet and the CIP Record in the Book)。

3.5 UNIMARC 的推广应用

机读编目记录交换的可能性始于 1968 年美国国会图书馆的 LC MARC2 Format。70 年代 MARC2 被 ISO 接受并通过为国际标准格式。与此同时,各国在 LC MARC 基础上建立本国机读目录,如英国的 UKMARC、澳大利亚的 ANB/MARC、比利时的 CALCO、瑞典的 LIBRIS 等。但由于各国格式的差异,影响着国际资料交换,于是机读目录的网络研究引起了广泛兴趣。1972 年 IFLA 成立项目指示符号特别工作组(Working Group on Content Designators),研制国际通用的机读格式,即 UNIMARC,于 1976 年底完成。

UNIMARC 的产生是国际书目情报交换的基础,成为各国建立自动化图书馆目录和国家书目的标准格式。一些国家开始以此为基础建立 MARC 系统,生产并接受 UNIMARC 磁带。国家图书馆馆长会议自 1975 年起为探讨机读目录网络化成立了"国际 MARC 网络研究筹划指导委员会"(International MARC Network Study: Steering Committee)。1983 年 IFLA 将国际 MARC 纳入核心计划成立 IMP(International MARC Program)。该计划分成两部分:一是由德国 Deutsche Bibliothek in Frankfurt 负责 MARC 的应用,包括技术方面的探讨及 MARC 的测试;二是由大英图书馆负责 MARC 的修订。

1982 年迈克尔·高曼提出"联机目录就是一个书目控制系统,联机目录的发展已远远超出了书目控制的范畴而深刻影响到图书馆的各个方面,从而需要重新思考和组织我们的事业"。[8]

3.6 书目控制研究出现热潮

英国唐纳德·戴芬森 1975 年著有《书目控制》一书,1981 年修订,全书十六章,探讨了书目控制概念、国家和国际书目控制的发展史、非书资料控制等,是系统阐述书目控制的理论著作。

1977 年,书目控制的研究达到高潮。芝加哥大学的《图书馆季刊》第三期刊载了"图书馆书目控制理论"、"书目控制技术与标准"、"书目控制的技术基础"等文章。同年,芝加哥大学图书馆学研究生院主持召开了有关书目控制的第四次大会。伊利诺斯大学图书情报学研究生院的《图书馆趋势》第三期发表了"书目控制的趋势:国际出版物"专辑,包括"编目规则的变化"、"机读形式的书目信息交换"、"国家书目中心的作用"、"编目自动化"等论文。

1978 年,澳大利亚堪培拉高等教育学院出版了多林·M·古德曼的著作《图书馆资料书目控制:原理和实践》,全书六个部分,内容有标准、MARC 说明、主要代销商/著作权、标题检索、内容分类与检索、分类理论与应用、非书资料分编、书目数据存档等。

这一阶段,对书目控制的理论和实践均有研究,涉及许多方面。关于书目控制的基本理论,有 J. 希基的"理论的书目控制"(IFLA Journal,1980)、H. 威利施的"书目控制的控制论:文献检索系统的一种理论"(Journal of ASIS,1980)等。关于书目控制的技术问题,有 R. 唐斯的"书目控制的问题"(Library Trends,1981)等。关于世界书目控制,有 D. 安德森的"世界书目控制:一个长期政策;一种行动计划"(Munich:Verlag Dokumentation,1974)等。关于国家书目控制,有 E. 格兰雷德的"挪威:一个小国的国家书目控制"(International Cataloging,1975)、P. 万雅玛的"肯尼亚的呈缴制和书目控制"(同上,1984)等。关于各类文献的书目控制,有《儿童图书的书目控制》(International Library Review,1974)、"缩微品的书目控制:向何处去?"(Microform Review,1978)、"古籍的书目控制"(International Cataloguing,1979)等。

4 1986 年以后:书目控制走向深入

1986 年 IFLA 将 UBC 和 IMP 合并为"Universal Bibliographic Control and International MARC"即 UBCIM 计划,这一合并标志着书目控制进入一个新的阶段。

合并后,1988 年,《国际编目》改名为《国际编目和书目控制》(International Cataloguing and Bibliographic Control),改名后扩

大了范围,包括IFLA和UBCIM消息与活动,国际MARC活动,各国书目控制的发展,关于编目、书目和分类现实问题的研究。

1990年3月底,UBCIM办事处从英国图书馆迁到法兰克福德国图书馆。前任规划负责人罗伯茨作为专业协调员进入IFLA总部,新任计划负责人是德国图书馆副馆长卡特·诺瓦克(Kart Nowak),M-F普拉萨德女士(Marie-France Plassard)同意离开UAP计划担任UBCIM的管理工作。重组后,UBCIM的目标是:(1)协调所有为国际书目资料的交换与控制而发展出来的系统与标准,包括支持IFLA的部(Divisions)与组(Sections)等单位的相关专业活动,书目格式与标准的维护,同时作为该领域的资料中心;(2)改进UNIMARC format,并协调专家对UNIMARC的发展与维护;(3)确保有关国际书目、格式标准等计划及会议出版品的安全。[9]除UBCIM之外,IFLA的八个部之一Division of Bibliographic Control及其下属的Section on Bibliography, Section on Cataloguing,临时成立的工作小组,及UAP(Universal Availability of Publication), UDT(Universal Dataflow and Telecommunications)等核心计划都致力于世界书目控制的实现。1993年3月,书目控制部在巴西的里约热内卢召开了世界书目控制专题研讨会,有来自拉丁美洲的10个国家150人参加。

陈昭珍将IFLA有关世界书目控制的工作归纳为七个方面:(1)制定国际标准书目著录格式;(2)推动国家书目的编辑;(3)发展国际机读编目交换格式;(4)款目形式的标准化;(5)国际出版品利用计划(UAP);(6)国际资料流通与通讯计划(UDT);(7)出版International Cataloguing and Bibliographic Control(ICBC)。[10]

20世纪90年代,关于书目控制的研究向广度和深度发展。

美国图书馆协会出版的《The Librarians Thesaurus》(1990年)将"书目和书目控制"归纳为六个方面:书目级别;范围(目的、时期、包容、功能);物质形态;排列;书目记录(著录、检索点);书目标准。

罗兴辉对《Library and Information Science Abstract》(LISA)1988年至1991年(限于前10期)有关书目控制的文献进行统计

分析,发现世界大多数国家都不同程度地开展了书目控制的研究和实践,并出现了跨国家的区域性书目控制合作。在统计的91篇文摘中,美国13篇,占14%;前苏联和非洲各9篇,各占9.8%。国际书目控制研究趋于深化,所涉及的学科门类包括农学、经济学、天文学、伦理学、地理学、人类学等诸多学科;类型包括推荐书目、联合书目、国家书目、营业书目、国际书目和书目指南等各种书目。统计表明,国际书目控制研究领域内纯理论性探讨减少,而具体的技术问题、管理方法问题等实践性很强的研究课题增加很快。[11]

从各个不同的角度研究解决实际问题成为人们关注的焦点。1996年,美国国会图书馆编目部的托马斯发表《书目控制的质量》[12]一文引入TQM,对"最小级编目"等问题进行了探讨。

回顾20世纪的书目控制,经历了从理想到现实、从实践探索到实践与理论相结合、从基本认识到全面研究的发展过程。特别是20世纪的后半叶,计算机及其他信息技术的广泛应用,应用研究的不断深入,UBC过渡到UBCIM,以及国家书目体系的建立和完善,书目控制理论和实践都取得了巨大的成就,推动着书目控制向数据库化、自动化、网络化迈进。

参考文献:

1 Kumar, G.; Kumar, K. Bibliography. 3rd ed. Vikas Publishing House Pvt Ltd. 1990

2 Egan, M. E; Shera, J. H. Prolegomena to bibliographical control. Journal of Cataloguing and Classification. 1949, 5(2)

3 阎立中. 编目工作的发展和目录著录的标准化. 图书馆学通讯,1980(3)

4 王恭心译. 国际图联在国际图书馆界中的作用. 图书馆论坛,1991(2)

5 安德森. 国际书目管理的现状与展望. 图书馆学通讯,1981(3)

6 Plassard, Marie - France. UAP: a ten - year overview. IFLA Journal, 13(4), (1987), 334

7 Bankole, Beatrice Solape. Current national bibliographies of the English speaking countries of Africa. International Cataloguing, 14(1), (1985), 5 - 10

8 高曼著;罗伟清编译. 联机目录的发展超出了书目控制. 图书馆理论与实践,1987(1)

9 IFLA. IFLA core Programme 1991, a brochure, 2 - 3.

10 陈昭珍. IFLA 国际书目控制工作之探讨. 图书馆学刊(台湾),1991(7)
11 罗兴辉. 国际书目控制研究的新进展——1988—1991 年专题文献分析报告. 中国图书馆学报,1993(2)
12 Thomas S. E. Quality in Bibliographic Control. Library Trends,1996(3). Berkeley:University of California Press,1968

原载于《晋图学刊》2000 年第 3 期

数字目录学
——当代目录学的发展方向

1 从文献目录学到数字目录学

20世纪80年代以来，我国目录学家一直寻求文献目录学的突破，书目情报理论是一个重要的突破口。书目情报理论对现代目录学的意义突出的有两个方面：一方面，这一理论确立了目录学的基点，将目录学的核心思想从传统目录学的书目观转向现代目录学的书目情报观，从而具有划时代的意义。另一方面，书目情报理论拓展了现代目录学的研究视野和研究内容，建立了以书目情报理论为基础的文献目录学体系，加强了目录学与情报学及其他相关学科的联系。书目情报理论将文献目录学从“图书（文献）——书目（书目工作）”范畴扩大到了“文献——信息”范畴。在以书目情报为基点的文献目录学的突破中，目录学研究和书目工作的信息化推动着新目录学——数字目录学的诞生。

数字目录学有着丰富的来源和基础。从实践来源看，数字目录学的基础是文献数字化与书目工作数字化实践。以CALIS为例，其建立的联机合作编目中心、馆际互借与文献传递网、分布式联合虚拟参考咨询网、统一用户认证服务体系、数字资源建设与服务项目等，表现为新时期的书目工作和文献工作。书目情报的数字化过程具体包括以下方面：一是书目情报的电子化；二是书目情报的网络化，包括书目情报产品在传统的印刷、卡片形式外出现了电子版、网络版，书目产品传输的网络化，读者通过网络使用书目情报产品；[1]三是书目情报的集成化；四是书目情报的智能化。

从理论来源看,数字目录学的基础是在实践研究的基础上对目录学发展的需要和对网络信息资源的探索。目录学界一直强调目录学的现代化,不断开展新领域的研究。武汉大学彭斐章教授带领他的博士生们对书目工作数字化与网络信息资源进行了许多有益的探索,发表了《网络信息资源组织与目录学的创新和发展》、《网络检索工具发展新思维》等系列论文。北京大学王锦贵教授指出:"我们应该从行动上冲破以书籍为载体的传统目录学的局限,立即把重心调整到网络信息目录工作及其检索工具上来"(大学图书馆学报,2003 年第 4 期)。首都图书馆倪晓建教授指出:信息加工的目的是解决信息激增与用户利用之间的矛盾,从本质上讲,属于目录学的范畴(《信息加工》武汉大学出版社 2001 年版)。广东中山图书馆的莫少强撰文强调"数字图书馆元数据和资源共享的研究与实践"是网络环境下目录学发展的新课题(图书情报工作,2002 年第 1 期)。华南师范大学乔好勤教授说:对网络信息目录的研究,也可叫网络信息目录学或称网络目录学。过去有地方文献目录学、文学目录学、医学目录学等,网络目录的研究当然也可以叫网络目录学。这一新领域的开拓和研究,把目录学推向新的阶段——"网络目录学阶段"。[2]

2　数字目录学的原理构建

彭斐章教授指出:"如何科学地解决数字时代信息资源的生产、聚集、组织、传播、开发和利用等方式方法的问题,是 21 世纪我国目录学研究面临的重要问题。可以说,目录学研究正进入数字时代"。[3]数字目录学正是研究数字环境下的数字资源与网络书目情报工作,解决数字资源的组织与开发利用等问题,为发展信息资源管理和信息服务提供支持的一门目录学新兴学科。它一方面继承了现代文献目录学的部分原理,另一方面大量吸收新的学科知识和信息技术,以及相关学科的知识。

2.1　"数字资源——知识"体系

现代文献目录学是在文献交流系统"文献信息生产者——文献信息需求者"中构建的书目情报交流子系统。在数字目录学中,已经从文献信息交流系统发展到数字交流环境,它不是一般意义上的“文献——读者”的体系，而是“数字资源——知识”体系。

数字资源是数字目录学的重要对象。数字资源包括网上数字资源和非网上数字资源（光盘、磁带等）两大类。对各式各样的资源进行揭示与组织、报道与传播，是数字目录学的任务。

然而，数字目录学不仅仅限于数字资源的揭示与报道，还要从知识的角度进行研究。在知识的体系中，数字目录学应当承担两种功能。

一是知识记忆与导航功能。知识资源库和知识导航系统是数字资源系统的精华。American Memory（美国记忆）是知识资源库的一个代表，它集中反映美国历史、文化和立法方面的资源，Ohio Memory（俄亥俄记忆）集中俄亥俄州数字历史馆藏，Unesco 的 Memory of the World（世界记忆）计划试图保护人类的文化遗产，这些系统将支持社会的知识记忆。知识导航系统的重点是学术资源导航。CALIS 在“九五”期间就开始了导航库建设，各高校图书馆也在大量建设导航库。2003 年 10 月，CALIS 确定建立“十五”“重点学科网络资源导航系统”，实现全国高校网络学术资源信息共享。数字目录学家要成为“Knowledge Navigator”（知识导航员），除提供 OPAC 检索、跨平台检索、一站式检索外，还要提供面向主题和面向问题的知识导航，要主动地根据社会的或者读者的需求编制一些导读系统，有针对性地、定期地把某一领域的资料搜集起来做成索引，提供个性化的导航服务。

二是科学报道与评价功能。利用各种数字评价系统，通过科技成果评价、科学竞争力评价等，支持科学研究和创新。美国科技信息研究所出版的三大引文索引数据库 SCI、SSCI、A&HCI 以及两大化学信息事实型数据库 Current Chemical Reactions 和 Index Chemicus 是数字目录学进行数字科学评价的重要工具。ISI Web of Science 是全球最大、覆盖学科最多的综合性学术信息资源，ISI Journal Citation Reports（期刊引证分析报告，简称 JCR）是基于 SCI、SSCI 的期刊评价数据库。Essential Science Indicators（基本科学指标）是 ISI 独有的研究和统计数据，可用于评估研究绩效，掌握过去十年间自然科学和社会科学发展的趋势和动向。

ISI Highly Cited. com 介绍了 20 年来世界范围内的高引用的研究人员及他们的成就。2005 年即将推出的 Century of Science 将回溯数据从现在的 1945 年回推到 1900 年,囊括了 20 世纪以来最有影响的科学研究[http://www.thomsonisi.com/demos/webofscience]。此外,我国利用引文分析进行科学评价也取得一系列成果:如中国科学院文献情报中心的《中国科学引文索引》(CSCD)和《中国科学计量指标:论文与引文统计》,中国科技信息研究所的《中国科技论文与引文数据库》(CSTPC),南京大学中国社会科学评价研究中心的《中国人文社会科学引文数据库》(CSSCD)。

2.2 数字资源控制论

如果说,文献目录学是通过书目控制解决文献信息的大量增长与揭示报道文献信息的矛盾,那么,数字目录学是针对网络环境下数字资源无限增长,对数字资源进行控制。主要有以下方面:

一是数字资源的长久保存与记录问题。在网络环境下,大量动态的数字资源逐渐成为社会知识的主要形式,如何将流动的数字知识信息作为人类的知识库和文化库实现有效的控制,成为数字目录学的重要任务。由于大量的网络信息处于不断更新和流动中,信息资源的网上地址也可能不断变化,如不及时捕获,可能大量有价值的资源消失在网络中,严重影响人类的社会记忆。那么,哪些数字资源应当长久保存,哪些流动数据必须实时记录,为此应当研究数字资源控制的范畴与标准。

二是解决数字资源鉴定问题。档案界为保证电子文件原始性,从电子文件生成时开始控制,在此基础上建立了真实性的认定方法和手续;同时,建立电子文件的收集和积累制度,将电子文件中心嵌入电子政务系统,实现文档一体化管理,保证电子文件的完整性。从数字目录学的角度,如何确定数字资源的真实性和完整性,除了电子文件之外,其他各种资源也有同样的问题,例如,网上广告信息的真实性问题,网络文学作品的法律认可问题,都需要解决。由于网上信息的大量链接,信息在转载过程中的"原始文本"确定,文本加入部分的鉴别和文本作者的识别,各种数字资源在格式转换后的纠错等等,都需要制定各类型数字资源的鉴定策略和鉴定方法。

三是解决网络环境下的数字污染问题。解决数字污染问题,是一个系统工程,包括从技术角度进行网络信息过滤;从法律角度惩治信息犯罪;从伦理角度防止信息污染;从管理的角度进行网络信息检查。还包括从数字目录学角度对网络信息进行提炼,如同传统目录学的"校雠"功能,对网络信息错误进行校正,对网络冗余发挥批评监督作用。

四是流媒体和视音频资源的控制。据 Internet Movie Database 的统计,全球生产影片 1991 年只有 5972 部,2001 年达到 10 342 部;全球生产 CD 唱片 1998 年 9 万张,1999 年存储量 58TB;全球生产 DVD 视盘 1999 年 5000 种,存储量 22TB,2002 年增至 43.8TB。[4]通过元数据对大量的流媒体和视音频资源进行控制,包括图像、音频、视频、视音频、多媒体等元数据,在数字资源收集、保存、标引、资产管理等方面发挥作用。

五是数字资源质量评价。目前国内外关于网络信息资源的评价,[5]主要是网页评价和网站评价,以及数据库评价、课件评价、电子图书评价、电子期刊评价、电子图书馆评价等等。从整体上对网络信息资源进行评价,有定性和定量评价,主要标准有:内容评价(真实性、权威性、准确性、新颖性、时效性、稳定性、连续性、独特性、实用性、系统性等);设计评价(整体构思、版面编排、合理性、用户界面友好性、交互性、导航设计、开放性、兼容性);检索评价(可检索性、检索功能、检索效果、检索速度、易用性);可获得性评价(主页可操作性、链接的有效性、连接响应速度、传输速度);安全性评价;成本效益评价(技术支持、连接成本、价格、利用率、访问量、下载量、引用次数、社会影响等)。

2.3 知识加工论

数字时代的目录学家应当成为"知识工程师",从事知识的加工与服务。知识加工主要有三个方面,第一个方面是将网络信息转化为知识,包括从显性知识到显性知识,从隐性知识到显性知识等知识的相互转化,是创新型的知识加工。知识发现(KDD)就是从数据库中的数据进行识别有效的、新颖的、潜在有用的,以及最终可理解的模式的非平凡过程,数据挖掘(Data Mining)则是其中的一个重要方法和阶段。而在网络知识发现(KDW)中,网络数据挖掘则有网络内容挖掘(Web content mining)、网络结构挖掘(Web structure mining)和网络使用挖掘(Web usage mining)。第二个方面是对网络知识进行系统化的组织,如知识分类、知识的表示。已有的各种针对网络资源的分类表、叙语表是知识系统的组织工具,新的组织方法有本体论(ontology)、语义网(semantic Web)和主题地图(topic maps)等。第三个方面是知识揭示,数字目录学必须继承目录学的学术传统,深入到知识层面,将提要、类序、综述、述评等方法与网络和数字技术、智能技术结合起来,发展元知识系统。

2.4 "e-reading"

数字目录学与文献目录学一样,具有指导读书治学的功能。具体表现为,指导"e-reading"(电子阅读)。"e-reading"主要表现为网上阅读。网上阅读主要有网页浏览和网上文献阅读,网上电子期刊阅读已成为科研人员的主要阅读方式,而网上的电子书阅读需求逐渐增长。"e-reading"还包括多媒体阅读。北京大学副校长吴志攀教授在《大学图书馆学报》2004 年第 1 期发表的"移动阅读与图书馆的未来——'移动读者的图书馆'"一文中预测手机阅读时代的到来,阅读习惯会从"阅读"改变"倾听"。

数字目录学要研究学习环境的变化,研究人们读书治学的新的特征,研究信息素养与读书治学的关系,研究电子阅读习惯、阅读行为和阅读心理学。数字目录学通过调查用户需求和电子信息服务的使用情况,为数字化学习提供依据。数字目录学还要建立各种学习资源库和学习平台,并进行用户学习培训,提供电子阅读方法的指导。

2.5 网络需求论

数字时代网络需求成为知识社会的重要特征。一方面,信息需求在人们的整体需求中占有越来越大的比重,而网络的需求量又占有突出的地位。另一方面,在网络环境下,知识生产者与知识利用者、书目情报工作者与书目情报需求者、图书馆员与用户之间的界限越来越模糊,因此,所有人都需要网上的信息与知识。

网络需求从微观来说是检索需求，满足这种需求的网络检索技术可分为数据检索、全文检索和知识检索。

从中观来说，网络需求表现为知识需求，网上大量的知识导航系统、丰富的教学网和教学资源上网，以及远程教育的发展，为人们的知识学习开辟了更多的渠道和机会。特别重要的是，公共知识的需求将主要通过网络来实现，要加强公共知识管理，发展信息公开、知识自由和公共知识资源的获取。从宏观来说，网络需求的实质是文化需求。网上的文化平等与文化对抗、传统文化与现代文化、单一文化与多元文化同时存在，各种文化努力占领网上阵地，现实文化寻求与网络文化融合。因此，网络是现代文化的中介和文化传播的工具，网络的自由交互和个性发展的特征以及文化向知识的渗透，为数字目录学文化提供了依据。

3 数字目录学的主要内容

基于上述原理，数字目录学不是围绕传统意义上的文献解决问题，而是围绕内容(content)解决问题。数字目录学的研究内容可分为三大领域：

3.1 数字资源系统的目录学研究

数字目录有“digital bibliography” 等多种名称，诸如：“digital bibliography”、“ network bibliography ”、“ internet bibliography ”、“web bibliography”、“e-bibliography”、“d-bibliography" 等。搜索引擎经过第二代的发展不断改进，是数字目录学的重要工具。数字资源系统的目录学研究主要解决电子资源的分类编目与检索问题，包括数字图书馆目录、网络编目、联机编目系统、文后电子资源著录、网络资源分类、网络资源组织、网络信息资源的二次开发等问题。

关于数字图书馆目录，包括DC元数据研究、OCLC的开放性元数据项目平台CORC(在线资源合作编目)系统、数字图书馆联盟目录等。这方面的研究已成为数字图书馆研究的热点。

关于电子资源编目的研究，跟踪网上MARC编目工具MARCit、OCLC实施的InterCat网络编目计划，研究光盘、电子出版物、数据库、网页等各种电子资源的著录等。1999年ISBD

(CF)的修订,用"Electronic Resources"替代"Computer Files"。AACR2 的修订,历经了"Machine-Readable Data Files"——"Computer Files(1998 年)"——"Electronic Resources(2002 年)"三个发展阶段,由此导致了 MARC21 的产生,Ebary、NetLibrary、Safari Tech Books Online 等都可提供电子图书的 MARC21。我国出版的《西文文献著录条例》(2003 扩大修订版),也增加了"电子资源"一章。图书馆界开展的电子资源编目研究与实践取得了可喜的进展。

关于联机编目系统,超大规模集成化是发展趋势,如全球最大的书目系统 OCLC WorldCat 拥有 4800 万条不重复的数据,涵盖由 400 多种语言记载的 4000 多年人类知识结晶,平均每 15 秒钟就增加一条新记录。[6] 通过研究国外四大联机书目系统:OCLC 的 WorldCat、LC 的 PCC、英国图书馆的 Blaise 和澳大利亚的 Kinetica,以及国内的著名书目数据库(国家图书馆联机编目中心、中科院系统书目数据库、CALIS 书目数据库、北京图联书目数据库、上海图联书目数据库、深圳图联书目数据库等),组织建立我国的联机编目系统。

关于网络二次文献的研究。网络目录的研究包括 OPAC、网络联合目录、网络书业目录、网络书目数据库等。网络索引的研究有"网站索引"、"教案资源索引"、"课件索引"、"数据库索引"、"文件索引"、"地图索引"、"新闻索引"等多种类型研究。要加强对大型网络索引如 Librarian's Index to the Internet 的研究。还要研究网站和网页的可检索性与可用性(Website accessibility and usability),提高其检全率和检准率,研究网上资源的成本效益。

关于网络资源组织模式有四个层次:微观的组织模式,包括文件、超媒体、数据库与网站;中观的组织模式,主要有学科信息网关(Subject Based Information Gateways);宏观的组织模式,主要指网络资源指南(Web directory)和搜索引擎;分布式组织的图书馆,其组织的资源超出网上信息的范围。[7] 数字目录学除对网络信息组织进行全面研究外,还要研究专题指引库方式、热门站点链接或相关站点推荐,以及分类法和主题法包括关键词法、主题词表、标题词表等在网络资源组织中的应用。

关于网络书目控制,2000 年,美国国会图书馆的“新千年书目控制”专题会议将网络信息组织作为会议主题之一。笔者主持完成了国家“九五”重点项目《书目控制的经济学与我国书目控制的经济效益研究》,提出“在网络环境下,书目控制与文献、数据库更紧密地结合起来成为一体化的资源,发挥着多样化的效用”。

3.2　数字参考咨询的目录学研究

关于数字参考工具的研究,包括电子版工具书和网络版工具书的研究。除已有的 CD-ROM 工具书如《四库全书》、《中国大百科全书》(电子版 1.0)外,大量的纸质工具书需电子化。更为重要的是,网络版工具书有广阔的发展前景。国外著名的网络版工具书如“Encyclopedia Britannic”(http://www. Britannic. com),“Columbia Encyclopedia, 6th ed, 2001”(http://www. bartleby. com)。国内的网络版工具书也在发展中,如易文网工具书在线(http://www. ewen. cc/uniban/index. asp)的《汉语大词典》、《中华古汉语字典》等。

关于网络参考文献的研究。文后电子文献的著录由于国家标准《文后参考文献著录规则》并未涉及,因而是近几年来迫切需要解决的问题。一些专业期刊确定了自己的网上参考文献著录格式,各有特色,著录标准化势在必行。

关于数字参考服务的研究。虽然新的服务方式如电话咨询、Email 咨询、网页咨询、合作虚拟咨询、7 × 24 全天候实时咨询服务等已开始广泛应用。但关于数字参考咨询的软件、标准规范、体系结构、实用系统如 QuestionPoint、Ask a librarian、专家咨询系统等等都需要深入的研究。

3.3　数字化学习指导的目录学研究

这一领域主要解决数字资源增长与阅读的矛盾,研究数字化学习指导的理论与方法问题。

一是要开发虚拟学习开发平台,国外已有较多的开发软件,如美国 Web 公司开发的 TopClass, Bristol 大学的 Blsckboard, Lotus 机构的 Learning space;英国 Huddersfield 大学开发的 CoMntor

Learningcapes, Staffordshire 大学的 COSE 系统, Columbia 大学的 WebCT 等。[8] 二是要研究数字导读,网络书评和网络推荐书目已经产生,要进行与传统导读方法的结合研究,以及中外阅读指导的比较研究。三是要研究数字读者教育和学习方法,包括 Net Generation、从广播式学习到互动式学习的转变。因此,既要研究传统意义的读者和学习向数字读者与数字学习的转型,又要研究未来网络一代的心理变化与社会适应性。

4 发展数字目录学的思考

目录学作为一门有着悠久历史传统的学科,因为其应用的广泛性在 20 世纪以前一直占据着学科的重要地位,到 20 世纪开始才有重大变革,并与图书馆学紧密结合起来。如果说 20 世纪初现代文献目录学的建立是目录学的重大转型,那么,21 世纪初是目录学的又一次重大变革期,数字目录学为目录学开辟了新天地,成为目录学的重要发展方向。

我们要转变观念,大力加强数字资源与数字目录的研究。既要继承目录学的优秀传统,继续进行古典目录学和现代文献目录学的研究;又要与时俱进,树立开拓创新意识,大胆进行新目录学的探索。既要有"文献"观,发展书目情报理论;更要有"数字资源"观,关注网络世界,发展数字资源管理理论。

我们要行动起来,大力开展数字目录学实践。要参与到数据库建设和数字平台建设中,在实践中总结目录学经验。要自觉进行新技术在数字资源的应用研究,发展数字化编目和网络信息资源组织。要努力建设数字化学习环境和数字化知识学习系统,引领阅读学习指导,使数字目录学成为新世纪"学中第一紧要事"。

我们要深入理论研究,完善数字目录学学科建设。要扎实开展数字目录学的专题研讨,联合图书馆学界和情报学界的力量,共同开展数字资源问题的攻关。加强目录学与现代信息技术的结合,在研究方法上突破宏观的认知范式,吸收网络计量学、科学计量学、网络图书馆学(Internet Librianship)、信息构建(Information Architecture)等学科的成果,丰富数字目录学的内容。

我们要进行教学改革，培养数字目录学人才。要在目录学教学中增加新的内容特别数字目录学的内容，要大力进行目录学教学方法和手段的改革，进行网上目录学实习，增加社会实践。要培养数字目录学的高层次人才，还要对图书馆书目工作者、书业书目工作者以及社会书目工作者进行培训，提高数字目录学意识和数字目录学的水平，形成一支支撑目录学转型的队伍，为目录学发展和数字目录学建设作出时代的贡献。

参考文献：

1 彭斐章，贺剑锋，司莉. 试论21世纪中国目录学研究的基本特征. 图书馆杂志，2001(5)

2 乔好勤，李锦兰. 当代目录学的理论与实践. 图书与情报，2001(3)

3 彭斐章. 目录学. 修订版. 武昌：武汉大学出版社，2003：3

4 张久珍，段明莲，沈正华. 国外视音频信息元数据研究文献综述. 大学图书馆学报，2005(1)

5 孙瑾. 网络信息资源的评价研究综述. 大学图书馆学报，2005(1)

6 杨晓宁等. OCLC 的最新发展战略. 新世纪图书馆，2005(1)

7 黄如花. 网络信息组织模式的评价研究. 武汉大学博士学位论文，2002：12

8 李洁宁，黄国富. 网络环境的虚拟学习系统及评测方法(第一部分). 广西广播电视大学学报，2003(12)

原载于《图书情报知识》，2005年第3期

试论面向数字书目控制和数字资源控制的数字目录学*

数字目录学诞生有其时代背景。随着21世纪的到来,人类社会步入网络时代,因特网的迅速发展,网络信息资源的飞速增长,使不断增长的海量文献信息量与人们特定需求之间的矛盾日益尖锐。所以社会数字化进程的加速,对传统目录学提出了新的要求和挑战。[1]这种挑战不仅仅是现代社会对文本信息的组织和利用提出了更高的要求,同时人们对网络信息的需求也大大增强,这就要求建立在文献基础之上的书目与书目工作,必须实现数字化、自动化,同时开展数字目录学的研究。另一方面,随着信息技术的进步,目录工作也具备了实现自动化和网络化的条件,现代信息社会对文献信息的处理能力和服务能力大大增强,这也促使目录学理论能够从更宽的视野展望全局,为实现目录工作数字化突破奠定坚实的基础。[2]

1 数字目录学研究的现状

1.1 国内数字目录学的研究回顾

面对信息资源网络化和数字化这样的时代背景,目录学界对目录学的发展提出了各种理论和学说。

对于目录学的这个转变,2001年华南师范大学乔好勤等指出:网络信息目录控制是目录工作发展的新阶段,是当代目录学研究最重要、最现实的课题。当代目录学要联系实际,要讲实用,就非研究网络信息目录控制不可。乔好勤认为,对网络信息目录的研究,可叫网络信息目录学或称网络目录学。[3]

---

* 注:本文为全国第五届目录学学术研究会论文。

在2004年10月第四届全国目录学学术研讨会上，南开大学柯平提出在20世纪文献定位的基础上确立21世纪的信息资源——知识定位，从而形成目录学的三个层面的研究：文献目录学、信息目录学和知识目录学，而目录学的发展重点首要的是数字目录学。[4]其后柯平又系统阐发了数字目录学的思想，他分析了数字目录学的实践来源和理论基础。从实践来源看，数字目录学的基础是文献数字化与书目工作数字化实践。书目情报的数字化过程具体包括书目情报的电子化、书目情报的网络化、书目情报的集成化和书目情报的智能化。[5]为深入研究，一方面探讨数字资源编目，主持完成南开大学社科研究项目"西文电子资源的编目研究"，发表了"数字化环境下编目工作的变化及对策"(《图书与情报》2004年第5期)、"西文文献著录条例(修订扩大版)电子资源编目条款的变化研究"(《图书馆理论与实践》2004年第6期)、"四种西文电子出版物的编目实践探索"(《图书馆论坛》2005年第4期)等。另一方面探讨数字资源管理，发表了"机构知识库的发展研究"(《图书馆论坛》2006年第6期)、"机构知识库——大学图书馆的新平台"(《新世纪图书馆》2007年第1期)等。

对于目录学研究的新情况，武汉大学彭斐章先生曾指出："如何科学地解决数字时代信息资源的生产、聚集、组织、传播、开发和利用等方式方法的问题，是21世纪我国目录学研究面临的重要问题。可以说，目录学研究正进入数字时代。"[6]从这句话我们可以看出，面对海量的数字信息资源，数字目录学被赋予了新的使命。彭斐章先生一直指引着中国目录学的方向，他主持的国家社科基金项目"数字时代目录学理论的创新与发展"(05BTQ010)，探索目录学的数字化环境及目录学的未来发展，数字环境下书目控制是一个重要内容。彭斐章先生和他的博士生邹瑾在《数字环境下的书目控制研究》中从以下四个角度进行了分析：数字资源书目控制的范畴、标准及目标；数字资源的描述控制及书目组织；数字资源权威控制；数字化书目情报服务与资源共享。特别是南非新的《缴送本法案》改变了过去在规定缴送范围时列详细清单的做法，而是通过对"文献"、"媒体"和"出版"等术语进行重新定义,对缴送范围做出了清晰明确的规定。[7]博士后程结晶与他的导师彭斐章先生的两篇论文"数字时代的目录学发展路径——网络资源导读服务"(《情报资料工作》2006年第6期)、"网络资源导读与信息素质教育构建的新功能"(《中国图书馆学报》2007年第2期)则从另一个角度深化了数字书目情报服务研究。

除上述研究外,关于网络书目控制的研究成果有梅海燕的"网络电子期刊的书目控制"(《图书馆学研究》2003年第12期)、何志兰和蔡宇宏的"论网络环境下的书目控制及实现"(《四川图书馆学报》2005年第3期)、吴志强的"网络信息资源的书目控制与资源整合"(《科技情报开发与经济》2006年16期)等。关于数字时代目录学发展方向的成果有刘青的"数字时代目录学研究及其发展趋势"(《图书馆理论与实践》2007年第2期)等。关于数字目录学相关的数字资源组织与管理、服务与评价的成果较多,在此不作赘述。

1.2 国外数字目录学的研究进展

国外关于数字目录学的研究,主要是从具体的实践进行的。

(1)搜索引擎与网络目录

关于Seach Engine、Web Bibliography、Web Diretory,国外有较多的实用工具和研究成果,它们相互借鉴相互影响,出现了相互渗透和融合的趋势。

(2)超大型数字联合目录

国外数字联合目录趋向于大规模并与图书馆联盟相配置。例如,GIL Universal Catalog(http://giluc.usg.edu/)是由Endeavor Information Systems开发的一个对多个图书馆联盟的多种数据库进行操作的集中式联合目录。现已连接佐治亚州大学系统中的35个大学图书馆,拥有近900万条书目记录,为系统用户提供35家成员馆的信息资源存取。

(3)选择性目录

从Emerald、Ebsco和Inspec等国外数据库检索的情况来看,欧美数字目录学现在研究的一个重点就是选择性目录(Selective Bibliography)。Michael Fosmire在《超导体:选择性书目》一文中,把超导体书目按超导体概述、超导体历史、超导体技术、超导体政策、超导体理论、超导体期刊索引六大领域若干主题进行了细分，每条书目都附有提要。[8] Elizabeth Birnbaum 在《护理：参考资源选择性书目》中，分别从书目、书目性资源、词典、指南、百科全书、名录、手册、统计资源、印刷或电子版索引对护理领域的书目进行了归纳。[9]

(4)开放存取数字目录

欧美数字目录学研究的另一个值得关注的研究动向是对开放存取数字目录(Open Access Webliography)的研究。

布达佩斯开放存取运动提出了获得开放性访问的两个战略：一是学者在个人主页上在正式出版前发表或正式出版后发表，二是在开放存取期刊上发表。

开放存取数字目录则进一步提供了一个更为广阔的免费的有价值的网络资源，这些资源包括开放存取期刊、指南、电子期刊、常见问题集(FAQs)、邮件名单和博客，是对同一主题书目的补充。通过元数据获取开放资源协议(OAI—PMH)的使用，电子版论文的元数据能被检索到。创造性共同分配认证(Creative Commons Attribution License)实现了最低限度的使用限制，目前几个主要的开放存取期刊出版者使用这种认证作为访问权，学者也用这种认证来实现电子出版(e-print)，不过这种认证还没有代表性。[10]

(5)数字目录和传统书目的结合

欧美数字目录和传统书目参考的有机结合使其参考检索的范围更详细和全面。宾夕法尼亚州 Dickinson 学院图书馆的人文学科馆员 Kirk Moll 在《书目指南——非洲裔美国人文献参考著作》中从词典和百科全书、参考文献、网络免费资源、编目记录、主题索引、专业期刊、在线文献订购、学术年度总论、报纸、文选、主要数字站点、主要专业化数字项目、其他站点、图书馆在线目录等各方面全方位地对非洲裔美国人文献的来源进行了归纳，最后又对这些资料来源按小说、诗歌、散文、自传、戏剧和报告等体裁建立了索引。[11]

数字目录学以解决数字资源的增长与人们特定需要的矛盾

为己任,作为目录学的一个分支学科已初步建立起来,并受到目录学界的广泛关注,国内外已开始了各种有益的探索。然后,由于传统目录学以纸质文献为主要处理对象,而数字目录学主要面向的是数字化环境中的数字资源,这不仅仅是一种环境的变化和对象的变化,而是传统目录学的整体思维到了数字化环境中已发生了改变,因此必须结合数字化环境和数字资源的实际,既要合理利用并改造已有的目录学方法,又要有新的视角和新的开拓。

2 面向数字书目控制的数字目录学

书目工作是目录学的实践基础,书目控制是目录学的一个研究重点。随着数字资源的增加,目录工作的范围大大扩展,数据库建设、数据挖掘、知识过滤、搜索引擎的研制和开发、网络资源目录的联合编制等都成为当代目录工作实践活动的组成部分和发展方向。[12] 在数字环境下,不仅整个书目工作要向数字化方向发展,而且书目控制的研究从原来以实体文献对象为中心的控制转移到现在以数字资源对象为中心的控制,主要有以下方面。

2.1 以数字资源编目为基础

随着计算机技术、通信技术和网络技术的发展,一方面,传统的编目环境发生了变化,用户对文献信息的查准率和查全率的期望和需求越来越高,希望图书馆提供高效的服务。传统的手工编目已发展为网络编目和新的集中编目,书目信息的共享和编目技术的发展极大地提高了编目工作效率,为书目信息检索提供了基本保障。另一方面,数字信息呈指数增长,新的数字资源类型不断增加,而传统的编目条例和规则又不能适应这些变化,数字资源编目成为迫切需要解决的重要问题。

对元数据和 FRBR 的研究成为数字目录学的研究重点之一。随着数字图书馆建设的发展,国内外图书馆界兴起了研究元数据的热潮,元数据正成为网络环境下实现资源共享的重要标准格式之一,是对 MARC 的重大革命,因此,积极开展对中文元数据及其应用体系的研究,是网络环境下目录学发展的需要,更是建设数字图书馆实现资源共享的需要,具有重要的现实意义。[13] 广东省中山图书馆受文化部科技司委托,结合我国实际,制定了《数字式中文全文文献通用格式》标准,该标准采用都柏林核心元数据集 1.1 版本为基本框架,简化了中文文献的著录和标引,对元数据在数字资源的应用进行了有益的探索。[14]

1998 年 IFLA 的《书目记录的功能需求》(Functional Requirements for Bibliographic Records,简称 FRBR)报告从探讨编目的对象——实体的属性和关系着手,揭示书目记录的功能需求,为探讨书目记录的结构和关系,提供了新的视点和新思维。[15] FRBR 最终报告分为七大部分和一个附录。第一部分阐述了编制 FRBR 的时代背景;第二部分阐述了研究的对象、内容、方法和范围;第三部分初步阐述了三组实体及实体中各对象的关系:作品或创作(work)、表现方式(expression)、表达方式(manifestation)、元组(item),对知识或艺术内容、物理产品责任和传播或监管产品的实体包括个人名称及团体名称两项内容,反映知识或艺术主题的一套实体包括概念、对象、事件和地点;第四部分详细说明了三组十大对象的属性;第五部分详细阐述了各对象之间的复杂关系;第六部分规定并分析了用户四大任务:发现、识别、选择和获取款目;第七部分以详细的字段的形式按描述元素和组织元素规定了国家书目的基本要求;附录以各对象的属性和 MARC 字段进行了对比。[16]

自 FRBR 出台以来,IFLA 一直在积极倡导它的实施,已在欧美和澳大利亚的一些图书馆集中应用。最早体现 FRBR 理念的是澳大利亚国家图书馆的 AustLit(Australian Literature Gateway)项目,该项目依据 FRBR 的概念模型建立了揭示其文学作品的门户;在编目软件方面,丹麦开发了基于 FRBR 的编目客户端 VisualCat(用 XML/RDF);在 OPAC 方面,VTLS 公司开发了基于 FRBR 的 OPAC Virtua;在 Web 联合目录方面,RLG 的 Red Light Green 项目体现了 FRBR 的思想;对 FRBR 研究较深入的是 OCLC,OCLC 从 2001 年就开始致力于 FRBR 及其应用研究,开发了一个基于 FRBR 的原型系统——FictionFinder,对 WorldCat 中的 250 万条小说进行浏览和检索,另外还公布了一个将书目记录转换成 FRBR 模式的算法"FRBR Work - Set Algorithm",该算法可免费获取(地址为 http://www.oclc.org/research/software/frbr/

default. htm), OCLC 把这种数据转换称为 FRBR 化(FRBRization)。[17]

FRBR 实质上是 MARC 的进一步发展,在某些方面弥补了 MARC 所存在的缺点,代表了未来文本资源和数字资源编目工作的发展方向。与 MARC 相比,FRBR 对信息资源具有更广泛和精确的集成度,更能全面反映信息资源实体各元素之间的关系。

2.2 以数字书目情报服务为新方向

书目情报和书目控制是我国 20 世纪后二十年目录学研究的两大热点。前者包括书目情报理论、书目情报系统和书目情报服务三大领域,后者包括描述控制和探索控制两个部分。两者密切相关,在数字环境下出现了融合的趋势。洪光宗"电子目录服务研究"(《图书馆理论与实践》2002 年第 5 期) 认为,目录学在 20 世纪历经两次飞跃,随着 Internet 的发展, 目录学在应用方面有了新的发展,即网络目录服务。X500 电子目录是目录学知识在网络上的应用, 由信息模型、目录模型和安全模型三个模型组成。从网络的角度论述书目情报服务的新形式与方法,成果较多,如邓小昭"网络环境下的书目情报服务"(《情报资料工作》1999 年第 2 期)、韦景竹"网络环境下书目情报用户需求研究"(《上海高校图书情报工作研究》2003 年第 3 期)等。[18]

2.3 开发数字书目控制技术

(1)网络化分类控制

在国外,DDC 和 LCC 分别在 1993 年和 1996 年推出其电子版 Electronic Dewey 和 Classification Plus,之后经过改进,于 2000 年和 2001 年先后升级为网络版的 WebDewey 和 Classification Web。UDC 则于 2001 年直接推出其网络版 UDC Online。[19] 在我国,《中图法》2000 电子版是我国第一部综合性电子分类法,分为单机版和网络版两种,备有编目接口。《中国图书资料法》第四版的电子版于 2000 年由万方数据电子出版社制作。《台湾中图法》至今已经修订八版,其电子版是中英文检索系统,该系统自 1991 年开发以来,随着计算机作业平台的演进,历经 DOS/倚天中文、Windows95,直至目前最新的单机版 Web 界面。[20]

(2)智能化检索控制

一般的检索控制是通过增加检索途径、检索策略、跨库检索等实现计算机辅助检索。以《全国总书目2005》光盘检索系统为例，该检索系统2005年的书目数据122 942条，最大特点是检索途径丰富，下拉菜单共有包括ISBN、装帧、定价、正文语种、另一作者的正书名、副书名和说明书、第一著作责任者、其他著作责任者、分册（辑）号、分册（辑）名、版次及其他版本形式、出版地、出版社、出版日期、页数及卷册数、开本或尺寸、附件、附注内容、提要内容、正丛书名、丛书著作责任者、丛书编号、附属丛书编号、附属丛书名、主题词、分类号、并列书名、版本责任者、图表、书名原文、书名和全文检索共32项检索功能。[21]相比之下，搜索引擎特别是学术搜索引擎体现了更强大的检索功能并与海量信息检索的复杂程度相对应。Google Scholar是世界上第一个成功用于学术信息检索的搜索引擎，它在多语种技术的支持下，可以过滤出从学术出版机构、专业领域、预印本文库、大学和其他的学术性组织获得的经过同行评议的论文、图书、摘要和文章等。此外，还有Google Book Search（搜索图书全文，提供选购和借阅帮助）、Google Patent Search（2006年12月31日发布，可搜索超过700万的美国专利）等。[22]然而，目前的检索工具都未能真正实现智能化。

（3）自动化文摘控制

随着互联网的迅猛发展，信息的爆炸式增长满足人们对信息需求的同时，也使人们快速、准确地找到真正需要的信息变得更加困难，自动文摘是解决这一问题的一种非常有效的技术。

国内外试验的自动文摘系统功能是从一篇文本中按任意比例或按指定的最大文摘字数自动生成原文的摘要，因此可以让读者很容易得到一篇文章的中心意思，节省读者的浏览时间。自动文摘系统运用了多项技术，包括中文分词系统，词性标注系统，命名实体识别系统，语义段划分系统。运用这些技术可以使文摘句的选取更科学，文摘的流利度更好。新加坡南洋理工大学欧石燕在2006年完成的博士学位论文《采用一个基于变量的框架进行多文档自动文摘》中，提出了一个基于变量的框架用于信息集成和信息组织。该文摘方法不同于传统的句子抽取法，实际是一种混合文摘法，融合了抽取（extraction）和摘要（abstraction）技术。该方法利用决策树自动解析文档的篇章结构并识别文档中包含重要信息的部分，然后从这些部分自动抽取重要的概念和关系，并将来自于不同文档的相近概念和关系进行聚类和集成，最后采用基于变量的框架将提取的各种不同信息加以合并和组织，显示在一个基于 WEB 的人机互动界面上成为多文档文摘。

2.4　实现数字化国家书目控制和国际书目控制

数字化国家书目是书目控制的重点，也是数字化 NBC 和 UBC 的主要工具。一些国家书目实现了网络化，如表 1。

表 1　部分国家数字化国家书目工具

国家	国家书目名称	网址	说明
英国	British National Bibliography	A	有联机版、每月 CD－ROM 和每周印刷版
加拿大	Canadiana	B	有联机版、CD－ROM、FTP 检索；印刷版于 1991 年 12 月期后停刊，缩微胶片版于 2000 年 12 月期后停刊。
日本	日本全国書誌	C	每周更新一次，公布最新 4 期
美国	Library of Congress Catalog	D	有联机版、CD－ROM
法国	Bibliographie de la France－Biblio	E	有联机版、CD－ROM
德国	Bibliotheksportal Deutschland	F	有联机版、CD－ROM
俄罗斯	Единый электронный каталог	G	有联机版、CD－ROM
韩国	大韩民国出版物总目录、纳本月报	H	有联机版、CD－ROM

注 A：http://www. bl. uk/services/bibliographic/natbib. html

B：http://www. collectionscanada. ca/canadiana

C：http://www. ndl. go. jp/jp/publication/jnbwl/jnb_top. html

D：http://catalog. loc. gov

E：http://www. bnf. fr/pages/zNavigat/frame/version_anglaise. htm? ancre

F：http://www. goethe. de/wis/bib/prj/bib

G：http://www. rsl. ru/index. php? f＝339

H：http://www. nl. go. kr/nlen/search/broad_search/search/search_brief. php

自从 Google 提出建立数字图书馆计划，声称要成为世界图书的卡片目录，这不仅仅是对 21 世纪图书业的巨大挑战，引起全球图书馆和出版商的强烈反映；而且也将对世界书目控制产生重大影响。21 世纪，图书馆在世界书目控制中的主角地位和无可比拟的资源优势将会打破，导致书目控制的组织管理模式的变革，图书馆、出版商与搜索引擎的合作将是解决全球海量书目信息控制的重要模式。

2.5 发展数字化书目信息产业

国外可供书目有100多年的历史，依据国外可供书目发展，可供书目数据平台步入成熟期后，可依靠对上游信息提供和发布收取的发布费和对下游数据使用收取的使用费的方式赢利，不过我国对于这一模式的具体实施步骤，正在实践中不断探索。2001年，韩国的出版发行业在政府和出版商协会强制推行下，实行国际通用的ONIX标准，信息直接与国际接口，三年时间内整理可供书目数据库400万余条，从而大大提高货源协调、信息交换的效率，市场满足率也大大提高，在此条件下实行对出版上下游信息发布的收费制度也成了可能。韩国出版业由ONIX标准的推行而实现可供书目的成功运作对于我国也很有借鉴意义。

从1997年北京科文信息技术公司推出第一本《中国可供书目》光盘版，因为种种现实原因，我国的可供书目建设未能有突破性进展，但各方也从未放弃尝试和探索。探索赢利模式很大程度上成为中国的可供书目建设发展的导航仪。阚元汉撰文《建设中国特色可供书目体系初探》提出，要依靠政府、企业、第三方各自的资源和优势，综合各种需求，采取强强联合，依托政府倡导、政企合作、市场化运作的方式是中国可供书目数据库的有效途径，赢利模式是中国可供书目数据库建设的难点也是拐点。[23]

3 面向数字资源控制的数字目录学

数字目录学不仅仅要控制书目情报，更重要的是数字资源，因此，数字资源成为数字目录学的重要对象，数字资源控制成为数字目录学的另一重要分支。

3.1 从资源类型视角进行数字资源控制

数字资源包括网上数字资源和非网上数字资源（光盘、磁带等）两大类；既可以是电子图书、期刊等数字化文献，也可以是一个网页，一个网站，还包括数据库、一个信息系统，甚至是数字图书馆、数字档案馆、数字博物馆等等；既有大量的文本，也有大量的多媒体非结构化数据(图像、音频、视频文件等)。对这些各式各样的资源进行揭示与组织、报道与传播,是数字资源控制的任务。

3.2 从业务领域视角进行数字资源控制

从专门业务角度,数字资源控制包括学科导航、数字资源整合、数字化学习指导、数字参考咨询等方面。

3.2.1 网上学科导航

网上学科导航是当前目录学重点关注的领域。韩松涛认为把网上学科导航纳入到目录学的体系,不仅仅是利用目录学的理论来指导网上学科导航的建设,而且是为目录学的发展找到一个发展方向。把目录学的理论引入网上学科导航最主要的目的是给网上学科导航一个定位。当然由于网上学科导航是一个新兴事物,虽然它有目录学的特性,但不能完全套用原来的目录学理论来进行网上学科导航的实践,网上学科导航需要在目录学理论的框架下发展自己的理论体系。这样的理论研究应该包括导航对象、导航方法、资源组织的分类法的编制、成果的标准以及评估方法等。[24]

3.2.2 数字资源组织

司莉、彭斐章、贺剑锋的“网络信息资源组织与目录学的创新和发展”(《图书情报工作》2001 年第 9 期)从网络信息资源类型特点入手,阐述网络信息资源组织的超文本、搜索引擎、指引库、元数据和图书馆编目几种方式与目录学应用问题。司莉 2003 年的博士论文《网络信息资源组织与揭示及其优化研究》深入分析了网络信息资源组织与揭示的现状与问题,提出了一系列的措施与方法。过去的索引理论无法解释和包容网络信息环境下出现的“网站索引”、“教案资源索引”、“课件索引”、“数据库索引”、“文件索引”、“地图索引”、“新闻索引”等与索引相关的新概念对象,索引理论需要创新。[25]开发性书目控制方法和评论性书目控制方法在现代网络信息组织中可得到应用。[26]

3.2.3 数字化学习指导

从读者学习的角度,要建立数字化学习平台。信息污染和知识爆炸给人们的学习带来了负面影响,数字资源控制要解决数字资源急剧增长与学习时间相对减少的矛盾,最好的办法是提供读者自学的数字化平台。

国外已有较多的数字化学习平台,如爱尔兰 WBT Systems 公司开发的 Top Class,美国 Bristol 大学的 Blackboard、Lotus 机构的 Learning space,英国 Hudders field 大学开发的 CoMntor Learningcapes、Staffordshire 大学的 COSE 系统、Columbia 大学的 Web CT 等。Top Class 是一个运行在因特网上的学习管理系统,作为一个虚拟的网络大学,学生能在全球的任何一台联网计算机上通过输入用户名和密码的认证进入该系统。Top Class 包括七个模块:证书/文凭及课程选择模块、信息发送模块、讨论板模块、课堂公告模块、图书馆支持模块、考试模块、作业模块。[27] Blackboard 在线教学管理平台是目前市场上唯一支持百万级用户的教学平台,拥有美国近 50% 的市场份额。全球有超过 2800 所大学及其他教育机构在使用 Blackboard 的产品,其中包括著名的普林斯顿大学、哈佛大学、斯坦福大学、西北大学、杜克大学等。[28]

从图书馆服务的角度,要建立数字资源导读服务。数字资源导读服务,也称为网络资源导读服务或虚拟导读服务,是以信息资源和文献资源为纽带,以互联网环境、传媒环境、社会环境、生活环境、学习环境等为基础,对用户进行教育、指导和辅导。其内容方法有网络导航、数字资源与摘要、电子书目与提要、著录与注释、文摘与索引、书评与指南、图形标识系统、导读报刊资料、用户教育或授课、名人学者导读与咨询服务台、举办群体性的读书活动等。[29]

3.2.4 数字参考咨询

数字参考咨询除了参考咨询人员回答用户的提问外,还允许用户使用问题答案库自行查找需要解决的问题,为此需建立数字参考咨询数据库,该数据库包括网络版和电子版工具书、附有答案的问题库和疑难问题库等。目前社会科学网络版工具书有汉语大词典 2.0 版、大英百科全书和加拿大百科全书等。自然科学最负盛名的工具书是德国 Springer Link 公司于 1883 年开始出版的 Landolt-BÖrnstein 工具书,该书有网络版。[30]

3.3 从控制层次视角进行数字资源控制

3.3.1 粗资源的控制

所谓粗资源就是大量收集到的但未经提炼加工的信息资源，这种信息资源中可能存在着大量无用甚至错误的信息。粗资源中这样的信息必须剔除，因为这些资源不但占用大量的实体空间，而且容易对信息用户产生误导。

3.3.2 精资源的控制

数字资源的过滤是数字目录学的重要任务。一方面是运用信息技术，通过对粗资源进行过滤，提炼出有价值的数字资源产品。另一方面是对精资源进行分类标引加工整理，提高其服务效率。

3.3.3 集成资源的控制

通过资源的系统化整合，形成系统或资源包。从分类或主题角度对所有信息资源建立关联，对同一主题的各种形态的资源互相映射，集成资源的各项元素建立各种关系形成一个有机的统一整体，按关系型数据库原理建立集成资源库，这样即使集成资源容量巨大、资源之间关系复杂，信息资源也能得到很好的控制，产生较为精确的信息检索和集成功能，形成较强的服务能力。

3.3.4 平台资源的控制

所谓平台就是一种实体产品开发环境，这个环境可以承载不同类型产品的开发及生产制造，从而产生出外形、功能都不尽相同的产品，平台战略是当前在产品开发中，最流行、最科学、最节省人力、效率最高的一个开发战略。平台资源控制中的资源就是一种产品。CNKI 知识网络服务平台的信息资源分为“源数据库”和专业“知识仓库”两大类型。“源数据库”是指期刊、报纸、博硕士论文、会议论文、专利、海外数据库等按文献信息来源分类的数据库，“知识仓库”是指在“源数据库”基础上，按照专业用户群的标准知识结构，从“源数据库”中挑选出来重新整合形成的数据库。“源数据库”因其文献著录格式标准不同具有不同的数据结构，从而“知识仓库”就必然是一个异构数据库。“CNKI 知识网络服务平台 3.0”简称 KNS3.0 就是为了便于最终用户检索，便于镜像站点更新、管理数据库而研制成功的可以检索、更新、管理各类异构数据库的统一平台。[31]

3.4 从知识资源视角进行数字资源控制

数字资源控制既不能停留在对数据的收集、集合与存储上，也不能停留在对信息的检索、获取与有效利用上，必须上升到知识的角度，通过知识的工作，使数字资源从量变到质变，形成知识资源。

3.4.1　智能化知识资源组织

知识资源组织智能化是数字资源知识化的重要方面，在理论和技术上需要深入研究。张洪元探讨了知识组织智能化的含义，论述了知识组织与目录学的关系，重点讨论了知识组织智能化条件下的目录学发展之道。[32] 王友富等论述了知识组织智能化的必然性和可能性，并介绍了两种知识组织智能化方式：超文本方式（hypertext）和专家系统（expert system）。[33]

3.4.2　知识资源加工

柯平曾提出知识加工的三个方面，第一个方面是发挥归纳和演绎功能，将网络信息转化为知识，包括从显性知识到显性知识，从隐性知识到显性知识等知识的相互转化。第二个方面是对网络知识进行系统化的组织，如知识排序、知识分类和知识表示等。已有的各种针对网络资源的分类表、叙词表是知识系统的组织工具，新的组织方法有本体论、语义网和主题地图等。第三个方面是深入到知识层面的知识揭示，将提要、类序、综述、述评等方法与网络和数字技术、智能技术结合起来，发展元知识系统。[34] 从数字目录学的角度，知识加工实质是知识资源加工，这三个方面分别是创新型知识资源加工、系统化知识资源加工和元知识资源加工。

4　数字目录学研究的展望

对于21世纪数字目录学的发展，我们认为重点从以下几个方面的研究来实现突破更符合目录学发展的实际情况。

4.1　数字书目控制与数字资源控制的有机整合

数字书目控制与数字资源控制是数字目录学的两个方面，它们之间本身就有着必然的联系。FRBR 就深刻地反映了这种有机整合，其第一组实体中的 work 是一个抽象的实体，是一个清楚的知识的或艺术的创造，而同组中的 expression、manifestation 和 item 却是具体的，并且都有各自详细的属性，实体和实体之间、属性和实体之间通过各种关系互相关联着，正是通过抽象的实体 work 才能将具体的另外三个实体有机地组合在一起，从而将某一主题的各种形态的数字资源在一定时间和地理范围内全面揭示出来，达到数字书目和数字资源整合的目的。

在文献信息的物质空间和数字空间并存的新形势下，出现了多种控制并存的局面。一是前控制与后控制并存。传统目录学对文献信息的控制，是后有文献信息，然后有书目情报，是为后控制。而在数字环境下，在文献信息产生的同时或在文献信息产生之前就有了书目情报，例如网上学术会议先有摘要然后发表全文，网络导航先有关键词后有具体内容，从而有了先控制。二是内容控制与形式控制并存，传统目录学主要是从形式上对文献信息进行控制，虽然也涉及内容，但并不是内容本身的控制，而是内容线索和揭示的控制。而数字目录学不仅仅要解决文献信息的各种形式问题，如网站、网页、数据库、PPT、图片等，而且还要关注内容本身，进行内容管理。三是一次文献控制与二次文献控制并存。传统目录学主要解决的是二次文献控制问题，无法进行一次文献的控制。在数字空间，这一问题易于解决，数字目录学既要研究数字目录、搜索引擎、数字资源指南等二次文献，更要研究网络上的大量出现的海量文献信息。

数字化环境的强化和数字空间的发展使得书目控制和资源控制的严格界限开始模糊，并最终会出现一体化的趋势。由于技术的作用，在许多情况下数字空间不再有一次和二次、内容与形式的区分，数字对象的全文检索、数字资源的超链接既是检索的控制又是资源的控制。这就需要更强大的平台和工具来解决海量的数字资源增长与需求、利用多样化、个性化的问题。

4.2 将知识管理理论与方法运用于数字目录学

将知识管理运用于数字目录学有丰富的内容，网络学科导航、数字化学习是其运用领域，联机编目更是知识管理的理论和方法运用的一个典范。按照知识共享的原理，联机编目存在着编目技术、编目知识和文献信息的共享。编目中心拥有大量的书目数据，提供不同的产品和联机实时服务。成员馆不但可以从编目中心数据库实时套录和复制记录，而且可以访问外部数据源库，完成数据下载。少量需要原始编目的记录，在联机编目过程中会得到联机的标准、规则等方面的技术咨询和规范控制，以建立高质量、时效性强的联合目录。[35]将知识管理与书目情报结合起来研究也有重要意义。[36]

4.3　运用知识技术进行数字资源系统研究

陆汝今院士在《知识科学及其研究前沿》一文中列出了知识科学前沿的八大领域：知识模型研究；常识性知识研究；非规范知识研究；知识的数学理论；知识获取的理论与技术；基于知识的软件工程；知识用于计算机艺术；大规模知识网络的理论和技术。[37]知识技术是知识科学的一部分，包括智能程序设计语言、知识表示、搜索策略、自然语言理解、自动推理、机器学习和知识获取等技术，知识技术通过知识库系统、专家系统、决策支持系统等智能系统对数字资源进行控制。

4.4　数字环境下专科目录学的研究

专科目录学研究需要发展，建立数字专科目录学。一是加强某一学科电子目录、专题数据库和学科门户网站的研究，对各专业信息资源进行数字导航。二是根据经济建设和社会发展的需要，加强经济（金融、财政、外贸、企业、税收等）、文化、科技等专科目录学的研究，使数字专科目录学直接为应用研究和现实服务。

4.5　内容产业和搜索引擎产业的国际化研究

随着我国的国际地位显著提高，汉语言文化和中文信息正受到世界各国越来越多的重视，这就给我国的内容产业和搜索引擎产业的国际化提供了很好的机遇。为了做好这项工作，首先，我们必须研究国外内容产业和搜索引擎产业在生产、技术和营销方面的优势，找出我国在这方面的不足之处；其次，国家相关部门要制定相关政策和标准，指导和促进这项产业的发展。

4.6　人类虚拟知识长久保存和数字文化记忆问题的研究

通录古今、记存记亡、记书记图是目录学的优良传统。与传统目录学面对的有形的、固定的知识资源不同，数字目录学面对的数字资源呈现出不稳定和变异的特征。在数字空间，网站和网页即生即逝、搜索引擎的检出的地址迅速变化、大量超链接变成死链接，网上的大量文献信息被改写或覆盖，数字资源消失的现象十分严重。如不对所有数字信息及时记录，其中珍藏的有益信息和知识可能永久消失，人类在虚拟空间创造的知识财富和数字文化必然残缺不全。因此，数字目录学应当承担起这一使命，无论何种语言、无论何种形态、无论何种来源、无论按何种标准确定的有益和有害以及是否冗余，都应作出客观的记录与控制，最终实现虚拟世界的一切信息资源特别是知识资源的有效控制，为全球虚拟知识的长久保存和子孙后代数字文化的记忆作出应有的贡献。

我们认为，数字目录学只要吸收传统目录学的优点，科学运用现代信息与知识技术，抓住数字资源——控制——用户服务这根主线，在知识社会就一定能发挥重要作用。

参考文献：

1 曾明. 网络时代的目录学研究. 情报探索，2005(3)

2,13 王京山. 中国当代目录学的回顾和前瞻. 图书馆学研究，2003(12)

3 李锦兰. "网络信息资源管理与目录学"学术沙龙综述. 图书馆论坛，2001(6)

4 柯平. 中国目录学的现状与未来. 图书馆杂志，2005(3)

5,34 柯平. 数字目录学——当代目录学的发展方向. 图书情报知识，2005(6)

6 彭斐章，贺剑锋，司莉. 试论21世纪中国目录学研究的基本特征. 图书馆杂志，2001(5)

7 彭斐章，邹瑾. 数字环境下的书目控制研究. 图书馆论坛，2005(6)

8 Michael Fosmire. Superconductivity：a selective bibliography，Reference Services Review，2000，28(2)

9 Elizabeth Birnbaum. Nursing：a select bibliography of reference sources，Collection Building，1996，15(2)

10 Adrian K. Ho and Charles W. Bailey Jr. Open access webliography，Reference Services Review，2005，33(3)

11 Kirk Moll. Reference works on African American literature：a bibliographic guide. Collection Building，2002，21(3)

12 付先华. 当代中国目录学的新发展. 中国图书馆学报，2005(5)

14 莫少强. 数字图书馆元数据和资源共享的研究与实践——网络环境下目录学发展的新课题. 图书情报工作，2002(1)

15 吴杏冉. FRBR对编目理论和实践的影响. 图书馆杂志，2006(10)

16 http://www.ifla.org/VII/s13/sc.htm，Functional Requirements for

Bibliographic Records:Final Report
17 刘素清.IFLA 书目记录功能需求(FRBR)初探.大学图书馆学报,2004(6)
18 柯平.中国目录学的新观察.高校图书馆工作,2004(3)
19 曹树金,颜丽君,汪东波.DDC、LCC、UDC 网络版评析.中国图书馆学报,2002(6)
20 陈锦屏,丁大可.《中图法》《资料法》《台湾中图法》电子版的比较.2007-3-10 http://www.cnindex.fudan.edu.cn/zgsy/2003n2/zhongtufa.htm
21 《全国总书目 2005》光盘检索系统——使用说明.北京:新闻出版总署信息中心,2006:24
22 李莉编译.构建 21 世纪的泛在图书馆.图书情报工作动态,2007(1)
23 马莹.可供书目再成产业升级焦点.中国图书商报,2006-12-14
24 韩松涛.网上学科导航的目录学特性初探,大学图书馆学报,2006(4)
25 周维彬.索引结构从目录学角度看万维网信息资源组织结构.图书情报工作,2003 (12)
26 曹文娟.书目控制方法在网络信息组织中的应用.图书情报工作,2003(11)
27 http://www.iei.ul.ie/pages/topclass.htm
28 http://www.blackboard.com/us/index.aspx
29 程结晶,彭斐章.网络资源导读服务与信息素质教育构建的新功能.中国图书馆学报,2007(2)
30 http://www.ihep.ac.cn/library/lanmu/library/lanmu/daohang/lb.htm
31 http://cnki.xjlas.ac.cn/daobao/cnkidaobao/daobao/daobao2-1.htm
32 张洪元.知识组织智能化与目录学在当代的发展.大学图书情报学刊,2001(2)
33 王友富等.知识组织智能化与现代目录学的发展.图书情报工作,1999(12)
35 邹素斌.网络化的图书馆联机合作编目.情报探索,2001(4)
36 岳修志.从书目情报到知识管理——纪念《书目情报系统理论研究》出版 10 周年.图书馆理论与实践,2007(1)
37 陆汝钤.知识科学及其研究前沿.中国青年科技,2000(6)

原载于《图书情报知识》2007 年第 5 期

主要论著目录

一、著作

1. 图书馆公共关系概论,安徽人民出版社,1993(参编)
2. 书评学概论,武汉大学出版社,1994(合著)
3. 书目情报系统理论研究,书目文献出版社,1996
4. 书目情报服务的组织与管理,武汉大学出版社,1996(参编)
5. 文献目录学,河南大学出版社,1998
6. 黄河文化百科全书,四川辞书出版社,2000(副主编)
7. 河南图书情报事业跨世纪发展战略研究,大象出版社,2000(副主编)
8. 书目情报需求与服务组织,武汉大学出版社,2000(参编)
9. 文献经济学,中国书籍出版社,2001(主编)
10. 应用信息经济学,科学出版社,2002(参编)
11. 信息管理概论,科学出版社,2002(主编)
12. 信息管理学,中国金融出版社,2003(副主编)
13. 目录学教程,高等教育出版社,2004(参编)
14. 河南省数字化图书情报系统研究,郑州大学出版社,2005(参编)
15. 信息素养与信息检索概论,南开大学出版社,2005(主编)
16. 信息服务与服务研究,科学技术文献出版社,2005(主编)
17. 图书评论学概论,河南大学出版社,2006(合著)
18. 图书馆知识管理研究,北京图书馆出版社,2006(合著)
19. 信息管理概论(第二版),科学出版社,2007(主编)
20. 知识管理学,科学出版社,2007(主编)

二、论文

1. 图书馆与出版事业,贵图学刊,1982 年 1 期
2. 谈谈比较图书馆学的研究方法,赣图学刊,1982 年 3 期
3. 比较图书馆学的产生与发展,图书馆学刊,1982 年 4 期
4. 国际书目控制和国际书目控制办公室的工作(译文),冶图通讯,1983 年 2 期
5. 学术分类、图书分类与书目分类,图书馆工作与研究,1984 年 1 期
6. 论目录学领域的革命,四川图书馆学报,1984 年 1 期
7. 史学家与目录学,河南图书馆学刊,1984 年 2 期
8. 书目控制发展概述,图书馆学刊,1984 年第 3 期
9. 旋风装浅说,赣图通讯,1984 年 4 期
10. 三十五年来的我国国家书目,武汉大学学报(社科版),1984 年 6 期
11. 蔡尚思与图书馆,图书馆,1984 年 6 期
12. 西方目录学术语及其定义,图书情报知识,1985 年 1 期
13. 关于历史文献目录学的研究,图书馆学研究,1985 年 1 期
14. 谈丛书目录,河南高校图书馆工作,1985 年 2 期
15. 美国目录学的历史与现状,图书馆学研究,1985 年 5 期
16. 目录学札记——校雠学与目录学,赣图通讯,1986 年 1 期
17. 论孙德谦的目录学思想,武汉大学学报(社科版),1986 年 3 期
18. 西方"文献工作"一词含义的演变,情报学刊,1986 年 3 期
19. 论方志艺文志,武汉大学学报:社会科学论丛,1986 年 1 期
20. 西方图书作伪,津图学刊,1987 年 1 期
21. 什么是书目控制(译文),河南高校图书馆工作,1987 年 1 期
22. 论地方文献书目,图书情报知识,1987 年 2 期
23. 目录学与情报学简论,河南图书馆学刊,1987 年 2 期
24. 历史文献目录学述略,大学文科园地,1987 年 4 期
25. 中国图书馆学教育年表(1913—1949),山东图书馆季刊,1987 年 3 期

26. 论图书馆学研究的现状与趋势,贵图学刊,1987 年 3 期
27. 信息时代目录学的重大课题,湖北高校图书馆,1987 年 3 期
28. 略论目录学分支学科的建设,河南高校图书馆学刊,1988 年 1 期
29. 书目评价,图书馆工作,1988 年 1 期
30. 西方书目发展史略,四川图书馆学报,1988 年 2—3 期
31. 图书馆学学科发展断想,图书馆,1989 年 1 期
32. 比较目录学研究序论,河南图书馆学刊,1989 年 2 期
33. 论目录学的教学,四川图书馆学报,1989 年 4 期
34. 关于河南省图书馆馆史的研究,河南图书馆学刊,1989 年 3 期
35. 方志艺文志的整理与发展管见,江西方志,1989 年 3 期
36. 比较目录学的特征和目的,图书馆界,1989 年 4 期
37. 十年图书馆学情报学教育研究综述,图书情报论坛,1989 年 4 期
38. 评《中国近现代图书馆事业大事记》,江苏图书馆学报,1990 年 1 期
39. 中西目录学比较研究,河南图书馆学刊,1990 年 1 期
40. 我国图书情报教育文献的统计与分析,图书馆学研究,1990 年 2 期
41. 论图书馆管理学,福建图书馆学刊,1990 年 2 期
42. 图书情报学也需要文献检索,图书馆工作与研究,1990 年 2 期
43. 彭斐章目录学思想初探,图书与情报,1990 年 2 期
44. 《中国目录学家辞典》评介,世界图书,1990 年 7 期
45. 论图书馆地方文献工作的社会化,内蒙古图书馆工作,1990 年 3 期
46. 书业目录的发展(译文),河南图书馆学刊,1990 年 4 期
47. 论地方文献的特征及其划分,图书情报论坛,1990 年 4 期
48. 当代中国目录学研究的评论,图书情报工作,1990(增刊)
49. 目录学的八十年代与九十年代,图书与情报,1990 年 4 期
50. 论当代中国目录学的理论建设,四川图书馆学报,1991 年 1

期

51. 论图书馆学情报学的课程的改革,河南高校图书情报工作,1991年1期
52. 目录学术语研究序论,图书情报论坛,1991年2期
53. 试论以书目情报为基础的书目控制,图书馆理论与实践,1991年3期
54. 古代目录学的社会环境比较,河南图书馆学刊,1991年4期
55. 坚持职业教育、提高队伍素质——河南高校图书馆干部培训的回顾与探索,河南高校图书情报工作,1991年4期
56. 目录学领域的心理学研究,图书馆,1992年1期
57. 试论我国地方文献事业的几个问题,图书情报知识,1992年2期
58. 国外书目情报理论,图书馆工作与研究,1992年2期
59. 十六世纪中西方目录学比较研究,河南图书馆学刊,1992年3期
60. 试论地方文献书目的类型与功能,晋图学刊,1992年4期
61. 我国近现代辞书的统计与分析,图书情报论坛,1992年4期
62. 我国目录学研究现状评述,河南图书馆学刊,1993年1期
63. 图书馆事业的信息化思想与改革重点,图书情报论坛,1993年1期
64. 关于目录学文化研究的思考,武汉大学学报(社科版),1993年2期
65. 我国地方文献的书目控制,图书馆界,1993年2期
66. 我国博士、硕士学位论文的书目控制,世界图书,1993年4期
67. 关于图书馆改革战略的思考,图书馆,1993年4期
68. 国际图联的组织与活动概要,图书馆建设,1993年5期
69. IFLA"国际书目控制与国际机读目录"计划的回顾与展望,大学图书馆学报,1993年5期
70. 关于文献定义的哲学思考,图书情报论坛,1993年3期
71. 信息理论对现代目录学的影响,高校图书馆工作,1993年3期
72. 关于文献学体系结构的探讨,晋图学刊,1993年4期

73. 古书目目录类之源流考,郑州大学学报(社科版),1994年1期
74. 书评的国家性——世界书评研究之一,中国图书评论,1994年1期
75. 书目情报服务经济效益探讨,图书与情报,1994年1期
76. 国际图联的六十六年,图书馆学研究,1994年1期
77. 试论以信息理论为基础的现代目录学,图书情报知识,1994年2期
78. 关于地方文献理论研究的基本问题,图书馆论丛,1994年2期
79. 关于《国际标准书目著录》的研究与出版进展,图书馆杂志,1994年4期
80. 书评的报道性作用——世界书评研究之二,中国图书评论,1994年4期
81. 关于书目情报的几个问题,图书情报知识,1995年1期
82. 国际图联的发展规划和核心计划,晋图学刊,1995年1期
83. 书目情报系统适应社会发展的未来展望,中国图书馆学报,1995年2期
84. 现代目录学体系中书目资讯理论,资讯传播与图书馆学(台湾),1995年1卷3期
85. 关于文献学体系的来源——文献学理论研究之一,河南图书馆学刊,1995年1期
86. 概论信息管理,郑州大学学报(社科版),1995年3期
87. 关于二次文献价格与服务定价的探讨,图书馆学刊,1995年4期
88. 论书目情报系统的宏观控制,图书情报知识,1995年3期
89. 论我国书目情报系统的建设路向,晋图学刊,1995年3期
90. 论国家书目情报系统的建设,郑州大学学报(社科版),1995年6期
91. 书目情报系统社会经济效益评价初探,图书馆理论与实践,1995年4期
92. 书目情报新探,山东图书馆季刊,1995年2期

93. 深化图书馆学情报学教学改革——郑州大学信息管理系十年回顾,图书情报工作,1996 年 1 期
94. 关于竞争情报教育的思考,情报资料工作,1996 年 1 期
95. 关于文献学体系的研究法——文献学理论研究之二,河南图书馆学刊,1996 年 1 期
96. 论郑樵目录学思想,郑州大学学报(社科版),1996 年 3 期
97. 面向 21 世纪的图书馆学专业核心课程体系,图书馆学研究,1996 年 6 期
98. 科学体系中的文献学——文献学理论研究之三,河南图书馆学刊,1997 年 1 期
99. 评《信息管理科学导论》,图书馆论坛,1997 年 2 期
100. 论情报产品的特性及定价原则,图书情报工作,1997 年 5 期
101. 中外索引的比较研究,图书馆理论与实践,1997 年 3 期
102. 关于版本学若干问题之探讨,郑州大学学报(社科版),1997 年 5 期
103. 关于书目控制经济效益问题的探讨,情报科学,1998 年 4 期
104. 期刊文献管理信息系统的设计与鉴定,河南图书馆学刊,1998 年 4 期
105. 期刊文献管理信息系统软件分析与设计,郑州大学学报(高教研究版),1998 年 4 期
106. 论情报需求与情报消费,见:图书情报工作进展,中国科技出版社,1998
107. 谈教学的"形"与"神",郑州大学学报(高教研究版)1999 年 1 期
108. 论书目情报系统的社会功能,郑州大学学报(社科版),1999 年 3 期
109. 21 世纪书目情报系统展望,高校图书馆工作,1999 年 2 期
110. 论知识经济时代的图书馆,见:世纪之交——图书馆事业回顾与展望,北京图书馆出版社,1999
111. 20 世纪的书目控制,晋图学刊,2000 年 3 期
112. 河南省科研系统信息资源开发利用研究,情报科学,2000 年 5 期

113. 美国图书馆访问记,图书情报工作,2000 年 10 期
114. Libraries Build Communities——参加 ALA2000 年大会侧记,江苏图书馆学报,2000 年 6 期
115. 创新的庄严和魅力——《明代目录学研究》评介,图书与情报,2000 年 4 期
116. 新形势下图书馆管理与服务的改革,图书馆理论与实践,2000 年 6 期
117. 我国信息服务业发展对策,见:社科理论与实践,中国致公出版社,2000
118. 洛杉矶公共图书馆系统的管理、服务与活动,图书馆杂志,2001 年 2 期
119. 美国图书馆事业的现状与趋势,图书馆学研究,2001 年 1 期
120. 虚拟图书馆中的元数据研究,图书馆,2001 年 1 期
121. 美国国会图书馆巡礼,图书馆工作与研究,2001 年 2 期
122. 书目控制的经济学与我国书目控制的经济效益研究——国家哲学社会科学"九五"规划重点项目研究概况,河南图书馆学刊,2001 年 3 期
123. 社区图书馆的一个范例——纽约皇后区法拉盛图书馆,图书馆建设,2001 年 4 期
124. 大学图书馆管理的十大改革探索,大学图书馆学报,2001 年 5 期
125. 图书馆建筑之经典——美国国会图书馆托马斯·杰弗逊大楼,江苏图书馆学报,2001 年 5 期
126. 论知识管理,郑州大学学报(哲学社科版),2001 年 6 期
127. 关于图书馆学专业教学改革与主干课程体系的设计,晋图学刊,2001 年 4 期
128. 现代化图书馆的标志——美国图书馆考察的启示,见:当代图书馆学目录学研究论集,湖北人民出版社,2001
129. 建立企业知识理论、促进企业知识资本运营,情报科学,2002 年 1 期
130. 知识管理与社会发展,河南图书馆学刊,2002 年 1 期
131. 论中国古代文献学的流派,郑州大学学报(哲社版),2002

年 2 期

132. Toward Continual Reform: Progress in Academic Libraries in China, College & Research Libraries, Vol 63, No. 2 March 2002
133. 大学图书馆管理的十大改革探索,见:新千年的大学图书馆——功能、发展趋势与国际合作国际学术研讨会论文集,云南大学出版社,2002
134. 关于知识管理教育的思考,见:21 世纪情报学教育发展战略研讨会论文集,科学技术文献出版社,2002
135. 十六世纪以前中西目录学比较研究,见:来新夏教授学术研讨会纪念集,新疆大学出版社,2002
136. 国家信息政策法规体系研究取得新进展,中国信息导报,2003 年 1 期
137. 以知识管理为基础的图书馆学,郑州大学学报(哲社版),2003 年 1 期
138. 信息文化论,晋图学刊,2003 年 1 期
139. 中西古代目录学比较研究,津图学刊,2003 年 2 期
140. 全球信息问题剖析,当代图书馆,2003 年 2 期
141. 关于美国图书馆事业研究文献综述,四川图书馆学报,2003 年 3 期
142. 文本书目情报的研究,图书馆,2003 年 4 期
143. 王重民与姚名达的目录学思想比较研究,图书与情报,2003 年 4 期
144. 知识管理在图书馆中的应用研究,图书馆学研究,2003 年 9 期
145. 国家信息政策的发展方向,图书情报工作,2003 年 7 期
146. 高校图书馆学科馆员工作创新——兼谈南开大学图书馆开展学科馆员工作的经验,大学图书馆学报,2003 年 6 期
147. 国家信息政策的发展方向,见:信息化与信息资源管理——2002 信息化与信息资源管理学术研讨会论文集,科学技术文献出版社,2003
148. 王重民与姚名达的目录学思想比较研究,见:王重民先生百年诞辰纪念文集,北京图书馆出版社,2003

149. 从知识论到知识资源论——知识管理与图书馆学的知识基础,见:发展与创新——第四次图书馆学基础理论学术研讨会论文集,天马图书有限公司(香港),2003
150. 论图书馆战略知识管理,见:新世纪的图书馆员,北京图书馆出版社,2003
151. 21 世纪的图书馆员,图书馆建设,2004 年 1 期
152. 从“注意力经济”视角看图书馆用户需求,图书馆工作与研究,2004 年 1 期
153. 以学科建设为中心发展图书情报档案教育——纪念南开大学图书馆学系建系 20 周年,四川图书馆学报,2004 年 2 期
154. 从信息构建到知识构建:基于知识构建的第二代知识管理,图书情报工作,2004 年 6 期
155. 当代情报学理论体系的建构,情报学报,2004 年 3 期
156. 中国目录学的新观察,高校图书馆工作,2004 年 3 期
157. 重视一级学科建设,发展研究生教育——纪念南开大学图书馆学系建系 20 周年,图书情报工作,2004 年 9 期
158. 数字化环境下编目工作的变化及对策,图书与情报,2004 年 5 期
159. 发展“图书馆、情报与档案管理”一级学科,培养“复合、应用、创新”型人才——南开大学图书馆学系建系 20 周年,新世纪图书馆,2004 年 6 期
160. 《西文文献著录条例(修订扩大版)》电子资源编目条款的变化研究,图书馆理论与实践,2004 年 6 期
161. 中国图书馆精神——纪念中国图书馆事业百年,见:中国图书馆事业百年,北京图书馆出版社,2004
162. 知识资源论——关于知识资源管理与图书馆学的研究对象,图书馆论坛,2004 年 6 期
163. 中国目录学的现状与未来,图书馆杂志,2005 年 3 期
164. 数字目录学——当代目录学的发展方向,图书情报知识,2005 年 3 期
165. 塑造图书馆——访香港浸会大学图书馆,图书馆建设,2005 年 4 期

166. 论西文电子出版物网络化的发展特点与方法,河南图书馆学刊,2005 年 3 期
167. 图书馆学课程立体化建设的几个方向,晋图学刊,2005 年 4 期
168. 四种西文电子出版物的编目实践探索,图书馆论坛,2005 年 4 期
169. 图书馆管理文化三论,图书情报知识,2005 年 5 期
170. 新世纪图书馆需要知识管理和知识服务,当代图书馆,2005 年 6 期
171. 关于图书馆文化的理论研究,图书馆论坛,2005 年 6 期
172. 国外数字参考咨询服务的发展——美、加、英三国数字参考咨询服务的主要经验,见:元数据与图书馆,上海科学技术文献出版社,2005
173. 论青少年网络阅读文化的构建,见:以人为本、服务创新,北京图书馆出版社,2005
174. 彭斐章先生与中国目录学,见:彭斐章文集,武汉大学出版社,2005
175. 图书馆服务理论探讨,大学图书馆学报,2006 年 1 期
176. 基于知识资源论的图书馆学基础理论体系研究,中国图书馆学报,2006 年 2 期
177. 论图书馆学的知识资源传承原理,图书馆工作与研究,2006 年 2 期
178. 知识学研究导论,图书情报工作,2006 年 4 期
179. 21 世纪前半叶我国图书馆事业发展中的重大问题,图书馆工作与研究,2006 年 3 期
180. 理解图书馆服务——新图书馆服务论之一,图书馆建设,2006 年 3 期
181. 当代图书馆服务的 10 个理念——新图书馆服务论之二,图书馆建设,2006 年 4 期
182. 图书馆学发展规律探究,情报资料工作,2006 年 4 期
183. 精神的交流——纪念周文骏先生的《文献交流引论》出版二十周年,图书与情报,2006 年 5 期

184. 机构知识库的发展研究,图书馆论坛,2006 年 6 期
185. 21 世纪的国家书目控制,见:全国总书目 2005,新闻出版署信息中心,2006
186. 机构知识库——大学图书馆的新平台,新世纪图书馆,2007 年 1 期
187. 面向企业知识产权构建的企业内部个体知识转移研究,情报科学,2007 年 3 期
188. 大学图书馆数字资源营销策略研究——以南开大学图书馆为例,晋图学刊,2007 年 2 期
189. 关于图书情报学研究生教育的几个问题(上),图书馆理论与实践,2007 年 2 期
190. 关于图书情报学研究生教育的几个问题(下),图书馆理论与实践,2007 年 3 期